分级管理背景下院校系部综合改革的实践与探索

梁 柱 著

北京理工大学出版社
BEIJING INSTITUTE OF TECHNOLOGY PRESS

内容提要

南宁职业技术学院自1999年成立以来一直致力于高等职业教育的改革与探索。2015年，南宁职业技术学院批准其校内二级院系建筑工程学院率先试点分级管理综合改革的探索与实践，延续了南宁职业技术学院改革创新的大胆尝试。本书以南宁职业技术学院建筑工程学院为案例，按照"绪论、探索篇、实践篇、成果篇"的顺序，对高职院校分级管理及分级管理背景下高职院校二级院系的综合改革进行阐述。其中，"绪论"主要阐述高职院校治理现状，分级管理改革模型构建，分级管理改革的问题、对策与展望等内容；"探索篇"对财务管理、职员薪酬、专业建设、专业群构建、实训体系改革、教学团队转型等进行分析探讨或改革成果的归纳总结；"实践篇"将2015年至2020年六年来南宁职业技术学院建筑工程学院综合改革试点的具体方案进行汇总；"成果篇"统计汇总了南宁职业技术学院建筑工程学院2009年至2020年12年间的部分成果，通过数据的统计对比，可在一定程度上了解和分析判断南宁职业技术学院建筑工程学院院系内部六年改革的基本成效。

版权专有　侵权必究

图书在版编目(CIP)数据

分级管理背景下院校系部综合改革的实践与探索/梁柱著. --北京：北京理工大学出版社，2021.7
ISBN 978-7-5763-0051-2

Ⅰ.①分… Ⅱ.①梁… Ⅲ.高等职业教育－教育改革－研究－南宁　Ⅳ.①G719.21

中国版本图书馆CIP数据核字（2021）第137349号

出版发行 /	北京理工大学出版社有限责任公司
社　　址 /	北京市海淀区中关村南大街5号
邮　　编 /	100081
电　　话 /	（010）68914775（总编室）
	（010）82562903（教材售后服务热线）
	（010）68944723（其他图书服务热线）
网　　址 /	http://www.bitpress.com.cn
经　　销 /	全国各地新华书店
印　　刷 /	北京紫瑞利印刷有限公司
开　　本 /	787毫米×1092毫米　1/16
印　　张 /	18.5
字　　数 /	481千字
版　　次 /	2021年7月第1版　2021年7月第1次印刷
定　　价 /	78.00元

责任编辑 / 李　薇
文案编辑 / 李　薇
责任校对 / 周瑞红
责任印制 / 边心超

图书出现印装质量问题，请拨打售后服务热线，本社负责调换

前　言 Foreword

　　随着近年来高等职业教育办学规模的继续扩大，学校内涵建设和院系内部办学活力需求的逐渐增长，原有的院校治理结构难以适应新时代的发展。党的十八届三中全会通过的《中共中央关于全面深化改革若干重大问题的决定》指出要深化教育领域综合改革、完善学校内部治理结构，《教育部　财政部关于实施中国特色高水平高职学校和专业建设计划的意见》在谈到高职学校改革发展任务时强调要健全内部治理体系、优化内部治理结构、扩大二级院系管理自主权，提升学校治理水平，为高职院校内部治理改革指明了方向。

　　笔者1982年毕业，在企业工作10年后的1992年至今，有幸在1984年成立的南宁职业大学，以及1999年由原南宁职业大学、南宁市教育学院、南宁市广播电视大学合并组建的南宁职业技术学院连续从事高等职业教育29年。1992—2013年，历经系部专任教师、学校教务处、招生办公室、学生工作处、招生就业办公室、招生就业处等岗位，2014—2020年在学校的二级院系——建筑工程学院任党委书记、院长，现任建筑工程学院党委书记。任职建筑工程学院党委书记、院长期间，经学校批准，自2015年起建筑工程学院在南宁职业技术学院校内率先试点二级院系分级管理综合改革。六年来，按照每两年一个周期，分别印发了《建筑工程学院分级管理岗位聘任和薪酬改革实施方案（试行）》（2015—2016）、《建筑工程学院分级管理综合改革实施方案》（2017—2018）和《建筑工程学院分级管理综合改革实施方案》（2019—2020）3个文件，试点实施了3期的分级管理综合改革。2017年，笔者主持申报的"高职院校分级管理改革的理论与实践研究"获广西教育科学"十三五"规划2017年度重点课题立项，2020年通过结题验收。

  经过六年的院系内部综合改革试点，南宁职业技术学院建筑工程学院在内部管理、人才培养、教改科研、绩效激励等方面积累了一些经验，取得了一些成效，建筑工程学院的"建筑室内设计专业群"于2019年12月成功进入《中国特色高水平高职学校和专业建设计划》中的"高水平专业群建设计划"，建筑工程学院第三党支部2019年12月获得"第二批全国党建工作样板支部培育创建单位"称号。为了总结经验和教训，笔者将6年分级管理综合改革试点的探索、实践、成果做一个过程记录和思考，编写成书并出版，希望在与同行相互交流、借鉴的同时，得到行业专家、同行、学者更多帮助和指导。

梁柱

2021年3月25日于南宁

目 录 Contents

第1部分 绪论

第1章 高等学校治理现状及目标分析 3
1.1 高等学校分级管理现状 3
1.2 高等学校治理的目标分析 3

第2章 基于价值链的高职院校分级管理改革模型构建 5
2.1 价值链下的高职院校利益相关者网络 5
2.2 高职院校价值活动中的利益相关者治理 6
2.3 高职院校利益相关者治理结构的演化路径模型 7

第3章 高职院校分级管理改革存在的问题 10
3.1 高职院校基层院系治理体系问题 10
3.2 高职院校基层院系薪酬改革问题 11
3.3 高职院校基层院系教学科研问题 11

第4章 高职院校院分级管理改革对策与展望 13
4.1 高职院校院分级管理改革对策分析 13
4.2 高职院校分级管理改革展望 16
第1部分 参考文献 18

第2部分 探索篇

第5章 高职院校分级管理薪酬改革实践探索 21
5.1 高职院校二级学院绩效工资现状和存在问题 21

5.2 南宁职业技术学院建筑工程学院薪酬创新改革的理论依据和做法 ………… 21
5.3 创新薪酬改革的成效 ………………………………………………………… 24
5.4 创新薪酬改革的经验 ………………………………………………………… 25
5.5 对薪酬改革的几点建议 ……………………………………………………… 25
参考文献 …………………………………………………………………………… 26

第6章 "双高"建设背景下高职院校教师激励路径探索——基于目标管理视角 ………………………………………………………………………… 27

6.1 前言 …………………………………………………………………………… 27
6.2 相关文献综述 ………………………………………………………………… 27
6.3 南宁职业技术学院目标管理与教师激励的实践探索 ……………………… 29
6.4 目标管理视角下高职院校教师激励的思路及路径探索分析 ……………… 30
参考文献 …………………………………………………………………………… 31

第7章 分级管理在高职院校二级院系"双高"建设中的应用 ……………… 33

7.1 高职院校分级管理的种类 …………………………………………………… 33
7.2 分级管理对高职院校二级院系"双高"建设的积极作用 ………………… 34
7.3 案例分析：南宁职业技术学院建筑工程学院分级管理 …………………… 34
7.4 高职院校分级管理存在问题和应对措施 …………………………………… 37
参考文献 …………………………………………………………………………… 38

第8章 分级管理背景下高职院校专业群构建及其资源要素结构 …………… 39

8.1 高职院校专业群及其构建 …………………………………………………… 39
8.2 高职院校专业群资源要素结构 ……………………………………………… 39
8.3 专业群资源要素共享机制 …………………………………………………… 41
参考文献 …………………………………………………………………………… 41

第9章 高职院校学生工作分级管理改革的理论与实践研究 ………………… 43

9.1 高职院校学生工作现状 ……………………………………………………… 43
9.2 高职院校学生工作分级管理中的几个问题 ………………………………… 44
9.3 高职院校学生工作分级管理对策 …………………………………………… 44

9.4 学生工作管理改革成效 46
参考文献 48

第 10 章　新形势下高职院校分级财务管理研究 49
10.1 南宁职业技术学院院校分级财务管理现状 49
10.2 实行分级财务管理以来取得的成效 49
10.3 实行分级财务管理以来存在的问题 51
10.4 新形势下分级财务管理的优化对策 52
参考文献 54

第 11 章　分级管理背景下高职教育专业建设改革与创新——以物业管理专业为例 55
11.1 物业管理专业现代学徒制试点项目探索背景与基础 55
11.2 物业管理专业现代学徒制试点项目改革创新目标与任务 56
11.3 物业管理专业现代学徒制试点项目改革创新项目成绩 59
11.4 物业管理专业现代学徒制试点项目改革创新取得的经验总结与不足 ... 63
参考文献 81

第 12 章　高职院校二级院系实训体系改革与探索 82
12.1 实训基地建设与管理现状 82
12.2 实训基地建设与管理改革侧重点 82
12.3 实训基地建设与管理改革具体措施 85
12.4 实训基地建设与管理改革成效 88
12.5 问题与对策 90
参考文献 93

第 13 章　高职院校专业教学团队建设转型对策研究 94
13.1 高职院校专业教学团队的发展脉络 94
13.2 高职院校专业教学团队的转型 95
13.3 转型后高职院校专业教学团队升级策略 96
参考文献 97

第3部分 实践篇

第14章 南宁职业技术学院建筑工程学院分级管理改革试点实施方案 ·· 101
- 14.1 指导思想 ··· 101
- 14.2 改革目标 ··· 101
- 14.3 改革试点的基本内容 ·· 101
- 14.4 保障机制 ··· 106
- 14.5 附则 ·· 107

第15章 建筑工程学院分级管理岗位聘任和薪酬改革实施方案（2015—2016年） ·· 110
- 15.1 改革目标 ··· 110
- 15.2 岗位聘用 ··· 110
- 15.3 在编在岗人员的薪酬 ·· 111
- 15.4 非编人员的薪酬 ·· 112
- 15.5 方案的实施 ·· 113

第16章 建筑工程学院分级管理综合改革实施方案（2017—2018年） ···· 127
- 16.1 改革目标 ··· 127
- 16.2 岗位聘用 ··· 127
- 16.3 在职在编人员的薪酬 ·· 128
- 16.4 非编人员的薪酬 ·· 130
- 16.5 附则 ·· 132

第17章 建筑工程学院分级管理综合改革实施方案（2019—2020年） ···· 153
- 17.1 改革目标 ··· 153
- 17.2 机构设置 ··· 153
- 17.3 人员聘用 ··· 154
- 17.4 奖励性绩效工资的分配 ··· 154
- 17.5 附则 ·· 155

第18章　建筑工程学院年度工作任务书及考核评分标准 ……………… 189
　　18.1　建筑工程学院2018个人年度工作任务书（摘选） ……………… 190
　　18.2　建筑工程学院2019个人年度工作任务书（摘选） ……………… 199
　　18.3　建筑工程学院2020个人年度工作任务书（摘选） ……………… 205
　　18.4　建筑工程学院个人年度工作考核评分标准 ……………………… 211
第3部分　参考文献 …………………………………………………………… 223

第4部分　成果篇

第19章　南宁职业技术学院建筑工程学院分级管理综合改革成果 ……… 227
后记 ……………………………………………………………………………… 284

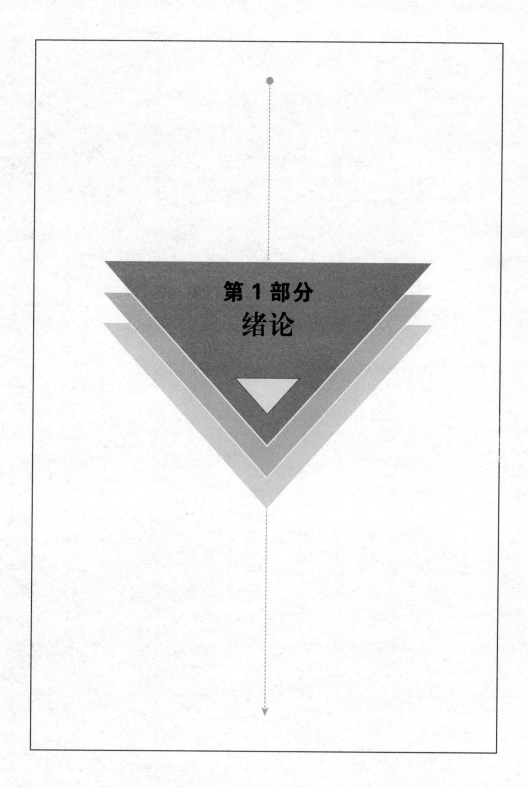

第1章 高等学校治理现状及目标分析

1.1 高等学校分级管理现状

高等学校分级管理主要是指高等学校各层级部门之间的关系,以及内部学术权与行政权的配置问题。我国高等学校分级管理体现出较强的科层制特征。

梅贻琦老先生曾经说过:"所谓大学者,非谓有大楼之谓也,有大师之谓也。"这表明大学基本价值活动的价值创造要依赖学术专家来完成,而不是依赖行政指挥或领导。从行政权与学术权的关系来看,学术权是主导,行政权为学术权服务,行政权服务于学术权更好地实现大学的创造知识、培养人才及服务社会的三大使命。从我国高等学校分级管理的现状来看,科学研究活动、人才培养活动、社会服务活动,以及涉及教师职业生涯发展和成长的多个环节,都存在着行政权主导,行政权侵占学术权的现象,并制约着高等学校基本活动的价值创造。我国高等学校分级管理改革要从制约行政权、恢复学术权的主导作用着手,推动高等学校创新创造的价值、创造的能力迈向新的台阶。

"不忘初心,方得始终",高等学校分级管理改革应该为推动院校使命的实现,推动大学院校三大基本价值活动的价值创造服务。从现实的情形来看,学校内部的权力配置及治理结构在一定程度上偏离了大学的使命与目标,使得学术资源、行政资源分配过分集中,导致价值创造的主体缺乏资源的有效支撑。如何破解迷局,让高等学校通过分级管理改革使院校权力配置和治理结构真正得到优化,逐步推动大学价值的创造和使命的完成,是包括高等学校在内的分级管理改革的趋势和方向。

1.2 高等学校治理的目标分析

1.2.1 确保各利益相关者参与治理的平台与机制

高等学校治理的目标在于促进各利益相关者的价值创造,推动学校持续、健康、科学的发展。在高等学校发展过程中,政府、学校管理层、教师、学生、校友等利益相关者都贡献了各自的力量,参与了不同类型的价值创造,只有各利益相关者协同努力、紧密合作,才能共创学校的辉煌。然而,学校利益相关者持续的价值创造过程是需要动力推动的,没有持续的价值创造动力机制,利益相关者价值创造的动力就会衰减,影响学校的价值创造与持续发展。高等学校治理结构的重要作用就在于确保各利益相关者责任、权力、利益的实现,通过一种制度与结构安排,保障各利益相关者的价值诉求与实现的路径。

综观各国的高等学校治理结构,美国高等学校的共同治理结构对于设计确保各利益相关者参与治理的平台与机制具有借鉴价值。董事会确保高等学校的办学方向,通过学校章程、决定校长人选,以及重大决策等机制保障高等学校发展的方向(Chen & Del-ms, 2011)。我国已有部分普通高校及部分高等学校实行了董事会制度,在规范院校管理层的责任、权力、利益相统一,以及促进院校规范持续发展方面取得了很好的效果,值得借鉴与选择性运用。学校校长在院校管理中起着非常关键的作用,将院校治理结构中明确校长的选聘机制,以及责任、权力、利益边界至关重要。尤其在我国,党委、政府在选聘院校党委书记、校长时应特别注意标准、程序的透明,注意建立明确的责任、权力、利益边界,以及重大问题的决策、问责机制,既要让书记、校长具有管理学校的权力,又要避免权力不受制约,还需要有相应的奖励、惩罚机制。高等学校还可以尝试建立大学评议会、咨询委员会和分组委员会之类的机构,让教职员工、学生等利益团体有价值诉求的平台与路径。

1.2.2 高等学校的治理应强调学术自治与教授治校

治理结构的目标是促进高等学校发展形成良性循环机制,因此,学校治理结构的设计不应只是简单地追求相互制衡、相互约束,而应该从不同类型学校的价值创造过程出发,根据具体情形而设计。相对而言,教学型学校主要以培养实用型人才为主,更应该强调市场导向、强调培养社会所需要的实用型人才、强调学生的职业生涯发展。

德国的学术自治与教授治校对我国研究型高等学校的治理具有借鉴意义。在现阶段,我国高等学校尤其是研究型大学要特别注意行政权与学术权的分离,尊重教授的专业权威,让大学的学术权力回归教授,在学术权治理中完全体现教授治校的原则。根据我国现有的大学管理体制,研究型大学特别重视发挥学术委员会的作用,将教学成果评定、科学研究成果评定的权力完全交给学术委员会。学校有关的纪检、监察部门,以及教职员工可以对学术委员会委员的操行、学术独立性等进行监督、审查,保障学术委员会的学术公正性和权威性。教学计划、科学研究计划的起草要经过充分的调查,要以相关学科的教授意见为基础;确定之前要经过相关专业的教授审议通过;教授有不同意见的,需要经过充分的讨论、重新认证方可确认。学科、专业的设置除要通过市场调查、走访外,还要听取教授的意见,经过学术委员会审议通过方可设置。

1.2.3 教学型学校的治理应强调市场导向

包括高等学校在内的教学型学校,以培养实用型人才为主要目标,培养的人才是否符合用人单位的需求,是否适应经济社会发展的需要,是检验教学型学校成败得失的重要标准。因此,教学型学校的治理更应该强调市场导向,强调政府、主管部门、学生家长、学生等外部主体通过市场化的手段参与高等学校治理,引导优化人才培养的方向。

1.2.4 政府应退出对大学微观管理的干预,以清晰的边界参与高等学校治理

当前我国的各级政府对高等学校直接的管理仍然较多,不利于发挥学校自身的积极能动性,不能很好地适应科学发展、人才培养及市场化发展的规律。20世纪60年代,法国高等学校管理制度与我国有更多的相似之处,因此,可以借鉴法国的管理体制,退出对高等学校微观管理的干预,明晰各方权力、责任、利益关系,以清晰的边界参与高等学校治理。

总之,中国高等学校治理的完善之路绝不是短时间内能一蹴而就的,需要反复地探索、验证,然而世界上发达国家还是给我们提供了很好的借鉴。认真研究其高等学校治理中的成效,结合我国不同类型、不同规模高等学校的实践,尤其是价值创造、价值沟通的差异性实践,适当地借鉴与模仿,认真地修正与完善,可以让我国的高等学校治理完善之路更顺畅、更便捷。

第 2 章　基于价值链的高职院校分级管理改革模型构建

2.1　价值链下的高职院校利益相关者网络

2.1.1　高职院校价值活动中的利益相关者

高职院校价值链的基本价值活动可分为教学、科研、社会服务三大方面。在这三大基本价值活动及围绕这三大基本价值活动所开展的一系列辅助活动都有不同的利益相关者参与，形成高职院校价值链中的利益相关者网络。本研究就是基于价值链的研究方法，从利益相关者的角度对高职院校的分级管理改革进行模型构建与分析。

从经济学的角度分析，利益相关者都是逐利的，各利益相关者的资本投入都与自身利益诉求的满足程度紧密相连。在高职院校价值链的三大基本价值活动中，利益相关者投入各自的资本，并通过高职院校的基本价值活动为大学创造价值，同时，不同的利益相关者对高职院校又有不同的价值诉求。因此，若要激发利益相关者为学校创造价值，就要了解利益相关者的价值诉求并进行管理和满足，并形成反馈机制，从而形成利益相关者和高职院校的正向循环机制。高职院校价值活动中的利益相关者关系如图 2-1 所示。

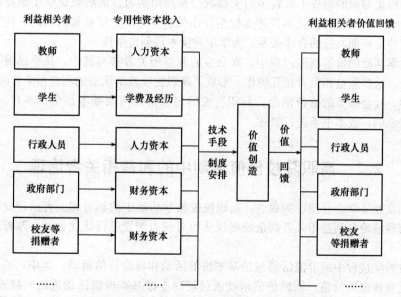

图 2-1　高职院校价值活动中的利益相关者关系

为了推动高职院校利益相关者能够积极主动且高效地对学校进行各自的资本投入，学校就需要考虑对各利益相关者价值诉求的满足反馈,且根据各利益相关者对学校的贡献不同从而就需要有对各利益相关者的优先度进行排序。只有利益相关者的利益诉求能够得到满足才会持续且高效地为学校投入资产,推动学校的价值创造,从而在高职院校与各利益相关者之间形成良性的循环。

2.1.2 高职院校教学活动中的利益相关者

在高职院校三大基本价值活动中最基本的活动是教学。高职院校通过教学这一基本价值活动培养人才,通过协调教学活动的各项内容,培养社会所需要的专业技能型人才。高职院校教学活动的价值环节如图2-2所示。

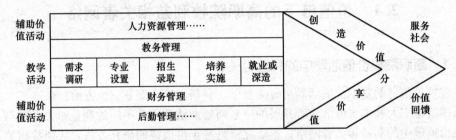

图 2-2　高职院校教学活动的价值环节

高职院校的专业设置是紧跟社会对人才的需求潮流的,因此,高职院校专业、课程设置、招生计划等的需求调研是高职院校教学活动的起点;把握了社会需求,学校还要结合院校自身的情况确定专业设置及人才培养计划;进而使对于专业学生的招生录取,高职院校学生的录取方式一般可分为"统招"和"单招"两种模式;在接下来的培养实施过程中,高职院校与本科院校的培养模式不同,倡导教师采取课堂教学、项目学习及实操实训等多种教学方式相结合,旨在使学生在掌握理论知识的前提下有较多的实操机会及顶岗实习;最后就是学生毕业后面临的就业或继续深造,学校需要与就业单位建立校企合作关系,为学生就业提供帮助,并为深造的学生与本科学校建立长期友好的合作关系,为学生升读本科创造条件。

在整个教学活动的价值创造过程中,有众多的利益相关者参与其中,几乎涵盖了高职院校所有的教职工,这些利益相关者相互协作,形成了高职院校教学活动的利益相关者网络。

包括教学、社会服务的价值活动,高职院校的每项价值活动基本是全员参与、相互配合、共同协作来完成的,故本书不进行赘述。

2.2　高职院校价值活动中的利益相关者治理

根据新制度经济学企业理论的观点,高职院校教学活动中的利益相关者治理要以价值链关系为基础,梳理清楚各利益相关者剩余控制权从而对权力配置进行优化设计,改善利益相关者治理。

高职院校教学过程中的价值活动包括基本价值活动和辅助价值活动。其中,基本价值活动通过培养学生直接创造价值;辅助价值活动通过辅助支撑基本价值活动进而间接地创造价值。高职院校教学活动中的价值链关系如图2-3所示。

高职院校的治理涉及各利益相关者之间的权力、利益、责任等盘根错节的关系网络,按照新制度经济学的观点,剩余控制权和剩余索取权相一致的配置是有效额配置,换而言之,能够

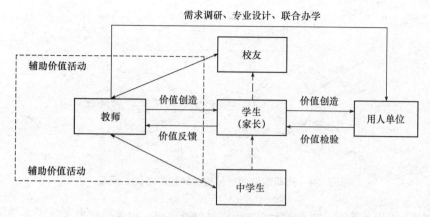

图 2-3　高职院校教学活动中的价值链关系

控制价值链价值创造的人掌握剩余控制权，同时应该具有剩余索取权，这样的权力配置才有利于高职院校组织的价值创造，优化利益相关者价值创造的动力机制。

现有研究曾提出教授治校的观点，但是这种观点在高职院校中是一种比较理想的状态，在高职院校的实际管理过程中很难落地实施。然而，教授治校是相对比较容易的落地实施的制度。具体到教学活动的权力配置，将专业设置、课程设置、教学模式等权力下放到二级学院，由具有相关专业知识和素养的大学教授决定相关事宜。在教师教学的绩效考核方面，教学质量由学生评价与同行评价并行，综合得出教师的教学效果和专业水平。

基于价值链关系的教学活动利益相关者应体现剩余控制权与剩余索取权相一致，将教学活动的相关权力下放给教师，尤其是具有一定学术地位的资深教师。利益相关者的权力、责任、利益应该对等，设计利益相关者的决策和设计应该公正、公开、透明，保障利益相关者的知情权与监督权。只有做到权力的科学配置、明晰责任、利益激励等机制到位，高职院校的教学活动才能得到重视，将高职院校的人才培养水平迈上新的台阶。

2.3　高职院校利益相关者治理结构的演化路径模型

高职院校治理结构并不会自发地从现实状态转化为理想状态，高职院校的治理是利益相关者多方博弈的过程，各利益相关者都有自己利益方的价值追求并与其他方利益相关者在多方博弈中争取自身最大的价值利益。因此，在研究高职院校利益相关者治理的改进，就需要研究高职院校的治理结构与各利益相关者之间的关系，进而研究高职院校利益相关者治理结构的演化路径，并尽可能地加快演化进程，实现理想的治理结构。

高职院校治理结构的演化路径是指高职院校治理结构从现实状态演化到理想状态的过程。但是演化路径受路径的影响，即治理结构状态、利益相关者之间的利益关系会影响高职院校治理结构的演化。

2.3.1　高职院校治理结构优化的比较静态分析

按照比较静态分析方法，大学治理结构的优化体现为大学治理结构前后两个不同的状态差，后一个时间点 t_j 的高职院校治理结构优于前一时间点 t_i 的价值，本书就认为高职院校的治理结构在 Δt 时间段内得到了价值优化。高职院校治理结构的比较静态优化模型如图2-4所示。

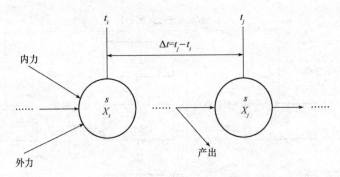

图 2-4　高职院校治理结构的比较静态优化模型

按照系统论的分析方法，高职院校（记为 S）可以看成由一组相关要素或子系统（记为 $a_i \in \Omega$，Ω 为要素或子系统的集合）组成，各子系统不同的组成方式形成不同的结构状态。随着时间的推移，系统必然会发生结构状态的演化，并体现不同的价值。高职院校利益相关者权力、责任、利益关系不同的组合状态，对高职院校基本价值活动价值创造的推动力不同，如果高职院校后一结构状态 t_j 对高职院校基本价值活动价值创造的推动力大于前一结构状态 t_i，则认为高职院校的治理结构得到了优化；反之，治理结构未得到改善或得到了退化。推动高职院校治理结构演化的作用力包含外力和内力。其中，内力是指高职院校各利益相关者对院校治理结构的作用及各利益相关者之间的相互作用力；外力是指高职院校外部环境对院校治理的推动或阻碍。

我国的高职院校还是以公立院校为主，院校治理结构中各利益相关者的权力、责任、利益关系结构会形成一定的固化作用，尤其是现有的既得利益者会对院校治理结构的优化起到一定的阻碍作用。在院校优化的内力方面，各利益相关者之间的利益具有一定的互斥作用，故各利益相关者之间的利益争斗也会对原值的治理起到一定的阻碍作用。

2.3.2　高职院校治理结构变迁中的路径依赖与演化路径优化

1. 高职院校治理结构变迁中的路径依赖

路径依赖理论告诉我们，院校一旦选定或形成了某一种治理模式以后，惯性的力量会使得这种治理结构在实践中不断地被强化，改革的阻力就会越来越大，很难突破这种阻力。现实也证实了这个理论，院校"去行政化"的呼声响了很多年，然而院校中的行政阶层力量依然很庞大，行政权侵占、控制学术权的现象也比较多，在这种背景下就滋生了一大批学术官僚和学术霸权，不利于年轻人的发展，也会消磨有能力教师的积极性，不利于激发院校改革创新、申报科研的动力。

综观现在院校的制度、院校治理改革及人事改革，很多院校在无形中都强化了院校的领导权及行政权，进一步巩固了学术官僚和学术霸权的地位，挤压了年轻人的发展空间。而且行政权垄断院校的管理与治理的状态形成了一定的锁定效应，院校的治理与管理活动都离不开行政，按照院校基本价值活动价值创造的要求和规律，院校行政工作及行政权的配置应该以推动院校的基本价值活动的价值创造为导向，为基本价值活动服务。然而，在我国现阶段院校具体的管理和治理活动中，由于行政权侵占学术权，行政权力不合理的规定导致学生、教师被动应付，导致学生培养过程中出现各种问题，而出现问题后，职能部门不是考虑如何探寻这些价值活动背后的客观规律，而是设计更加烦琐，更难以执行的规定来约束院校价值活动，导致行政更加严重的负锁定效应，形成了恶性循环；另外，学术官僚、学术霸权垄断学术评审也形成了一定的锁定效应。在院校的实际运营管理中，院校的学术霸权、学术官僚更容易获得国家项目、区级项目，尤其是重点、重大招标项目的立项，其相对稳固的团队成员、弟子更容易获得相关项目的立项资助，更容易成为该学术领域里面有一定影响的人员，这种现象就是负锁定效应的具体体现。

因此，本书运用路径演化的客观规律破解锁定效应，走出负锁定的窘境是社会迫切需要的。

2. 高职院校治理结构演化路径优化

按照路径演化的相关理论，高职院校治理结构及相关制度正在逐步进入路径锁定的负锁定阶段，需要采用路径创造、路径涌现的客观规律破解路径负锁定中的一些消极影响，引导院校治理结构发展迈向新的层次，形成更有效的路径。

(1)运用路径涌现的方式重构院校治理。运用路径演化的客观规律破解锁定效应，走出负锁定阶段已经迫在眉睫。

运用科学界、教育界的重大事件对大学治理进行反思，运用路径涌现的方式重构优化大学治理结构。我国的莫言、屠呦呦均获得了诺贝尔奖，但他们都不是我国现有的院校体制中培养出来的人才，这应该成为我国院校治理结构反思和优化的契机。屠呦呦不是院士，也不是国家各项重点、重大项目计划的资助对象，却获得了诺贝尔医学奖。这值得教育界领导反思：我国的项目资助计划的机制、体制是否有问题，我国的项目立项评审、审批制度是否有需要改进的地方等，这些问题的反思及公开探讨，会有利于我国科学研究活动过程中的权力配置优化。如南方科技大学，在"这里是培养科学家的地方"的理念指引下，学生的科学素养、探索精神、科研方法等都得到了很好的培养；又如在短短的几十年时间，长江商学院、中欧国际工商学院在企业的社会化服务方面取得了卓越的成就，这些院校的权力配置对高职院校权力配置优化具有积极地借鉴和参考作用，院校的领导者及教育主管部门应该反思这些事件，优化院校的权力配置现状。

(2)运用转向、层叠和交叉等方式实现院校治理结构的发展路径优化。这三种方式对于院校治理结构的发展路径优化分别具有不同的作用。转向比较适用院校治理结构根本方向的转变。在我国的院校治理结构模式中，行政权和学术权交叉，行政权侵占学术权的现象比较普遍，转向就是所有的学术事务决策权必须交给学术专家，行政人员不得干预，从而实现院校治理的根本方向的转变。从现实来看，我国的院校还需要强制性弱化行政职能部门的权力，强化二级学院层面的学术自主权，让同行评议成为教师评价的主要手段；强化院校行政职能部门的服务意识，使行政部门回归到最原始的初衷，为院校的基本价值活动的价值创造贡献力量。层叠比较适用大学治理结构中某一模式的探索和试验，如某院校为探索落实二级学院办学自主权的利弊，探索具体的办学模式，从而尝试选择某些学院作为试验点，进行扩大学院办学自主权的试点，这就是院校治理结构层叠的具体尝试。

总而言之，高职院校治理结构的优化并不是从现实状态进化到理想状态的一蹴而就的过程，而是存在着路径依赖。在我国院校治理结构演化发展的具体过程中，要切实分析我国大学治理结构的现状，分析路径依赖对于治理结构发展的影响，运用路径创造、路径涌现的客观规律破解路径负锁定中的一些消极影响，引导高职院校治理结构发展迈向新的层次，形成更有效的路径。

第3章 高职院校分级管理改革存在的问题

我国高等教育进入大众化阶段,在全面建设社会主义现代化国家新征程中,职业教育已成为培养技术技能人才、促进就业创业创新、推动中国制造和服务水平的重要基础。为保证高等职业教育更好地发挥人才培养和社会服务的功能,一些高职院校在贯彻执行党委领导下校长负责制的前提下,开展校院两级分级管理改革的尝试,基层院系内部在党的建设、岗位聘用、教学运行、学生管理、招生就业、专业建设、科研服务和实训体系等方面开展综合改革试点的实践与探索,取得了一些成效,但由于边界不清,力度不够等原因,导致基层院系在内部治理、薪酬分配等方面仍遇到不少困难,存在不少薄弱环节。

3.1 高职院校基层院系治理体系问题

《中华人民共和国高等教育法》中明确规定国家举办的高等学校实行中国共产党高等学校基层委员会领导下的校长负责制,但作为高等学校一线教学科研单位的基层院系,学校对其内部的管理治理的现状多停留在基层院系负责人的配备上,而对二层院系党建、业务等工作没有统一的要求,统一的标准或模式,一定程度上增加了二级院系内部治理的难度、效率,抑制了基层院系治理能力与治理体系的建设。

3.1.1 党建工作与业务工作割裂

一是党建工作形式化。基层院系的党建工作仍停留在开会传达、学习文件、转发通知、心得体会等环节。党建工作形式化的后果就是以形式应对形式,理论学习走形式,组织生活走形式,看似"轰轰烈烈"地开展,学习教育效果却不够理想。二是党建业务两张皮。党务与行政是两条平行线,你干你的,我做我的,党建工作对业务工作的推进没有起到示范引领作用。长此以往,党的工作脱离业务主线,战斗堡垒作用不显著,党员先锋模范作用得不到良好发挥。

3.1.2 学校行政与教学主体地位的疏离

一是大行政小教学。学校层面机构设置大而全,行政管理和后勤服务人员数量庞大,基层院系教学科研和服务的一线教师占比偏低。二是存在学校层面利用行政资源在职称评审、科研申报、收入分配等方面占优获利现象,影响了基层院系一线教师的积极性。三是存在不良的人员流动导向。不少工作在基层院系教学科研一线的高职称、高水平教师流动到行政部门工作,先当教授,再当处长,造成院校教授数量不少,从事教学科研一线工作的却不多,学校内涵建设提升缺乏人才支撑。四是存在专任教师专岗从事行政管理、学生管理服务工作情况,分散了专业教师教学科研注意力,影响教学科研整体水平的提升。

3.1.3 权力结构固化与基层院系工作主动性背离

一是权力结构固化。权力主要集中于学校行政部门,基层院系自主权不够。校院两级分级管理改革的突破口就是权力重组,但不少院校的行政部门舍不得手中权力,造成基层院系在部门设置、人事聘任、收入分配、评先评优、职称评定等方面没有获得相应的自主权,校院两级管理推进困难重重。二是工作下沉过度。对应于基层院系自主权不足,学校又存在着工作下沉过度,很多应当学校层面完成的工作,被强行推到基层院系,学校相关行政部门变成了传声筒、复印机,升级为行文部、检察官、督察办、裁判长。所谓上面千条线,下面一根针,基层院系疲于应付很多行政工作,不能把更多精力投身于教学科研、校企合作等主业。

3.2 高职院校基层院系薪酬改革问题

有高职院校的基层院系经学校批准,开展了包括薪酬分配在内的院系内部综合改革试点。基层院系依照学校岗位设置方案、岗位聘任条件等规定,自主聘任教师和教学管理岗位人员,报学校备案。岗位人员在完成计划内工作任务的情况下,对其管理服务、招生就业、教学科研等工作,按"积分"为主的形式进行考核,将考核结果与部分薪酬挂钩。改革取得了一定效果,但在改革方案科学性、考评指标体系等方面仍然有待提升和完善。

3.2.1 改革方案的科学性需要进一步提升

基层院系薪酬分配试点按照"基本工资+基础绩效考核+奖励绩效考核"的模式,在形式上摆脱了平均主义,但在局部部门内还存在平均主义。此外,在平衡行政管理服务人员和专任教师的薪酬方面,也存在协调难度。

3.2.2 考评指标体系还需要完善

例如,以论文发表数量、专著数量及课时数量等指标考评教师业绩,无法对教师公正客观地进行评价,有导致学术腐败滋生蔓延的风险。另外,单纯以合格和不合格对教师进行定性考评,无法细化教师自身能力及与他人的业绩差距,加上平均主义、领导个人想法等因素的影响,无法得出让人信服的考评结果,导致教师心理落差的产生。

3.2.3 激励措施对人的差异性考虑不足

要提升教师工作的主动性、积极性,需要逐步更新和改进激励制度。试点院系综合改革方案设置了各种激励指标,但对于教师的性别、年龄等因素考虑欠缺,致使有些教师工作热情不足,导致部分教师缺乏安全感和归属感,精神不振,工作消极。

3.3 高职院校基层院系教学科研问题

基层院系管理体制改革的宗旨是以人为本。教学是中心、科研是必要,发展是目标。受传统管理结构的影响,试点院系在专业建设、教学运行与管理、科研工作等方面也存在一些问题和不足。

3.3.1 专业建设

基层院系应根据就业需求、师资队伍、教学条件等考虑专业招生规模、人才引进与培养、制定专业建设方案;开展新设专业的调研和论证;自主管理专业实训室建设;积极开展教学改革、教学研究、创新提升等教学质量建设活动。但受院校总体资源限制,基层院系的个别专业建设在人才引进和实训室建设等仍然受到诸多学校因素的制约,基层院系自主权仍然不足。

3.3.2 教学运行与管理

高职院校基层院系组织制定培养方案和教学计划,执行和管理教学计划的实施并监控教学质量。在教学运行与管理方面,基层院系主要考虑对象为本学院院内专任教师,对企业兼职教师水平和素质考虑不足,在一定程度上影响教学计划和教学质量。在教学运行、实施、管理等方面,自主权仍得到较好体现。

3.3.3 科研工作

高职院校基层院系依据学校科技政策组织本院教师开展相应科学研究和产教融合等工作,但对本院系的科研基地建设、科技开发、成果转化和社会服务、学术交流等工作缺乏专业指导。另外,由于高职人才培养任务重,教师将大部分时间和精力投入教学工作中,实际投入科研工作时间和精力相对变少,造成科研工作典型成果数量偏少、质量不高、成果转化率低等问题。

对于高职院校分级管理院系内部综合改革探索中存在的问题,需要采取针对性的措施和对策加以完善,促进基层院系可持续健康发展。

第 4 章 高职院校院分级管理改革对策与展望

4.1 高职院校院分级管理改革对策分析

针对前述院系内部综合改革中存在的问题，建议拟从以下几个方面采取相应的对策，以期通过科学有效的院系内部综合改革，激发教职工活力，提升专业建设水平，最终提高人才培养质量，提升学院办学水平。

4.1.1 完善党委领导下的校长负责制，优化校院之间的权力配置

2019年10月31日，党的十九届四中全会审议通过了《中共中央关于坚持和完善中国特色社会主义制度、推进国家治理体系和治理能力现代化若干重大问题的决定》，提出："完善权力配置和运行制约机制。坚持权责法定，健全分事行权、分岗设权、分级授权、定期轮岗制度，明晰权力边界，规范工作流程，强化权力制约"。高职院校作为技术技能人才培养的主要阵地，关系着"培养什么人、如何培养人、为谁培养人的根本问题。"必须考虑校院权力结构改革，加强对高职院校治理体系，推进高职院校治理体系和治理能力现代化建设。

1. 坚持并完善党委领导下的校长负责制

坚持党委领导下的校长负责制要在党委集体领导下依法行使职权，创新性地开展学校工作，高职院校的党委要发挥好把方向、谋规划、聚人才、促监督的功能，提升治理能力，促进形成科学治理体系。党委领导下的校长负责制就是党委领导与校长负责相互依存、不可分割，两者在工作职能、一般工作、工作制度上分，在工作目标、重大工作、工作关系上合，党政分工合作、协调运行的工作机制能够形成强大合力。形成领导有担当、能担当、敢担当、党政分工、互相配合的治理机制，避免出现职责上错位、工作上串位的现象。

2. 优化校院之间权力配置的机制构建

从整体上看，校院之间权力配置是一个巨大的系统，综合考虑校院所处的外部环境和内部环境，按照系统论的要求去优化校院之间权力配置模式；在保持校院权力的集权分权均衡性，保证"权责对称"的基本原则基础上，循序渐进地开展改革，确保学术权力和学术自由，确保提升学术生产力。

权力通过一种机制而发挥效用，是机制的内在成分，具有非人格化和非主体的特点。因此要建立科学有效的权力运行机制，保证权力正效用的发挥。鉴于校院之间权力配置是一项复杂的系统工程，因此需要建立并优化权力配置的综合机制。具体做法如下：

（1）以目标为导向，建立差异化权力配置机制。在学校总体发展规划的指向下，以二级学院管理目标作为依据，配置相应的权力模式。例如，拥有优势专业的学院与拥有基础学科的学院在人员聘用方面的管理目标不同，拥有优势专业的学院需要引进更多的高层次人才，而基础学科的学院更多需要是引进的一般教师。因此，不同二级学院，要建立不同的目标。各个专业也是如此。

(2)深入推进以财务分权为核心的权力配置改革。学校首先要进行顶层设计,然后对照任务目标,统筹配置资源和经费给学院,取消相关职能部门的二次分配。

(3)以权力清单制度规范和约束校级权力。"推行政府权力清单制度,坚决消除权力设租寻租空间"。

(4)以负面权力清单制度保证二级学院的基本权力。"在有条件的地方和学校开展负面清单管理试点,清单之外的事项学校可自主实施"是教育部2015年5月出台的《关于深入推进教育管办评分离 促进政府职能转变的若干意见》文件中的内容。"非列入即开放"和"法无禁止皆可为"是负面清单遵循的原则,这一以公共管理的备案制度代替了传统行政审批模式的改革,颠覆了我国传统"列入才开放"的政府治理模式。

3. 优化校院之间权力配置的保障机制

(1)学校层面:制度和组织保障。学校层面要制定和完善的制度体系建设主要有两个方面:一是制度规范权力配置;二是对学院实行目标管理,以保障权力配置的目标。

①高校应加强大学章程建设。大学章程是高校办学的纲领性文件,是学校依法治校的保障及成为法人组织的必备条件。它以对权力的限制与对权力的保障为核心内容。因此,大学章程中要明确规范校院两级的权责界定,以及议事程序。要有关于"学校和学院的职责与权力,学校与学院若发生争议时的解决原则,以及需调整学院的职责和权力时的规章制度"三个方面的内容。校院两级管理体制成功的基础是校院分工明确,高校的章程要界定清楚学校和学院的权力。

②建设和完善章程的配套制度体系。《高等学校章程制定暂行办法》明确规定,要加强以章程为依据的大学内部各项规章制度的体系建设。为保证权责一致,不仅要建设学校层面的制度体系,还要对学院实行目标管理和绩效考核。以职责和目标匹配相应给学院下放的权力,同时制定配套的评价机制,科学地进行考核。"在学校权限范围内,能放则放,能激发学校办学活力的则放,能调动教师积极性的则放。"学校把相应的物权、人权和财权下放到学院的同时,学校要科学制定绩效考核办法,对学院年度工作开展考核。

(2)学院层面:规范权力运行、提高治理能力。一旦院级层面有权分配资源,他们就会比大学中心部门更有可能做出狭隘的决策,所以要有具体措施保障学院接住学校下放的权力并用好权力。这就体现出二级学院内部治理能力的重要性。因此,二级学院依靠制度体系,通过机制来统筹资源的领导能力和协调学术与行政的平衡能力。

健全二级学院权力运行机制主要是加强权力的内部控制和加强权力运行过程监督两个方面。针对目前在学院党政联席会决策中存在的问题,要进一步完善学院决策程序,尤其是涉及师生切身利益的重要事项,要高度重视,多听取和征求意见,充分体现民主化。坚持教授治学、共同治理的学院发展理念,健全学术委员会等学术组织机构,规范运行系统,保障学术权力。

同时,加强权力运行过程监督和内部监督。完善教代会制度,畅通监督渠道。要高度重视筹备和召开二级教职工大会,发挥其在学院民主管理过程中的作用。要落实大会提案,要认真研究、及时处理提案反映意见和建议,通过二级教职工大会,充分建立起学院与教职员工的信任机制,真正监督和促进学院权力运行。

4.1.2 优化绩效工资制度,健全绩效分配激励机制

1. 优化绩效工资制度

我国于2006年实施收入分配制度改革,明确事业单位实行岗位绩效工资制度,由基本工资(含岗位工资、薪级工资)、绩效工资(含基础性绩效、奖励性绩效)、特岗津贴组成。绩效工资

(特别是奖励性绩效工资)主要体现工资的激励职能。

(1)完善现有岗位薪酬制度。在现有绩效考核体系基础上,完善岗位设置和考评指标。首先,应该学生为主体,以教师为主导,以教学科研为重心设立岗位,岗位数量重点向一线岗位倾斜。其次,要综合考虑专业教师的知识更新、实践技能、教学工作量、技术职称等因素,运用科学的方法对岗位职责进行规范和评估,保证客观和公平定制岗位薪酬,夯实激励机制的基础。

(2)综合平衡薪酬。正确处理高职院校人员绩效工资的平衡关系,平衡教学人员和管理人员的薪酬。各类人员在高职教办学机制中发挥着自己不可缺少的作用,实现从人员管理到岗位管理,体现终身激励的管理理念,让在职教师安心自己的岗位工作。因此,就要依据学历、资历、职务等不同指标构建详尽的信息档案,为避免薪酬混淆错乱的情况发生,要健全双职务和多性质的员工薪酬管理体系。

(3)拓展绩效工资来源,增加福利待遇种类和数量。高职院校要改变传统的筹资模式,做好社会服务,加强与企业的科研合作,促进科研成果转化等多种方式开辟经费来源。在法定福利范围以外,独立开发福利。只要教师获得了一定的生活保障和幸福感,人才的流失必然减少。

(4)优化薪酬激励功能占比。在教师队伍的不断壮大情况下,提高薪酬水平激励功能比例大于基本保障功能,有利于激励教师工作的积极性。因此,院校要根据实际情况调配,最大限度地发挥综合效率。尤其是提高岗位津贴和绩效津贴比例,不仅可以大大增加薪酬总量,还能使薪酬结构得到进一步优化。

2. 建立高效、合理的教师考评激励制度

高职院校要真正发挥对教师的正向引导,就需要在教师考评、薪资、聘任等相关制度的制定时遵循合理、科学的原则,最大限度地体现其公正性和公平性,这也体现考评激励制度的功能。

(1)健全聘任制度,改善用人体系。聘任制度虽然有其积极作用,但也存在一些漏洞,因此,在实施过程中尽量规避对教师和学校造成的负面影响。因此,制定科学聘任流程并严格遵循纪律,是杜绝干扰教师聘任结果的事情发生有效途径。必须要严格按照竞争性、公平性、择优聘用的原则制定聘任流程,依据聘任流程竞聘录用。同时,建立限制领导对选聘干扰的相应制度,保障聘任制度的执行。

(2)构建具有激励效应的复合型薪酬机制。高校现有薪酬机制无法体现竞争意识的薪酬制度,不利于教师带着饱满的热情投入工作。构建具有激励效应的复合型薪酬机制,优化工资结构,为教师提供最大限度的保障,教师就可以踏实地教学,安心地科研。随着教师薪酬分配制度不断优化、教师发展制度完善,教师对薪酬分配的满意程度也在不断提高,教师的归属感得到增强。

(3)构建多形式的差异化激励制度。第一,结合不同教师的个性化需求,建立差异化的激励制度,并关注激励措施的弹性和局限,从而实现对教师的有效激励。第二,要建立多形式、多内容的激励制度。不仅要兼顾精神、物质、情感等层面,还应注重教师的自身发展。第三,以人为本,适时调整激励措施机制。合理运用激励策略,在不同环境下要时刻保持激励措施与被激励对象相匹配,从而达到最佳的效果。即便是在同一环境下,该机制也要能够保证可以采取差异化激励措施与形式,使群体中的多数个体获得更大的满足感,更好地发挥群体的综合效能,以便强大的团队合力的形成。

4.1.3 加强师资队伍建设,提升教学和科研业务能力

教师是院校教学、人才培养活动的具体执行者和贯彻者,在院校教育中同样具有重要的作用。尤其是在当前校企合作、产教融合深入发展的背景下,发挥着至关重要的作用。因此,要想加强校企合作,提升人才培养质量,就必须要重视教师作用的发挥,重视院校教师队伍的培养,以高素质教师队伍来提升教学质量和科研水平。

1. 学校中层干部队伍建设要不断加强

加强中层干部队伍建设,打造一支高素质中层干部队伍,是推进校院两级管理重要的基础性条件。中层干部不仅要落实习近平总书记提出的对干部队伍建设"信念坚定、为民服务、勤政务实、敢于担当、清正廉洁"的总要求,还要善于学清楚上级文件、建清楚工作环境、理清楚工作思路、做清楚重点事情、说清楚主要成绩、写清楚工作结果,也要抓牢中心工作、重点工作,更要友好争取上级支持,和谐协调外部关系。

2. 成立校企专家共同组成的专业指导委员会

在高职院校产教融合背景下,师资队伍的建设必须要成立专业的指导委员会实施指导管理。专业指导委员会中应包含行业精英、行业专家,使其为院校提供技术、实践指导,帮助明确和改进院校的专业课程设置、人才培养目标,并为院校提供有利于学习实践的先进技术与管理模式。另外,专业委员会应邀请企业专家与院校优秀教师进行学习研讨,邀请企业人才做演讲和培训,使其为院校教师提供实用性、针对性强的企业咨询,以不断提升教师的专业技能和教学能力与科研能力。

3. 落实好"双带头人"制度,促进党支部工作和业务工作双提升

"双带头人"是学校为提高党建工作水平,提高教师党支部政治功能和服务功能,打造一批高素质的基层党支部工作队伍。通过"双带头人"建设,将符合条件的学术带头人培养选拔为党支部书记,将具有一定学术能力的党支部书记培养成为学术带头人,使教师党支部书记普遍成为"双带头人",发挥"头雁效应",培养出一批思想政治素质过硬,教学、科研、服务等方面能力突出的党支部书记,"双带头人"制度提升党建工作和业务工作黏合力,实现学校基层党建工作与教学、科研、服务工作的双促进、双提升。

4.2 高职院校分级管理改革展望

高等职业院校院系内部综合改革涉及的影响因素除上面提到的外,还有很多因素。上述结合南宁职业技术学院改革实际情况,分析了改革过程中出现的问题及其原因,提出了解决相应问题的对策。下面针对高等职业院校院系内部综合改革的前景进行展望,以期能对同类高职院校系部内部综合改革研究提供参考。

4.2.1 校院权力结构改革展望

1. 校院关系改革趋势展望

当前,高职院校合理的校院关系还没有完全形成,大部分院系只有有限的办学自主权,校院之间不能够平等协商对话,绝大多数高职院校权力主要还是掌握在学校层面,二级学院权力较小,校院之间缺乏有效的沟通协商渠道。

随着改革的深入,校院两级关系在逐步发生变化。首先,随着校院逐步建立权责清单,学

校和院系的权力、责任、利益关系不断得到明确;其次,随着授权机制逐步完善,"校办院"会逐步向"院办校"转变;再次,随着院系考核机制完善,院系治理能力得到不断增强;最后,随着"一院一策"试点改革推进,院系个性化发展得以实现。纵观国内外高等学校,院系治理权限不断扩大,话语权也逐步扩大。

2. 治理主体权力和结构会发生变化

随着逐步明晰的党政学三者之间的职能,院系内部横向分权机制得以不断完善。在保证党委的政治核心地位的前提下,提出探索党委领导下的院长负责制及董事会参与决策制;另外,随着学者的学术判断力得到充分尊重,会增加相应的学术权力决策空间。党政学三种权力会充分融合参与决策。

随着院校和院系层面加强制度建设,不断完善教师等群体参与决策的反馈机制,使各利益相关群体参与院系治理的制度合法性得以增强;各利益相关群体提出的意见及建议可以得到及时的反馈,这种制度机制充分调动了各主体参与治理的积极性。丰富各利益相关群体参与院系治理的渠道与制度供给,形成和完善了"党委、行政、教师、社会、学生"等多元要素共同治理格局。

4.2.2 人员薪酬改革展望

影响高职院校绩效工资实施的因素很多,绩效工资的实施既受政府核定高校的绩效工资总量限制,还受分配制度、办学成本等因素影响。因此,高校要根据自身的定位与发展确定绩效考核标准和绩效工资分配办法,以便有效调动各类人员的积极性。同时,在实施改革时,统筹兼顾好离退休与在职人员的分配关系,确保教师队伍的稳定。

高职院校教师绩效工资制度进一步得到完善,绩效工资总量逐步得到合理确定,高校实施绩效工资所需经费不断得到保证。同时,科学的绩效评价机制不断完善,统筹处理好各类人员之间的分配关系。在薪酬得以保障的基础上,向激励薪酬型倾斜,薪酬型倾斜的幅度逐步明确。实施激励体制,科学、合理设计好包含激励机制薪酬体系,有效地刺激和促进学院实现教办学目标。

随着高职院校教师基本工资的提高,高职院校不断吸引新人的加入。在加大薪酬激励功能的同时,提供人性化的福利待遇,考虑广大教职员工的所想所需。通过薪酬管理分配的方式能够综合发挥出管理机制的作用,既能保障生活又能实现自己的价值。为使高职院校的长远性发展计划得以顺利施行,院校的薪酬管理制度会与其自身发展的模式不断适应。

4.2.3 师资队伍发展展望

在新时代的背景下,高职院校要想长久地发展下去就必然要进行改革,传统的师资力量很难满足新时期高职院校对教师的要求,因此,在未来需要大量的工匠型师资力量。因此,高职院校应当重视教师队伍建设工作,构建高素质、高水平师资队伍,使其适应校企合作工作需要,适应于新时代人才培养需要。

为此,需要院校和合作企业构建共培互聘师资队伍建设机制、实施导师制培养、教师要积极深入企业进行调研和专业学习、成立专业指导委员会、加强企业文化灌输与培养、加强网络课程建设等开展师资队伍建设和培养,把握好新时代产教融合模式下师资队伍建设新方向,切实提升教师教学能力和水平,为人才培养、企业用人提供强有力支撑。

第1部分　参考文献

[1] 文娟. 国外高校学生资助模式及其对我国高职院校分级管理资助工作的启示[J]. 教育教学论坛, 2017(04): 7-8.

[2] 刘燕. 高等职业教育治理结构改革的理论、价值与实践路向[J]. 教育与职业, 2016(13): 11-15.

[3] 陈雁. 对完善中国特色现代大学制度的思考[J]. 高校教育管理, 2013, 7(01): 13-15.

[4] 易善安. 高职院校二级管理中的问题及对策研究[D]. 上海: 华东师范大学, 2007.

[5] 何文波. 高职院校治理体系建设的重点与路径研究[J]. 当代教育理论与实践, 2017, 9(05): 102-106.

[6] 孙建. 公办高等职业院校基于企业化管理的治理体系研究[J]. 亚太教育, 2015(34): 201-202.

[7] 宋一闻, 宋利华. 构建与现代职教体系相适应的职业院校治理体系[J]. 中小企业管理与科技(下旬刊), 2014(09): 311-313.

[8] 周建松, 陈正江, 吴国平. 关于高等职业院校治理体系建设的思考[J]. 教育与职业, 2016(16): 29-31.

[9] 张应强, 蒋华林. 关于中国特色现代大学制度的理论认识[J]. 教育研究, 2013, 34(11): 35-43.

[10] 肖艳婷. 基于改革的高等职业院校治理思路探析[J]. 职教论坛, 2016(25): 45-48.

[11] 马俊. 论我国现代大学制度的完善[D]. 重庆: 西南大学, 2013.

[12] 刘书博. 民办本科院校思想政治教育分级管理模式探究——以辽宁对外经贸学院为例[J]. 湖北经济学院学报(人文社会科学版), 2015, 12(07): 156-157.

[13] 阎丽萍, 常莹. 实行校院分级管理制度下学院绩效考评探析[J]. 价值工程, 2013, 32(10): 234-235.

[14] 赵俊芳, 姜帆. 我国大学制度研究热点、趋势及理论基础的知识图谱分析[J]. 高等教育研究, 2014, 35(09): 16-25.

[15] 白雪敏. 我国高职院校财务管理的现状、问题与创新[D]. 济南: 山东大学, 2015.

[16] 马爱民, 井大军, 范功利. 现代职业院校治理体系和治理能力现代化研究[J]. 辽宁高职学报, 2016, 18(07): 95-96+102.

[17] 张应强. 新中国大学制度建设的艰难选择[J]. 清华大学教育研究, 2012, 33(06): 25-35.

[18] 崔炳辉. 整体性治理视域下高职院校治理体系研究[J]. 江苏高教, 2016(03): 148-151.

[19] 钟秉林, 赵应生, 洪煜. 中国特色现代大学制度建设——目标、特征、内容及推进策略[J]. 北京师范大学学报(社会科学版), 2011(04): 5-12.

第 2 部分
探索篇

第5章 高职院校分级管理薪酬改革实践探索

当前,部分高职院校已推动分级管理体制,在一定程度上激发了办学活力。但高职院校内部薪酬分配模式未能与工作人员的实绩和贡献密切联系,一定程度上影响了教师工作的积极性。如何进一步激发办学活力,提升办学质量,优化人、财、物等要素资源配置,是高职院校分级管理的重要课题。南宁职业技术学院率先以建筑工程学院作为试点,探索二级学院分级管理改革之路。通过改革,调适学院内部组织人事架构,改革薪酬分配制度,推进创新驱动发展,提高工作管理和服务效率,达到提升办学质量和办学效益目的,总结和探索分级管理薪酬改革经验有很好的理论和现实意义。

本书以南宁职业技术学院建筑工程学院为例,探索高职院校分级管理薪酬改革,论述积分工作量奖励的设计方向与原则、设计模块、具体实施及后续开展取得的成效,提出在政策和制度支持的前提下,通过积极开展社会服务,引入具有高职特色的科技工作激励机制,实现学院与个人共同发展,同时完善积分工作量的奖励的修订,关注青年教师的成长,建立多元化的激励机制。

5.1 高职院校二级学院绩效工资现状和存在问题

南宁职业技术学院现行的工资制度执行"以岗定薪"和"一岗一薪"的绩效工资,岗位划分按事业单位的管理岗、技术岗和工勤岗,绩效工资主要由财政基础工资和按岗位的绩效奖励工资组成,其他绩效奖励工资主要有超课时、兼职班主任、安稳值班和招生就业奖等常规性的工作。改革前,院校对于教师所做的专业建设、课程改革、科研科技等其他工作没有特别的激励机制,导致部分教师只愿意上课,而不愿意积极参与专业建设、科研等工作。对管理岗位来说,只要在这个岗位,就能拿到固定的津贴,多干的,津贴也不会增加。例如,对基础工作量以外的教学科研,指导学生参加专业技能竞赛、党支部委员兼职工作等都没有纳入奖励范畴。"以岗定薪""评聘分开",打破了职称终身制,是薪酬改革进步的表现,在当时的背景和条件下是符合改革的方向和教职工利益的,但随着新的绩效工资制度实施,新的问题产生了,岗位津贴实行等级制的固定标准,弱化了激励机制。以岗定薪,淡化贡献,没有起到很好的激励作用。目前,年终的绩效考评工作没有量化标准,没有完全按工作过程和结果考核,也基本走过场,没有达到绩效考评的真正意义。现行的薪酬体系没有充分体现多劳多得的原则,妨碍了学院的发展。解决的出路就是需要在现有的薪酬体系创新改革。积分工作量奖励制度是南宁职业技术学院建筑工程学院薪酬创新改革的具体方法。

5.2 南宁职业技术学院建筑工程学院薪酬创新改革的理论依据和做法

绩效工资是事业单位现行工资制度的重要内容。事业单位绩效工资的顺利实施,对于深化分配改革,调节收入差距,理顺分配关系,调动事业单位工作人员积极性和创造性,促进社会事业健康持续发展具有重要的意义。2012年印发的《高等学校财务制度》提出，规模较大的学校实行"统一领导、分级管理"的财务管理体制。高职院校以培养技能应用型人才为目标，需要建立"双师型"教师队伍，建立具有高职特色的薪酬体系。因此，实行分级管理的高职院校绩效工资制度是必然趋势。

按照南宁职业技术学院的部署，建筑工程学院从2015年开始进行分级管理改革方案的酝酿，同年7月起实施，岗位聘用和薪酬分配的改革同步进行，薪酬改革的具体做法就是在学校的基础性绩效工资和奖励性岗位绩效工资基础上，增设奖励性其他绩效工资，简称"基础工资、岗位绩效工资、其他奖励性工资"。具体如下：

$$在职在编人员薪酬＝基础工资＋岗位绩效工资＋其他奖励性工资$$

其他奖励性工资包括"积分奖、项目奖、其他奖"三个分项，主要对完成基本工作量以外再完成其他工作予以肯定和激励、奖励，简称积分工作量奖励，是薪酬创新改革的重点和核心。与其他二级学院不同的是，建筑工程学院的岗位绩效工资是可以浮动的，学院根据学校核拨的人员经费和自筹的社会服务经费预算，在岗位系数不变的情况下调整数值，积分工作量的分值额也不固定，既肯定了原有薪酬体系的内部公平，又体现了多劳多得的原则。

5.2.1 前期组织和后续管理

学院成立领导小组，以各团队负责人为小组成员，通过对全院各岗位工作进行分析、细化，找出基础工作量之外、无法在岗位绩效工资体现的工作。根据目标管理法，对各部门工作进行积分分值计算，并合计积分分值。经过反复讨论、修改，最后经全体教代会投票通过方案。积分工作量的后续管理由综合管理服务中心负责，设专人进行管理，年终将积分工作量奖励材料存档保存。

5.2.2 积分工作量奖励设计的方向和原则

由于历史的原因，高职院校的科技工作往往相对薄弱，在积分工作量设计时向科技工作倾斜，兼顾平衡其他工作。按照高职院校的特点，建筑工程学院定义的科技工作项目包括项目立项、项目结题、出版著作、出版教材、论文发表、取得专利、技能证书、指导竞赛、教师参赛、科技成果奖、教学成果奖、论文论著获奖、学术报告或讲座、部门立项和结题共14项。与普通高校不同，高职院校培养学生的技能尤为重要，教师指导学生参加行业竞赛也应纳入科技工作的范畴，给予肯定和鼓励。优秀的团队离不开团体成员的共同努力，在积分设计时考虑了个人的业绩同时考察团队的共同努力，如就业工作达到一定的就业率，整个团队都有奖励。积分设计既注重工作过程又关注结果，突出绩效激励导向，充分调动广大教职工的工作积极性，变被动为主动。

积分工作量设计的原则如下：

(1)积分奖为完成基本工作量后获得的积分，视学院经费情况计发奖励，奖励额实行"上设封顶下不保底"政策，上限每积分100元，不设下限。

(2)引进项目奖和重大项目奖实行"二选一"的奖励原则。

(3)已获学校、学院人员经费支持的其他项目，原则上不另计积分。

5.2.3 积分工作量奖励的设置模块

积分办法按照学院通过的分级管理综合改革方案中的积分工作量计算表，积分工作量包含正积分、负积分和无积分。

(1) 正积分。正积分包括科技积分、教学积分、党学团积分、综合积分四个方面，如图 5-1 所示。

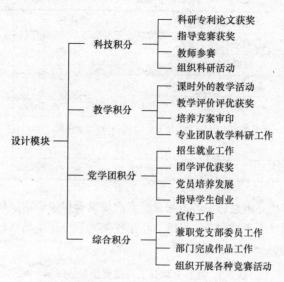

图 5-1　积分工作量奖励的设置模块

完成学校或学院领导布置的其他临时性、紧急的重要工作任务，经分管领导与院长沟通同意后，适当计积分。

(2) 负积分。缺席重要活动、完成工作不好等，计负积分。如缺席政治学习和教职工会议负 10 积分，缺席安稳值班负 20 积分。完成工作不好的，从领导到教职工都有可能负积分，奖惩分明。

(3) 无积分。为学校、学院有经费支持的兼职工作，如兼职班主任工作，学校已经有经费支持，就不再设积分。

5.2.4　积分申报步骤

(1) 个人工作自行填表申报，集体项目由团队统一申报，为保证积分工作量的公平公正，所有积分均要提供支撑材料，按所对应的管理部门层层审核，给相关领导审核、批准，再交综合管理服务中心积分管理专员汇总、统计。建筑工程学院分级管理改革试点积分工作量申请见表 5-1。

表 5-1　建筑工程学院分级管理改革试点积分工作量申请

申请时间	××××年××月××日
申请部门(申请人)	甲
项目序号	01
项目名称	省部级项目
工作内容简述	某科技立项
结果性支撑材料	立项文件
项目参与人及积分分配	甲第一合计 30 分，乙第二合计 15 分，丙第三合计 8 分
申请总积分	该项目合计申请积分共 53 分

(2)综合中心管理专员汇总、统计。教职工项目得分和总分的计算举例见表5-2。

表5-2 教职工项目得分和总分的计算举例

姓名	工作内容和积分	总分	备注
甲	发表论文（5分）	25分	
	获得专利（20分）		
乙	兼职党支部书记（4分）	7分	
	主讲公开课（3分）		
丙	缺席教职工例会（-5分）	-5分	从××月绩效工资扣除
...			
全院合计		500分	

(3)按每学期汇总两次，由综合中心上报学院党政联席会讨论，确定每积分金额标准。

(4)根据学院经费预算报学校财务，批准后将工作奖励积分产生的绩效发放至个人。教职工积分工作量奖励发放举例见表5-3。

表5-3 教职工积分工作量奖励发放举例

姓名	积分	每积分奖励金额标准/元	合计奖励/元
甲	30	100	3 000
乙	20	100	2 000
丙	10	100	1 000
...			
合计	500	100	50 000

5.3 创新薪酬改革的成效

(1)提质量、创品牌初见成效。薪酬改革激发了教职工的工作热情，过去教师指导学生参加比赛，由领导安排，现在大家积极参与，乐于参加，生怕自己在团队里成了落后分子，各团队你追我赶，在近两年的各种比赛中连获佳绩。2017年的各项大赛中也捷报频传，工程造价、工程技术、装饰技术和房地产经营与管理四个专业都获得建筑行业全国性比赛一等奖。工程造价专业获得2016年度南宁职业技术学院绩效考核优秀专业（全校第一名），建筑工程学院获得南宁职业技术学院2016年绩效考核优秀二级学院。

(2)创新育人平台，扩大招生规模。薪酬改革促使教学管理工作进入良性循环，通过积极组织学生参与各种行业赛事，转型升级教育教学新思路、新方法，打造内容更广、方式更多的育人平台，以此引导优化专业课程教学内部要素结构与资源配置。获奖的学生得到行业的广泛认可，成为用人单位的"抢手货"。经过两年的试点工作，学院的各项工作取得了长足的发展。2017年招生人数全校第一，就业率为95%以上，名列前茅。

(3)领导有更多的时间谋划学院发展。实行薪酬改革后，教职工积极主动工作，相对应的部门对教职工和团队的绩效进行计算，学院领导可以从烦琐的日常工作解脱出来，有更多的精力和时间来开展横向合作，开拓学院发展空间。

5.4 创新薪酬改革的经验

5.4.1 政策和制度支持是改革的政策和制度保障

任何制度的改革,都需要有正确的理论作为依据,才能让改革者大胆行动。学校将分级管理作为改革和发展的重点方向,从学校层面为学院实施分级管理提供了政策依据,同时,各职能部门不断出台和完善分级管理的各项制度,为学院工作的开展提供了制度保障。学院新任领导班子团结和谐,凝聚力强,开拓进取,善于总结学习,对学院建设发展的方向、目标和思路有明确而统一的认识,这是分级管理改革成功的关键因素。

5.4.2 积极开展社会服务项目是改革的经济保障

《中华人民共和国高等教育法》规定:大学具有教学、科学研究和社会服务三大功能,为社会提供服务既是高职院校的基本职能也是高职院校的基本责任。高职院校的社会服务职能也主要体现在直接为社会所做的具体服务上。目前,建筑工程学院开办有广西住房与城乡建筑领域现场专业人员培训考试、广西建筑工人培训考试、校企合作的建筑工程质量检测中心和在校生专本衔接合作等项目。通过开展社会服务,从社会中获取更多的信息和资金,拓展了学院的发展空间,教师在开展社会服务中得到了锻炼和提高,提升了学院的知名度,同时解决了其他奖励性绩效的经费来源,给薪酬改革提供了经济保障。

5.4.3 强化科技激励促进学院发展

为了提升办学实力,全面提高学院科技工作水平成为学院内涵建设的一项重要工作。建筑工程学院聘请有丰富经验的退休教授担任兼职顾问,通过实际案例说明科技工作对个人和对学院的重要意义,引导和指导教师积极开展科技工作,变被动工作为主动学习。对未完成科技工作的予以惩罚,减发一个月岗位绩效工资。经过分级管理改革,教职工开展科技工作的积极性不断提高,科技成果越来越多,水平和层次逐年提高。近一年,发表论文30多篇,其中核心刊物2篇,获得专利授权6个,出版了"十三五"规划教材《土力学与地基基础》一书,获得校级教学成果一等奖、二等奖各一项;课题《基于校企共赢机制的高职建筑类行业创新人才培养模式研究与实践》获2017年广西职业教育自治区级教学成果三等奖,实现零的突破;课题《提升地方人才监督实效研究》获南宁市人大常委会立项;《基于价值工程的低碳建筑投资研究》和《高职建筑工程技术专业校内实训项目载体的创新研究与实践》获广西教育厅结题;《高职院校分级管理改革的理论与实践研究》获广西教育科学"十三五"规划重点课题立项。

5.5 对薪酬改革的几点建议

5.5.1 完善积分工作量奖励的修订

实行积分工作量奖励是多劳多得的利益分配,任何制度实施不可能百分之百完美。积分奖励制度实施已经数年,2016年进行了修改补充更加细化,但在实施过程中还有需要完善的地方。

(1)细化区分。如某项目设定了总积分,但没有具体细化和要求,在积分申报时积分的分配没有统一标准,有可能是考虑团队人数不确定,但是可以设定主要参与人员占项目积分的百分比,以保证主要参与人员更多的利益分配。教师指导学生参加竞赛,由于参赛人数不同,比赛水平和难度也不同,其影响力也不同,但在积分设计时没有考虑这些因素。

(2)奖优扶优。对在工作中为学校获得荣誉的应加大奖励力度,可设定更高、更多的积分,如在指导竞赛的积分工作量计算中,现行的积分计算方案是"院内教师独立指导1个团体赛或独立指导2~3名学生个人赛,合计积分:国家级一等奖50分,二等奖40分,三等奖30分,优秀奖20分";建筑行业的国家级比赛,社会的认可度很高,大赛对提升学校的知名度有很大的贡献,学生参加国家级比赛获得一等奖,其意义远远大于二等奖,在积分设计时给予重奖,可考虑调整为80~100分。重奖指导比赛的教师是对他们辛勤付出劳动的认可,可以激励更多的教师积极认真地参加赛事。目前这个积分工作量的分值差额太小,应该加大奖励力度,同时给予精神上的鼓励,在年度绩效考核和评优评先的分值设定时加大分值。

5.5.2 关注青年教师的成长

新引进的青年教师需要在管理岗位上进行锻炼,繁杂的工作和相对较低的薪酬,会让他们感到心理上的失落,团队领导人在统筹安排工作的同时给予人文关怀和精神上的鼓励,多与青年教师沟通交流,帮助他们解决工作中的困难,让他们在尽快适应新环境的同时为他们的职业生涯做好规划,关心他们的成长,给他们提高专业技能的培训或外出深造的机会,对青年教师的进步,及时表扬肯定,尊重和认可他们在团队所做的贡献,给予物质奖励以外的精神激励,让他们在烦琐的工作中看到希望,在团队里感到温暖。

5.5.3 建立多元化的激励机制

薪酬和利益无疑是能够产生激励作用的。积分工作量奖励在很大程度上对教职工起到了很好的激励作用,但不是绝对的,更不能唯积分论。要建立长期持久的激励机制,还要像建立企业文化那样建立学院文化,重视团队成员,相互信任和支持,营造和谐的团队氛围。不同年龄和不同群体的教职工,由于个人能力和需求不同,对学院的贡献也会不同,要采用不同的激励措施,实现激励效果最大化,注意倾听教职工的诉求,满足员工尊重或自我实现的需求。

总之,高职院校二级学院薪酬改革,以工作讲绩效,分配讲贡献的激励机制,打破平均主义,凸显多劳多得的社会主义分配原则,提高工作管理和服务效率,达到提升办学质量和办学效益的目的。

参考文献

[1] 胡敏. 高职院校薪酬分配激励机制优化策略探讨[J]. 湖北水利水电职业技术学院学报,2014(2):39—41.

[2] 吴德贵. 实施绩效工资需要理顺十个关系[J]. 人力资源,2009(19):18—21.

[3] 李升泽. 面向教学部门的高职院校奖励性绩效工资分配模型构建[J]. 财会月刊,2016(11):55—58.

[4] 王彬. 高职院校社会服务的现实意义及功能定位[J]. 学理论,2010(33):226—227.

[5] [英]Holems K,Leech C. 个人与团队管理(下册)[M]. 2版. 天向互动教育中心,译. 北京:清华大学出版社,中央广播电视大学出版社,2008.

第6章 "双高"建设背景下高职院校教师激励路径探索——基于目标管理视角

高职院校要抓住"双高"建设契机,强化内涵建设,离不开教师群体的积极参与和支持。本章首先从理论和实践两个方面论述了目标管理对高职院校教师激励的重要作用,然后基于目标管理视角从打造高水平师资队伍、完善教师管理模式、构建多元发展平台、建设开放共享的专业群、采用"人性化"薪酬管理五个方面探讨了在"双高"建设总目标引领下高职院校如何提升教师群体积极性。

6.1 前言

为强化高职院校内涵建设,使职业教育成为支撑国家战略和地方经济社会发展的重要力量,教育部、财政部于2019年4月颁布了《关于实施中国特色高水平高职学校和专业建设计划的意见》(以下简称"双高计划")。近年来,随着高职院校的扩张,高职教师由于多种原因导致工作压力增大,职业倦怠感增加,高职院校人才流失现象越来越严重,这极大地影响了高职院校的可持续发展。因而,将科学有效的激励方式运用于高职教师的管理中,吸引和留住优秀人才成为一项亟待研究的课题。根据管理学中的动机理论,人的动机是由于他所体验的某种未满足的需要或未达到的目标所引起的,故本章选择目标管理理论为研究视角来探索在"双高"建设背景下高职院校教师激励路径具有可行性。

6.2 相关文献综述

6.2.1 目标管理的内涵及实施意义

目标管理是以目标为指导的管理体系,要求员工将分解到个人的目标看作自己的首要责任,以自我控制和参与式管理为实现目标的途径,然后通过信息反馈动态调整目标,以实现员工的成就激励。总而言之,"目标管理,就是管理目标,也就是依据目标进行的管理",目标是核心,管理只是围绕目标的一种实践。

目标管理过程如图6-1所示。

在管理实践上,目标管理法的要义在于,无论是组织的管理者还是普通员工均需参与目标的制定、实施、考核与总结。目标管理理论提供了一种将组织的总体目标转换为部门和成员目标的有效方式,将"以工作为中心"和"以人为中心"结合起来,很好地解决了"人与事"的关系问题。同时,目标管理以自我控制和参与式管理的方式取代来自他人支配式的管理方式,不仅注重结果管理的工作成果,更注重自主管理中的过程创新。通过个人需求与工作的有机衔接,将员工的个人兴趣融入工作目标的完成,以自我控制发现个人价值,在满足自我实现需要的同时也促进了组织的共同目标的达成。

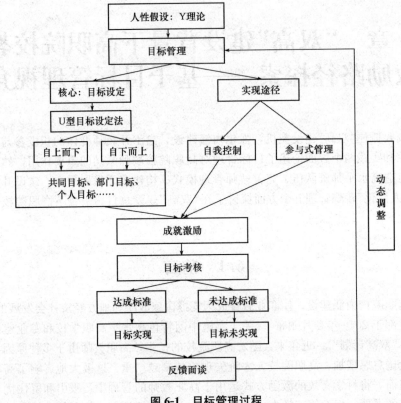

图 6-1　目标管理过程

6.2.2　高职院校教师激励的相关研究

激励就是在了解"人为什么愿意做某事"的基础上，探究"怎样使人愿意做某事"，在了解人的行为产生动机的基础上，采取措施激发该动机。对于高职院校教师的激励，研究颇多，学者根据行政、后勤、科研、专任教师等不同教师群体及不同学科体系并基于不同的视角对影响高职院校教师的激励因素进行了分析。总结起来，影响因素主要有薪资待遇、管理制度、学校文化环境、工作量大、激励没有针对性等。应根据所存在的问题给出自身的建议如物质激励、保障激励的公平性、完善福利保障制度、完善情感激励机制、完善职称指标体系等。

可以看出，影响高职院校教师激励的因素很多，如管理制度等，但这些只是对高职院校教师的外部激励，并没有从内部真正挖掘影响其动机的激励因素。目标管理自创立之初就强调员工的自由性，变以前的外部控制为内部激励，它通过自我控制和参与式管理，能极大地激发员工的内驱力，本章以目标管理为视角，试图找出影响高职院校教师激励的内在因素，帮助高职院校在"双高"背景下实现更好地发展。

6.2.3　目标管理理论与高职院校教师激励的关系

国内外很多学者直接或间接地对目标管理理论与激励的关系进行了探讨。教育心理学的研究结果显示，恰当的目标是引起行为最重要且最直接的刺激诱因，可以使人拥有足够的动力和信心去努力完成目标。宫珂（2018）提出应用型人才培养模式的构建依托于目标管理中的分散激励的过程管理和多元参与。刘慧(2015)指出，对各地高校来说，分目标要与总目标相互渗透，教师群体的向心力得到了凝聚，教职员工的拼搏精神得到了激励，能促成总目标的达成。张志文(2016)指出，由于目标管理，工作和人的需要得到了统一，员工通过自我控制，发现了工作的兴趣和价值，自我目标和组织目标实现了共同满足。前人的研究为本章的研究奠定了扎实的理论基础，目标管理就如同磁铁吸引着组织与员工两者相互作用，它使得激励工作日常化、量化、标准化，让这个吸引过程更加牢固。

6.3 南宁职业技术学院目标管理与教师激励的实践探索

随着高职院校规模的不断扩大，时代对其管理模式提出了新挑战，近年来，全国排名前100强的高职院校普遍采用了目标管理模式进行内部管理，也积累了不少宝贵的经验。南宁职业技术学院是一所全国首批示范性高职院校，其目标管理实践探索如下：

在学校层面，南宁职业技术学院依据教育部、自治区教育厅和主管部门的年度工作要求、学校办学定位、人才培养目标，得出学校年度重点工作任务，并以此制定学校年度总体发展目标，以总体发展目标作为各部门年度目标关键指标。在二级学院和职能部门层面，教职工个人目标即"个人年度工作任务书"主要由各部门的领导协商制定，年度任务书主要包括"德养建设、计划工作、部门工作、临时工作、其他工作、个人发展、分解任务、育人管理"八大目标。"年度任务书"即教职工开展工作和考核的依据，考核结果与各教职工的年度岗位聘任、职务晋升、培养培训和表彰奖励等实质性利益挂钩。根据这八大目标任务的完成情况，学院的骨干教师评定不再单纯依据职称和工龄，而是更多地依据年度目标任务量的完成度，根据考核结果破格提拔大量青年教师为骨干教师，激发了教师群体的活力。通过目标管理，其分级管理改革试点二级学院建筑工程学院，在2016—2018年三年内从项目立项到学生、教师竞赛等多方面都得到了很大的提升，具体成果见表6-1。

表6-1 南宁职业技术学院建筑工程学院2016—2018年成果统计表

年度 成果	2016年	2017年	2018年	合计
项目立项/项	5	6	12	23
项目结题/项	1	5	9	15
出版教材/本	0	1	15	16
论文发表/篇	20	58	49	127
取得专利/项	1	6	8	15
教学成果奖/项	0	3	0	3
学生竞赛获奖/项(学校级省区级国家级)	—	19	35	54
教师本人参赛获奖/项(学校级省区级国家级)	—	4	19	23
合计	27	102	147	

从表6-1中可以看出，目标管理无论是从理论上还是实践中都对高职院校教师的激励产生很大的影响，因此，从目标管理视角来探讨高职院校教师的激励措施具有重要的意义。

6.4 目标管理视角下高职院校教师激励的思路及路径探索分析

6.4.1 思路

目标管理的关键是制定出科学的总目标,然后将总目标划分为若干个小目标,并逐层实现。"双高"建设是教育部为进一步提升高职院校发展而提出的总纲领目标;"双高"建设的总目标是要提升高职院校和专业群办学水平、服务能力、国际影响显著提升,为职业教育改革发展和培养千万计的高素质技术技能人才发挥示范引领作用,使职业教育成为支撑国家战略和地方经济社会发展的重要力量。而要实现"双高"建设的总目标,必然需要高职院校教师群体的积极参与,通过教师积极性和能动性的发挥,促进高职院校各领域分目标发展,各领域的综合发展又能推动"双高"职业院校建设。

要调动起教师群体参与"双高"建设的积极性,无论是社会层面、政府制度层面还是学校、个人层面都需要同一化的目标导向。因而,在"双高"建设的总目标引领下,本章认为高职院校应从打造高水平师资队伍、完善教师管理模式、构建多元发展平台、建设开放共享的专业群、采用"人性化"薪酬管理五个分目标入手进行建设(图6-2)。

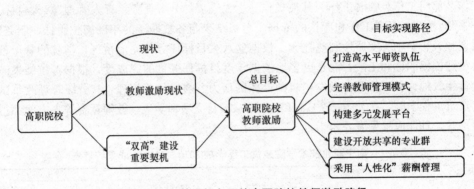

图 6-2 目标管理视角下的高职院校教师激励路径

6.4.2 路径分析

1. 打造高水平师资队伍

根据"双高"建设的目标,高职院校在师资队伍建设上,一是要积极引进企业优秀专业人才,有计划、有目的地选派教师到企业接受培训、挂职工作及实践锻炼,提升教师群体的实践能力;二是鼓励高职院校教师考取与专业相关的职业技能等级证书,并给予考证方面的政策支持,如报销考试费、职称晋升优先考虑、开展考证方面的培训,并搭建平台供需考取证书的教师进行交流和信息共享,打造一支通力合作的"学习型"双师队伍;三是鼓励高职院校教师积极走出去,紧密联系企业,以应用技术解决生产生活中的实际问题,加强新产品开发和技术成果的推广转化,并组织开展相关技能培训,为乡村和广大农村地区服务;四是要实现"双高"建设,还需要提升教师国际化水平。积极引进海外人才,实现以点带面促进步,加强与发达国家的交流合作,提升交流访学深度和广度,服务国家"一带一路"倡议,鼓励教师积极承接海外培训项目,提升教师的国际化水平。

2. 完善教师管理模式

当前，绝大多数高职院校都采用"校院系"三级管理模式，这种刚性化的管理模式能提升管理效率，但也存在组织结构僵化、行政色彩过浓的问题。首先，柔性化管理方式能更好地适应当前教师队伍的发展，为适应教师群体的发展，高职院校应树立"以人为本"的管理理念，将管理重心重新放到教学上，更多地关注教师群体的发展，制定出以高职教师为主体的教师队伍管理制度。其次，对高职院校教师的工作进行科学的岗位分析，在岗位分析的基础上，结合新时代教师特性与工作特点，科学合理地分配任务。在进行岗位分析时要充分获取有关岗位的各方面信息，采用合理的岗位评价方式，深刻剖析各个岗位职责，制定科学的工作说明书，将合适的人放到合适的岗位上，做到人尽其才，实现最优的人员配置。最后，学校层面要适当放权，充分调动各二级学院的能动性，切实将教学和学生摆到最主要的位置。

3. 构建多元发展平台

研究证实组织支持感是实现高职院校教师激励的重要因素，因而，为教师搭建多元化的发展平台至关重要。一是搭建校企合作智库平台。与行业企业在人才培养、就业创业等方面实现深度合作，建设兼具产品研发、工艺开发、技术推广、大师培育功能的技术技能智库平台，实现资源共享，促进创新成果与核心技术转化。二是搭建社会服务平台。加强教师研究成果转化，学校对参加横向课题的教师给予配套资金、政策等方面的支持。三是搭建国际交流合作平台。高职院校要创新思路积极走出去，加强同职业教育发达国家的交流合作，合作开展职业教育培训、学术交流，同时要加强与海外企业合作，构建深度的校企合作平台。

4. 建设开放共享的专业群

利用大数据、云计算、互联网＋等新技术和新模式创新专业群建设。一是改变传统的教研室组织方式，打破专业限制，建设政产学研用协作体、实训中心和众创空间，打造科研、教学、实体平台。鼓励教师和学生积极参与平台的建设与运营，通过这三个平台实现教学和科研的良性互动，提升人才培养质量，为地方经济发展服务。二是建立校企双方合作公司、流动工作站、研发基地等资源共享模式，为师生、员工和技术人员搭建科研合作、技术交流、新产品研发与学生实习的平台，并强化专业核心课程实践案例资源、商业实战项目等案例教学资源建设共享，推动校内专业教师与企业兼课教师的良性互动，实现模块化教学。

5. 采用"人性化"薪酬管理

与传统奖惩式的薪酬管理不同，"人性化"薪酬管理是将人性作为管理的出发点，并不是要求管理者为员工支付比以往多的工资，而是在现有薪酬水平的前提下，使员工对薪酬支付有更加愉快的心理感受。要构建"人性化"薪酬体系，重点可以从以下几个方面入手：一是月薪部分薪酬的人性化处理。在高职院校教师既有工资水平基础上调整基本薪酬和奖励的比重，重点加强突出奖励。二是年终薪酬人性化处理。在高职院校教师既有工资水平基础上调整平时薪酬和年终奖酬的比例，重点加强突出教师年终奖酬。三是利润分享计划的人性化处理。在高职教师既有工资水平的基础上调整一般薪酬与利润分享的比重，重点强化突出利润分享。在满足教职员工货币薪酬的同时，也满足了其精神方面的需求，调动起教师群体的积极性。

参考文献

[1] 邱国栋，王涛.重新审视德鲁克的目标管理——一个后现代视角[J].学术月刊，2013(10)：20－28.

[2] 董泽芳,张继平. 高校目标管理的主要特征及实施策略[J]. 高等教育研究,2008(11):38-44.

[3] 邢以群. 管理学[M]. 3版. 北京:高等教育出版社,2017.

[4] 陈洁琼. 高职院校基层行政管理人员职业倦怠与激励机制的对策研究[J]. 太原城市职业技术学院学报,2018(11):58-60.

[5] 吕晓蕾. 高职院校人力资源管理的激励机制分析[J]. 时代经贸,2018(30):62-63.

[6] 张素. 关于高职院校教师激励机制的思考[J]. 西部素质教育,2018,4(12):115-116.

[7] 曾怡华. 湖南省高职院校"双师双能型"教师激励机制研究[J]. 创新创业理论研究与实践,2018,1(09):53-55.

[8] 刘兴民. 基于职业倦怠的高职教师激励对策研究[J]. 品牌研究,2018(5):132-133.

[9] 江朝. 浅析高职院校教师激励机制[J]. 文化创新比较研究,2018(9):168-169.

[10] 宫珂. 应用型人才培养模式建构的路径选择——基于目标管理的视角[J]. 高等理科教育,2018(2):38-44.

[11] 刘慧,钱志刚. 学科—专业—产业链:应用型本科院校转型发展路径探索[J]. 高等理科教育,2015(6):17-22.

[12] 宫珂,张志文. 高等学校绩效考核研究文献的内容分析——基于CNKI(1999—2014)文献[J]. 黑龙江高教研究,2016(1):24-29.

[13] 曾洁. 高职院校二级学院目标管理体系的研究与实践[J]. 职业时空,2012(5):52.

[14] 钟兰芳. 高等学校行政管理人员激励机制及其影响因素研究[J]. 中国人民大学教育学刊,2017(2):66-85.

第 7 章　分级管理在高职院校二级院系"双高"建设中的应用

系统是一种垂直结构，由一定要素组成。这些要素又由低一级要素组成的子系统组成；而系统本身又是更高一级系统的组成要素。系统运行是否有效、效率高低，在很大程度上取决于是否层次分明、各司其职。如果将高职院校看作一个系统，二级院系、各校级职能部门则是其子系统。根据系统层次性原理，结合管理层次论、管理效益论，高职院校能否高效率运行，更多、更好地培养创新型技术技能人才，最根本的是激发高职院校二级院系、各校级职能部门子系统的运行效率。

本章以南宁职业技术学院建筑工程学院为例，从师资、课程、科研、学生、社会服务五个方面比对分析"双高"建设指标的大数据，剖析分级管理对高职院校二级院系"双高"建设的积极影响，针对高职院校分级管理存在的问题，提出高职院校校级层面制定完善的分级管理制度、制定相应的监管奖惩机制等建议。

7.1　高职院校分级管理的种类

在我国，本科院校的校院分级管理制度实施相对普及。而在高职院校分级管理制度实施相对较少。以广西为例，南宁职业技术学院 2013 年印发《南宁职业技术学院建立分级管理体制的总体方案》，2015 年开始试点实施分级管理。南宁职业技术学院 2020 年制定的《中国特色高水平高职学校和专业建设计划南宁职业技术学院建设方案》明确提出："推进分级管理制度改革，推动'校办院'向'院办校'转变，充分调动办学主体在办学上的内生动力和创新活力。健全完善教师管理类、学生管理类、教学管理类等制度，健全与学校章程相配套的内部治理制度体系。"下面从组织机构和管理内容两个方面，厘清高职院校分级管理制度的种类。

7.1.1　组织机构层面

根据系统层次论，高职院校是一个系统，由各二级院系、校级职能部门等一级子系统组成。各二级院系又由其下设置的教务科、学生科、实训部、办公室、各专业团队等二级子系统组成。形成了一个自上而下、垂直分布的三层级组织机构关系。因此，从组织机构层面，分级管理制度可分为校级分级管理制度、二级院系分级管理制度、二级院系各专业及职能部门分级管理制度三个层级。

7.1.2　管理内容层面

高职院校的每个组织机构管理层级印发的分级管理制度，根据其职能不同，管理内容又可以细分为不同的内容。具体包括教学、科研、财务、学生工作、招生就业、实训基地建设、人事管理、后勤、网站维护、国际合作与交流、档案管理等诸多方面的分级管理制度。

7.2 分级管理对高职院校二级院系"双高"建设的积极作用

2019年,教育部、财政部发布《关于实施中国特色高水平高职学校和专业建设计划的意见》,就实施中国特色高水平高职学校和专业建设计划(以下简称"双高计划")做出部署。全国高职院校纷纷响应积极进行"双高"建设。如何激活高职院校二级院系的积极性,是"双高"建设能否早日实现的关键。在高职院校中实施分级管理,可以促进高职院校二级院系的主观能动性,更快、更好地完成"双高"建设目标。

(1)校级财权适度下放,分级管理。赋予二级院系一定的经费预算、经费使用自主权,提高经费使用的效率和效益。根据我国目前所实施的分级管理制度,学校会下拨一定比例的经费到各二级院系。有些是按照学生人数,有些是按照课时总量,有些是按照教师人数。二级院系对学校下拨的经费有自主使用权,使二级院系经费的内部预算、使用、调节过程简洁快速,提高效率和使用效益。

(2)校级人事和薪酬分配权适度下放,分级管理。赋予二级院系一定的机构设置、人员聘用和薪酬分配自主权,调动二级院系自我管理的主动性、积极性、创造性,推动工作的精准高效和质量提升。在机构设置方面,二级院系可以根据自身特点设置院内二层机构;在外部人员聘用方面,二级院系可在学校定员范围内,根据二级院系的需求特点和承受能力,自行聘用兼职教师和个别岗位工作人员;在二级院系内部人员聘用和薪酬分配方面,二级院系享有更为充分的自主权,岗位清晰,职责明确;评聘分开,奖惩分明;基数保留,多劳多得。

(3)校级学生管理工作权适度下放,分级管理。赋予二级院系根据南宁职业技术学院特点、制定部分学生工作管理服务制度。每个二级院系根据专业不同,学生的学习规律、行为特性都会有差异表征。学生工作方面的分级管理制度,则有利于二级院级根据自身特点,制定出有特色的学生管理服务制度,做到因材施教,因人施教,激发学生学习、拼搏、竞争的积极性和主动性,促进学生德智体美劳全面发展。

7.3 案例分析:南宁职业技术学院建筑工程学院分级管理

南宁职业技术学院在全国属于较早实施二级院系分级管理改革(试行)的高职院校。2013年南宁职业技术学院印发《南宁职业技术学院建立分级管理体制的总体方案》,2015年印发《南宁职业技术学院建筑工程学院分级管理改革试点实施方案(试行)》,建筑工程学院成为南宁职业技术学院校内第一个实施分级管理改革试点的二级院系。根据《南宁职业技术学院建筑工程学院分级管理改革试点实施方案(试行)》,建筑工程学院自2015年起,按照每两年一个周期,分别印发了《建筑工程学院分级管理岗位聘任和薪酬改革实施方案(试行)》(2015—2016年)、《建筑工程学院分级管理综合改革实施方案》(2017—2018年)、《建筑工程学院分级管理综合改革实施方案》(2019—2020年)三个实施文件,实施了三期共六年的分级管理综合改革。建筑工程学院分级管理综合改革(试行)的基本内容包括组织机构设置、人事制度、聘用制度、财务制度、薪酬制度、资产与招标采购、专业建设与教学改革、管理制度建设与改革八个方面。经过六年的分级管理综合改革,建筑工程学院在师资队伍、教改科研等多方面取得了较大进步。将其与中国高水平高职院校和专业"双高"建设的各项指标进行大数据统计,比对各项指标在分级管理制度实施前后的走势。以此作为分级管理制度在高职"双高"建设中发挥二级院系积极性作用的分析样本,具有代表性和借鉴意义。

下面运用统计分析法、定量分析法、信息研究法，从师资、课程、科研、学生、社会服务五个方面进行分析。统计时间为2009—2019年，共10年时间；样本采样范围涉及教师77人，学生8 032人，合计8 109人。将2015年作为分级管理制度实施前后时间节点，2015年前为未实施，2015年后（含2015年）为已实施。

7.3.1 师资方面对比分析

通过对比学历职称晋升、挂职锻炼、参加培训、技能大赛获奖、评优评先五项师资方面的"双高"建设要求指标，在2015年实施分级管理制度实施前后大数据分析对比（图7-1），不难看出，五项指标实施前后均有增长趋势。其中，挂职锻炼、参加培训、技能大赛获奖、评优评先四项涨幅明显，均有1倍以上增幅。

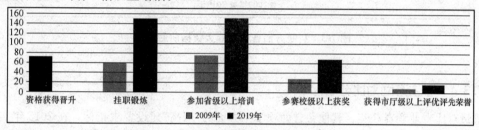

图7-1 师资方面各项指标大数据前后对比

7.3.2 课程方面对比分析

通过对比网络课程建设、教材两项课程方面的"双高"建设要求指标，在2015年实施分级管理制度实施前后大数据分析对比（图7-2），可以看出，两项指标实施前后均有增长趋势。其中，网络课程建设大幅增长，增长近7倍。

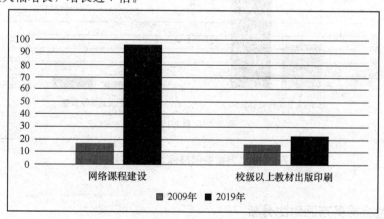

图7-2 课程方面各项指标大数据前后对比

7.3.3 科研方面对比分析

通过对比专著、论文、专利、科研项目四项科研方面的"双高"建设要求指标，在2015年实施分级管理制度实施前后大数据分析对比(图7-3),可以看出,专著实现零的突破,论文增长1.5倍,专利增长13倍,科研项目增长4倍。

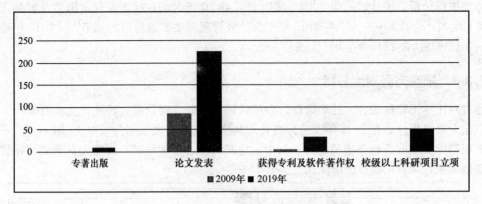

图7-3 科研方面各项指标大数据前后对比

7.3.4 学生方面对比分析

通过对比专业竞赛获奖、其他荣誉两项学生方面的"双高"建设要求指标,在2015年实施分级管理制度实施前后大数据分析对比(图7-4),可以看出,两项指标均有增幅。其中,专业竞赛获奖增长1.7倍,增幅明显。

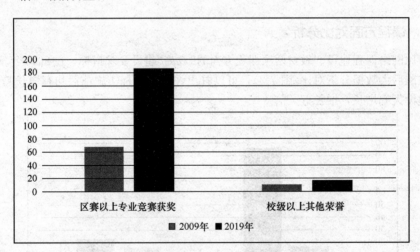

图7-4 学生方面各项指标大数据前后对比

7.3.5 社会服务方面对比分析

通过对比职教扶贫、对口帮扶、技术服务三项社会服务方面的"双高"建设要求指标,在2015年实施分级管理制度实施前后大数据分析对比(图7-5),可以看出,三项指标均有较大增幅。其中,职教扶贫实现零突破,对口帮扶增长1.5倍,技术服务增长1倍。

通过以上五个方面各项指标的大数据对比分析,以2015年为拐点,各项指标均有增长,其中专著、职教扶贫两项实现零的突破,教师参加技能竞赛区级仪式上获奖等共13项指标涨幅在

1倍以上。由此可见，规范完善分级管理制度，对于激活二级院系的主观能动性，更快、更好地完成"双高"建设具有积极的影响。

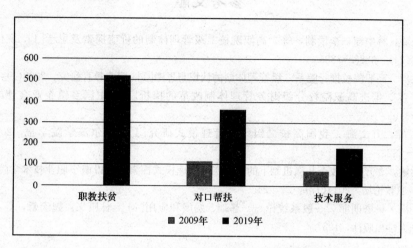

图7-5　社会服务方面各项指标大数据前后对比

7.4　高职院校分级管理存在问题和应对措施

实践发现，分级管理在高职院校二级院系"双高"建设中应用存在一定弊端。例如，学校权力下放过大，导致二级院系的权力过大，学校对二级院系的监管力度便削弱了，不便于学校整体布局发展。有时甚至出现各二级院系、各职能部门之间相互推诿卸责，导致学校整体方案无法顺利实施，影响大局。而在学校层面，高职院校分级管理存在两个方面的问题：一是校级层面的分级管理制度的"度"没有把握好；二是监管奖惩机制相对滞后。

针对存在的问题，可以采取以下措施完善提高：

(1)高职院校校级层面应该制定完善的分级管理制度。完善分级管理制度，包含两个层面：第一，对权力下放"度"的把控。在分级管理制度里，应该界定清晰详细的校级和院级的责任、权力、利益，应逐一明确学校统筹管理的范围、院系自主权力的范围。每个高职院校的情况不同，这里的"度"没有一定的规定。需要各个高职院校根据自身情况，自主把握、实时调整。第二，内容的完善。教学、财务、人事、学生、科研、后勤等各方面内容，应分别制定相应的分级管理配套文件。

(2)高职院校校级层面应该制定相应的监管奖惩机制。高职院校在放权的同时，需要建立完善的监管及奖惩机制，以约束、监督二级院系的"双高建设者"各项工作顺利开展。例如，南宁职业技术学院在教师授课方面的督导，除二级学院教务科对教师授课进行不定期巡查监督，学校质量办还专设督导。学校督导每天随机对授课情况进行抽查监督，发现问题，通报批评；做得好的，全校表扬。正是有了学校层面这样有力的监管奖惩机制，"水课"减少了，"金课"增加了，学生评教提高了。

分级管理制度是一种有利于减少中间层级、激活下一层级积极性、提高绩效效能的有效管理手段。在中国特色高水平高职院校和专业"双高"建设中，实施完善的分级管理制度，对促进二级院系积极性、主动性，有着重要的意义。

参考文献

[1] 胡艳玲，林中翔，李国利，等．高职院校二级管理体制的价值探索及思考[J]．现代医药卫生，2016(24)：3883—3885．

[2] 方飞虎．高职院校推行院系二级管理体制的认识与思考[J]．职业教育研究，2008(1)：61—63．

[3] 施月莲．推进高职院校分级财务管理体制改革的探析[J]．中国乡镇企业会计，2015(10)：102—103．

[4] 骆峤嵘，万文海．我国高校二级学院管理模式研究[J]．哈尔滨学院学报，2007，28(1)：130—132．

[5] 钟继敏，娄开伦．校企共赢机制下的顶岗实习管理模式探索——以南宁职业技术学院的实践为例[J]．职教论坛，2014(17)：21—24．

[6] [美]冯·贝塔朗菲．一般系统论——基础、发展和应用[M]．林康义，魏宏森，等，译．北京：清华大学出版社，1987．

第 8 章 分级管理背景下高职院校专业群构建及其资源要素结构

在中国高等教育正处于新的历史起点的时代背景下，为了更好地贯彻落实《国家中长期教育改革和发展规划纲要》，针对分级管理体制改革是大学内部管理体制改革与发展的重要组成部分。在高职院校分级管理改革背景下，二级学院通过分级管理的制度创新、管理创新，合理统筹，将多个专业集合在一起，以此发挥出集群效应，确保各专业之间的资源共享。不同专业群内均围绕该产业聚集和分布，以此建立专业群。其中，专业群资源要素包含实习实训条件、师资、教学管理及课程等。本研究主要是探讨分析高职院校分级管理改革背景下专业群构建及其资源要素结构，希望能够对相关人员具有参考性价值。

建立健全与高水平特色应用型高等院校相适应的分级管理体制，是强化内部管理体制改革的重要组成部分，形成管理科学的体制和机制，推行管理重心下移，最大限度地调动学院自主办学的积极性和创造性。建立符合学科专业建设和发展的体制机制，有利于组织教学、科研、实训等工作。整合调整专业群，可以将二级学院下各专业的资源整合，发挥最大限度的集群效应。因此，针对专业群构建及其资源要素结构的分析研究是分级管理制度中专业建设管理的重要环节。

专业群核心在于建设重点专业，以此引导其他相关专业聚集形成具备实力的专业集合。专业群建设能够发挥出规模效益，现已成为高职院校的重要改革措施。专业群主要是针对特定产业，不同专业之间的资源要素存在相应的共享要求。

8.1 高职院校专业群及其构建

专业群通常都是围绕某一特定行业所建设的，此时就会使不同专业的技术领域培养模式存在相似性。专业群中的专业学科基础比较一致，且在设备设施与基础理论上存在重叠性。高职院校专业群构建也会直接影响专业分类，然而专业群构建会受到产业发展、办学质量等因素影响。龙头专业必须对产业进行紧密对接，确保与具备实力的企业建立合作关系，可以为专业群集聚提供标准依据。所以，通过分析和研究产业结构，将特定行业作为专业建设背景，对生产的各个阶段都进行细化梳理，以此获取相应的专业链，由此形成院校品牌。另外，对于职业岗位群来说，需要围绕行业职业领域设置不同的专业，以此满足企业岗位群要求。所以，专业群尽可能覆盖所有岗位群，才能够为社会输送全方位人才。针对一般高校来说，需要围绕学科建立专业群。在建筑领域需要以力学和数学作为基础学科建设专业群。但是通过大量实践能够看出，此种专业群建设模式无法满足高职院校要求，这主要是因为专业群建设的服务对象是企业，而不是学科建设的需求。

8.2 高职院校专业群资源要素结构

专业群资源主要包括对专业建设造成影响的人与物及直接服务。按照属性可以将专业群资源要素划分为课程、实习实训条件、师资要素及管理要素等,以上资源内容统称为属类资源。社会资源、企业资源及校内资源统称为源别资源。因此,对于专业群来说,其还包含群内专业资源,此类资源统称为构成资源。对于高职院校专业群资源来说,具备质量特征与数量特征。以下主要是对不同资源要素结构进行分析。

8.2.1 专业群属类资源及影响

在属类资源中,专业群建设的能动要素是师资队伍,教师的能力水平会直接影响专业群建设效果,因此,通过师资团队建设能加强专业群建设质量。当前,多数高校都致力于打造双一流标准,要求教师具备创新意识与能力,实施理论与实践一体化教学,专业教学团队都必须具备合理的学缘结构、专业结构和年龄结构。在整个教学团队中,专业带头人属于核心主体,负责组织和策划专业群建设;骨干教师是专业教学资源建设者和实施者,师资团队水平会直接影响人才培养质量。

专业群建设期间应注重实习实训条件要素,注重理实一体的协调性,以此促进教学与就业接轨,实现人才培养质量。注重实习实训基地建设,强化教学质量。实习实训条件能够加强学生职业训练与技能培训,提供适宜的教学环境与设备设施,凸显出现代化、职业化及综合化特征。高职院校所建设的实训基地主要是针对技能训练、生产功能实践教学及综合教学等。校外实训基地主要是提供顶岗实习、生产实训的企业。在各专业群中,校内实训基地承担人才培养职责,还会对专业发展造成影响。校外实训基地能够有效提升专业技能,形成职业素养。

在培养专业人才时,课程属于基本载体与专业建设支撑,由此形成课程要素来源。课程主要包含课程目标、结构、内容与评价。专业人才培养方案中能够体现出专业课程体系,凸显出针对性和开放性。在设计专业群课程框架时,必须区别于单一课程体系框架。针对课程体系中的具体课程来说,在未来发展中需要建立模块化内容,强化课程资源的适应性。针对专业群建设来说,课程资源及其要素选择会对专业人才培养质量造成极大的影响。

专业群管理要素包含人才培养、专业建设等内容。由于专业管理包含不同层次,且专业管理组织体系之间的职责也不同。然而,层次分明的管理体系会延缓人员和机构对市场的响应速度,降低管理制度与行为的实效性。所以,在建设专业群时,需要引入无界管理理念,以此优化教学质量、课程、师资队伍及人才培养等层次的管理。

8.2.2 专业群源别资源及影响

源别资源主要是建设专业群与培养人才之间所涉及的社会、企业与校内资源。从院校发展现状可知,由于社会投入力度不足,缺乏校企合作力度,从而导致建设专业群时还比较依赖校内资源。针对专业群建设来说,校内资源可以采用学院本位资源应用方式,以此确保人才培养与专业建设的稳定和独立,尽早实现专业人才培养目标。校内资源包含课程、实训设备及师资等资源,该类资源属于专业群架构建设的基础条件,有助于实现人才培养。高职院校在发展过程中必须与社会企业建立战略合作关系,以此加强高职院校市场竞争力。所以,高校专业群建设必须依赖于企业技术、设备及项目。这就要求高校与企业之间建立合作关系,充分发挥出企业资源的利用率,转变学校传统教学模式,这样才能从根本上提升专业群竞争实力。通过上述分析能够看出,在建设专业群时,必须紧密结合行业发展,以此发挥出行业的优势,优化产业结构,建立多专业、多技术合成的人才培养平台,因此实现协调创新发展。

8.2.3 专业群构成资源及影响

专业群是由不同专业所构成的集成体系,因此,不同专业均属于构成要素,会对整个专业群的发展造成影响。专业群中所包含的龙头企业的品牌效应和竞争实力都比较强,可以引领同类专业发展。因此,从基础定位角度分析,龙头企业可以对接支柱产业,有效促进产业技术的发展,在此基础上建立职业岗位群,以此促进龙头企业的发展。由于建设专业群活动属于长期有效工作,群体内不同专业不仅对应产业和技术的相似性,还需要注重兼容性和互补性。在专业群内扩展各专业,需要依靠产业结构优化升级,技术进步及岗位分化。例如,近年所出现的汽车类专业群,就是基于社会进步发展所衍生的产物。若缺乏科学的专业结构,将无法充分发挥出专业群的集成效应和凝聚效应,使专业群处于离散状态。专业需要不断进行优化升级,通过专业群建设能够有效满足市场变化发展的要求,有利于传承和集聚专业资源,以此促进产业的发展。

8.3 专业群资源要素共享机制

不同资源要素可以有效促进专业群及内部子专业的发展,还能够深化改革人才培养模式,确保专业建设的有效性。专业群之间存在相似性和集聚性,因此,资源要素的共享机制将成为未来发展趋势。例如,高校中所建立的制造技术专业群,该专业群主要是面向制造业各专业所集聚的群体,所以,各专业之间具备相似的技能基础和理论基础。高职院校建设实训教育基地需要大量建设成本,并且各专业对于实训基地的共享性要求也比较高。专业群中的各专业内容和性质比较接近,因此可以将资金投入相似的实训基地建设,以此形成完整的实训体系。优化和完善实训设施功能,降低建造成本,充分发挥出成本利用率。在建设专业群时还可以实现群内资源共享。通过对相近专业师资力量与结构优势的集聚,可以实现专业教师及教学资源的共享。专业群人才培养目标具备相近性,技术目标具备一致性。同时,还可以提升企业、设备及技术资源共享要求。通过与同类企业的合作交流,可以为企业输送专业技术人才,校方也可以获取生产实习场地、顶岗实习机会和技术支持。企业也可以获取学校科研人员及理论人员的教学指导。对于其他社会组织来说,可以借助专业组织属性和服务领域,为高职院校专业群建设提供资源支持。

综上所述,此次研究主要是围绕专业群展开讨论,通过此次分析可知,专业群资源要素主要包括属类资源、源别资源、构成资源要素。在构建专业群时深入分析资源要素结构,实现资源要素共享机制,是分级管理体制改革探索中不可或缺的一个环节,以此促进高职院校内部管理体制改革与发展。

参考文献

[1] 蒋晶容. 高职院校专业设置与区域产业结构的适应性探讨[J]. 南方农机,2019,28(09):160.

[2] 冉超. 以"基地"为载体,高职院校艺术设计专业群人才培养模式实践研究——以广州尚品宅配家居股份有限公司设计专业群校外实践教学基地建设为例[J]. 智库时代,2019(17):63—64.

[3] 伍百军. 供给侧改革语境下高职院校专业设置与产业结构耦合协调研究——以云浮市为案例[J]. 中国职业技术教育,2019(11):53—57+68.

[4] 李俊强,王志刚,曾碧涛,等.国家优质高职院校建设的几点思考——以宜宾职业技术学院争创国家优质高职院校为例[J].辽宁高职学报,2019,21(03):13-16.

[5] 蔡洁,孔敏,井辉,等.高职院校人才培养目标定位研究与实践——以南京城市职业学院服务外包软件专业群为例[J].南京广播电视大学学报,2019(01):44-47.

[6] 伍益中."双一流"背景下高职院校表演艺术专业群建设探讨——以湖南艺术职业学院为例[J].艺海,2019(03):89-94.

[7] 聂财勇,孙仕祺,李志.高职院校服务型基层党组织建设路径研究——基于警察院校安全类专业群的探索与实践[J].高教学刊,2019(05):178-180.

第 9 章　高职院校学生工作分级管理改革的理论与实践研究

党的十九大对新时代背景下的高职教育提出了更高的要求,改革与发展也更加深入,以校、院分级管理为核心的管理体制已成为当前高职院校内部质量保障体制改革的一个重点。如何健全和开展校院学生工作分级管理体制也逐渐成为一个比较突出的问题。本章从工作实际出发,通过对笔者所在学校案例进行分析,提出新时代背景下校院学生工作分级管理的一些措施和对策。

9.1　高职院校学生工作现状

1. 教育主体的教育效果一般

国内高职院校的改革在不断深入和强化,呈现出招录形式多样化和招录人数激增化的特点,越来越多的学生走进高职院校学习生活,学生生源结构多样,在思想素质、专业技能、文化素养、自律自控、学习能力、职业规划等方面情况不一,加之家庭影响和社会影响,学生问题增多,给学院学生管理工作提出很大的挑战。前些年,高职院校学生管理采取的更多是粗放式管理模式,师生的沟通和交流偏少,教师不了解或不清楚学生的真实需求和内心想法,辅导员班主任或其他思政工作人员对学生的所思所想掌握不够、了解不深,给学生提供的教育与学生的成长需求不对称。而教育脱离了学生,就很难达到教学相长的效果,更谈不上培养出更多的综合能力强的技能型人才。高职院校学生的协同合作能力、创新意识和学习能力没有得到很好的锻炼,这对于学生未来的就业和发展是极其不利的。

2. 思政队伍建设缓慢或效果不好

高职院校的思政队伍建设效果不佳,尤其是专职辅导员队伍的配备和建设,专职辅导员与学生数量比例很难满足 1∶200。近年来,诸多高职院校尽管通过辅导员素质能力大赛这个平台培养出不少业务精、能力强的辅导员、班主任,但仍有相当一部分辅导员、班主任没有得到过专业的培训和锻炼,工作效率和工作质量很难提升。一是辅导员、班主任在开展大学生思政教育工作时,苦于没有思想政治教育的专业背景或没有辅导员专业素养的锻炼,思政工作不知如何开展,尤其是部分专业教师兼任班主任的,甚至不知如何开展与学生的谈心谈话。二是负责学院心理健康工作的教师,没有心理学专业背景,对于学院心理健康教育工作和心理辅导教师工作,心有余而力不足。近年来,排查出的学生心理健康问题明显增加,辅导员、班主任的教育管理难度增大。三是学院心理预防干预系统有待完善。高校心理预防干预,要努力构建心理干预体系,积极开展预防性心理教育。目前,现有的干预系统是心理筛查后辅导员、班主任跟进,未能形成较为专业的干预系统。

3. 学生管理服务的水平不高

由于国内高职院校连续数年扩大招生,学校内部出现很多资源短缺和不对称的情况,如学生住宿不够或条件差、综合服务跟不上或服务差、教学资源不够或条件落后,甚至在管理模式上也与新形势下的大学生发展需求产生了冲突。因而,出现学生不满情绪和学生发展得不到保障的情况,学生厌学、身心健康受影响等现象大幅增加,这些校园内不安定因素给学生管理与服务工作带来了很大的挑战,导致新形势下的高职院校学生管理工作服务水平不高。

9.2 高职院校学生工作分级管理中的几个问题

1. 体制改革不彻底,校院职能划分有待完善

多年来,国内诸多高职院校对学生管理工作进行了多次改革,以找到更适合本学校发展的学生管理模式和体制。但由于受旧观念影响和一些主观因素,导致改革不彻底,或者说没有找到适合自己学校的模式。在运行程序上,多数院校仍然采取"学校党委(学院党委)—党委学生工作部—二级学院(系部)分管学工副书记—辅导员班主任—班级"模式,这个模式虽然能体现扁平化管理,但对于校院分级管理来说,没有体现权力下放,没有发挥分级管理的作用。

2. 学生生源的多样化,对学生教育管理提出更高要求

随着单独招生和对口招生生源增多,在校生生源多样化明显,学生来源多样,学生诉求多样,使得高职院校学生的教育管理成效不明显。在校院学生工作分级管理的推进过程中,生情分析并未纳入机制建设的考虑因素,学生的实际需求没有在分级管理后的部门职责中体现。

3. "全员育人"形势下,辅导员、班主任队伍整体水平不高

习近平总书记提出"三全育人"工作总要求,诸多高职院校重点强化"全员育人",然而在育人环节、育人内容、育人职责、育人手段等方面还有所欠缺。实行学生工作分级管理后,高职院校二级学院或系部应该将辅导员、班主任队伍建设列入党委或党总支重点任务。通过选拔专业精、业务强、政治过硬的教师担任专职辅导员,同时,在专业教师队伍中选拔有干劲、能力强、政治过硬的教师担任班主任,组建一支战斗力强的思政工作队伍。在思政工作队伍的激励方面,学校应该考虑在绩效津贴方面激励思政工作队伍,二级学院或系部可以创新专职辅导员的绩效管理,探索实行专职辅导员分档管理,长期培养,稳定队伍。而辅导员、班主任队伍在个人规划中,要加强思政教育、职业规划、心理辅导等能力的提升。但从实际现状来看,辅导员、班主任队伍的整体工作能力和工作水平并未得到有效提升。

9.3 高职院校学生工作分级管理对策

9.3.1 重构高职院校学生工作管理职责

1. 管理架构

在学生管理工作中,管理架构为学生工作处→二级学院;校团委→二级学院;后勤处→二级学院;基础部(心理咨询中心)→二级学院;招生就业处→二级学院。

2. 具体管理内容

(1)思想政治教育:由学校党委统管,党委办公室统筹各二级学院党委完成。思想政治教育由各二级学院党委利用主题班会、社团活动、业务学习等方式开展。

(2)学生操作管理：由学工处统筹各二级学院参与完成；学工处负责制定全校性的操行规范和评价办法及手段；各二级学院负责本学院的学生操行养成管理的实施。

(3)资助管理：由学工处统筹，各二级学院完成；学工处负责资助资金的筹措和发放办法的制定及其监管；二级学院负责按照校级办法，实施本二级学院学生资助资金的计划编制和发放。

(4)心理干预：学工处负责监督二级学院发现、采集、上报信息；基础部负责心理健康教育和心理干预。

(5)社团管理：由校团委和各二级学院共同实施；校团委负责管理办法及规范的制定，协助提供社团的各种资源；社团对外关系的管理；各二级学院负责本学院社团按照办法和程序根据本专业特点与学生特长组建管理学生团队。

(6)招生就业工作：由招生就业处总负责，统筹和协调二级学院实施招生计划的制定、宣传、录取、评价；制定全校性的就业目标、任务及工作机制奖惩办法，并进行指导督查；制定并推广有利于就业的学校品牌设计及营销；建设长效促进就业体系；各二级学院负责本二级学院的就业工作的管理，在招生就业处的指导和管理下，负责推进各专业的就业工作。

9.3.2 提升学生服务与管理措施

1. 以学生个性化发展为导向，由行政管理向服务管理转型

多年来，"以人为本"是大多数高职院校的办学理念和办学宗旨。新形势下学生的个性化发展需求增长迅猛，这是与学生的时代成长环境和生源特点所决定的。在高职院校的教育工作过程中，要想将学生的个性特点和创新能力培养出来，学校必须转变管理模式，应该以学生个性化发展为导向，由行政管理向服务管理转型。从国内外优秀高职院校的管理案例可以看出，这些案例中的学校重视通过对学生个性特征的变化和个性化发展需求，多角度、多层面地加强引导教育，在教育和管理的各个环节，处处以服务的意识来教育学生，帮助学生树立正确的世界观、人生观和价值观。

2. 搭建平台，提升学生自主管理水平

附着我国迈入新时代，社会的飞速发展更青睐具有健全的、独立的和创新意识的人才。而高校(包括高职院校)是大学生迈入社会职场的最后一个环节，高校在开展大学生综合素质培养的同时，也要做好社会与学校的零距离对接。学生在学校学习期间，也可以通过校内平台得到社会锻炼。所以，给大学生搭建自主管理的平台，组建大学生兴趣组织，不仅可以提供大学生锻炼平台，还能激发大学生自主管理的能力和积极性，最重要的是可以教育培养大学生的主人翁意识，能够在校园内就真正体会到一个人的社会存在价值。

9.3.3 建立学生工作分级管理保障机制

(1)为贯彻落实国家资助政策，做好"奖、助、贷、勤、减、免"各项工作，学校根据各二级学院困难学生人数下拨一定经费，确保学生资助工作正常开展。

(2)为进一步提升学校学生工作水平，充分调动二级学院学生工作队伍积极性，鼓励在学生工作中做出贡献的辅导员、班主任，学校根据每年学生工作考评情况，将奖励经费下拨至各二级学院，由二级学院自主支配。

(3)学校(心理健康教育负责部门)根据各学院开展心理健康教育情况及成效，将给予一定的大学生心理健康教育经费支持，确保学校心理健康教育工作正常开展。

9.4 学生工作管理改革成效

提升学生工作分级管理实效,笔者认为,应更明确校院职责,明确权力下放程度,明确奖罚机制,形成高效而又有活力的分级管理机制。以南宁职业技术学院学生工作为例,具体职责清单清晰、明确。

1. 学校学生工作职责

(1)负责统筹全校学生工作,对学院学生工作进行指导、服务、监督、检查、考评等。

(2)负责制定学生工作中长期发展规划、校级层面规章制度,以及研究决定学校有关学生工作的重大事项。

(3)负责(人文社科部)全校学生思想政治教育课程计划制定及评价,指导学院对思政课教师聘任及教学活动开展等。

(4)负责制定全校性的操行规范和评价办法,利用现代有效手段建设好基于NCRP(网上办公系统)的评价平台的学生素养积分系统(学生诚信银行系统),指导学院开展学生操行养成管理。

(5)负责指导学院开展形势政策教育、理想信念教育、法纪安全教育、校风校纪教育、创新创业教育、道德诚信教育、安全防范教育、毕业生及少数民族学生的思想教育。

(6)负责统筹迎新、国防教育、毕业生离校、毕业典礼、开学典礼、金葵奖等工作。

(7)负责定期了解和研究学生工作状况,制定和提出适合新形势发展要求的学生教育管理工作意见,做好学生工作的研讨与创新工作。

(8)负责制定、修改、完善学生管理相关规定,指导学院组织学生开展相关规定学习及考试,依照相关规定对学生行为进行奖励或处分;负责留校察看及以上行政处分与校级及以上评奖评优等工作。

(9)负责建立健全"奖、助、贷、勤、减、免"六位一体的学生资助体系,制定各类奖助学金评审、发放及勤工助学管理办法,指导学院开展国家资助政策宣传,监督各类奖助学金评审与发放,以及"贷、勤、减、免"有关工作开展。

(10)负责制定学校学生工作队伍建设总体规划、考核指导意见、年度培训计划等;指导学院开展学生工作队伍建设、考核,学生工作理论研究及对外学习交流等,统筹校级及以上的学生工作队伍评优评先活动。

(11)负责(人文社科部)制定学生心理普查工作方案,科学采集、分析新生心理普查数据,充分利用学校"心灵之家",指导学院开展学生心理咨询、辅导及干预等工作,对心理障碍严重的学生采取有效措施进行治疗及处理。

(12)负责制定学生档案管理办法,对学院上交的学生档案进行核对、归档、转接及管理等。

(13)负责制定学校安稳值班制度及预案,指导学院开展学生安全教育活动,对学生突发事件进行及时处理、上报。

(14)负责制定学校易班发展中心建设方案,指导各二级学院开展易班工作站建设工作。

(15)建立健全学校共青团工作规章制度。制定共青团工作中长期发展规划。研究决定学校有关共青团工作的重大事项。对二级学院共青团工作进行指导协调、督促检查和总结考核。

(16)负责组织青年学生开展社会实践活动,理论联系实践,服务社会,了解国情,增长才干,全面提高青年学生的综合素质。

(17)负责组织青年学生开展志愿服务活动,增强社会责任感,弘扬雷锋精神,陶冶高尚的情操,传递人间真善美。

(18)指导大学生社团建设,建立健全社团管理制度,建立社团导师机制,培训社团骨干力量。

(19)组织开展健康有益的校园文化活动,努力营造高品位的校园文化氛围,促进校园精神文明建设。

(20)大力培养学生骨干,以学生骨干力量贯彻"自我教育、同伴教育、实践教育"的育人理念。

2. 二级学院或系部学生工作职责

二级学院或系部是学生管理工作的实施主体,主要是在学校学生管理工作部门的领导下,具体地开展本二级学院或系部的学生工作。

(1)围绕学校学生工作规划和年度工作要点,结合学院实际情况制定本院学生工作规划、年度计划、年度经费预算等,并具体组织实施。

(2)根据学校制定的学生思想政治教育课程计划要求,科学制定课程考核办法、聘请思政课教师,通过举办各种活动来开展学生思想政治教育工作,及时并全面地掌握了解学生的思想动态,对学生的身心健康成长和有关学生切身利益的问题及时解决。

(3)根据学校要求,结合本院特点,落实学生日常思想政治教育、形势政策教育、理想信念教育、法纪安全教育、校风校纪教育、创新创业教育、道德诚信教育、安全防范教育、毕业生及少数民族学生的思想教育,组织开展学风建设、安全文明法治教育活动,做好学院迎新、国防教育、开学典礼、毕业生离校、毕业典礼等各项工作。

(4)根据学校要求,坚持"安全第一、预防为主"的原则,履行"周日晚点名"制度,定期召开安全教育主题班会;认真贯彻执行学校安稳值班制度,制定本学院学生突发事件应急处理预案,加强学生安全教育管理,做好学生突发事件的预防、处置工作。

(5)根据学校要求,制定本学院奖惩办法,认真做好学生评优评先材料审核、上报等工作。

(6)负责通过各种方式对国家资助政策进行宣传,认真做好"奖、助、贷、勤、减、免"各类资助项目评审或审核工作,有效开展本学院学生勤工助学活动。

(7)根据学校要求,组织所有学生参加心理普查,策划开展丰富多彩的心理健康教育和辅导员活动,及时全面地掌握所有学生的心理健康水平,在心理专家的指导下,认真做好学生心理危机预防及干预工作。

(8)负责本学院学生工作队伍建设和管理,制定本院学生工作队伍工作制度及管理考核方案。组织实施本学院辅导员、班主任的选拔、培养、考核及奖惩工作;积极开展学生工作队伍交流、培训及有关学生工作品牌、精品项目申报工作。

(9)认真贯彻落实学生素养提升工程实施方案及考评办法,对学生行为习惯进行监督、管理和考评。

(10)根据学校易班发展中心要求,结合本学院特点,打造具有独特风格的二级学院易班学生工作站,抓好学生网络思政教育工作。

(11)围绕学校共青团工作规划和年度工作要点,结合学院实际情况制定本学院共青团工作规划、计划,并具体组织实施。

(12)负责本学院团组织建设,结合上级团组织工作要求,指导各班团支部开展主题团日活动,针对性地组织开展多样化的教育活动,如形势政策教育、理想信念教育、爱国主义、集体主义和社会主义教育,提高团员青年的政治思想觉悟。

(13) 负责本学院团员青年思想状况的调查、研究、分析及团员的思想教育和管理工作；团支部设置合理，组织制度健全，支部工作发展比较平衡，按期换届率达100%，民主选举支部班子。

(14) 做好团员教育评议工作，做好推优工作。

(15) 积极配合开展好全校各项大型活动，负责本学院团员青年的科技、文化、艺术、体育活动。

(16) 根据校团委的总体部署，结合专业特点，开展具有特色的社会实践及志愿者活动。

(17) 负责指导本学院学生会、学生社团的工作，负责本学院优秀团组织、优秀团员的表彰及校级以上优秀团组织、优秀团员的推荐工作。

(18) 负责指导本学院青年学生开展创新创业活动，组织各类创业培训班和交流会，加强创业文化建设。

归纳而言，新时代背景下高职院校学生围绕"立德树人"开展工作是核心，但应往何方向深入或落脚是大家共同关心的重点。南宁职业技术学院作为全国高职院校首批示范院校之一，学校领导高瞻远瞩的理念和"不甘人后，敢为人先"的学校精神，推动着学生工作快速发展。学校学生工作分级管理的机制和做法，在几年的实践中已初显成效，可以作为同类院校学生工作管理者借鉴。

参考文献

[1] 刘桂宏. 新时代下高职院校学生管理工作路径探析[J]. 智库时代，2020(05)：70-71.

[2] 陈洁. 中外模式对比下的高职院校服务型学生工作管理转型研究[J]. 济南职业学院学报，2019(01)：17-19.

第 10 章　新形势下高职院校分级财务管理研究

随着高等教育由精英化教育向大众化教育的不断延伸，国家对高职教育加大重视力度，高职院校招生和办学规模逐渐扩大，高职教育经历了"示范校""骨干校"建设的黄金期，当前新形势下还要求创建高水平学校。因此，首先就要求高职院校必须不断深化教育综合改革，完善学校管理体制和治理结构，建立现代大学制度，依法治校，才能不断提高工作效率和水平。其中，高职院校分级财务管理也至关重要，新型的学校与院系的财务管理关系，使得学院享用充分财务自治的权利和义务，更利于激发学院的发展活力，提高发展绩效。但是也发现，各高职院校实行分级财务管理过程中，还是存在着不同程度的问题。现就如何建立及完善适应新形势发展的分级财务管理新模式进行分析研究。

本章以南宁职业技术学院为例，分析高职院校分级管理存在的问题，从预算绩效、内部控制和财务管理队伍建设等方面提出财务分级管理对策，为高职院校分级财务管理提供参考。

10.1　南宁职业技术学院院校分级财务管理现状

随着南宁职业技术学院招生规模的扩大，在校生已近 20 000 人。目前学校下设二级学院 10 个，学校的办学资金也已经由原来的以财政拨款为主转向多渠道筹集资金。因此，原有的高度集中的财务管理体制已不能适应现有的办学体制改革，为了适应发展的实际需要，从 2009 年开始实施"统一领导，分级管理，集中核算"的校院两级财务管理体制。这种财务管理模式的基本框架(图 10-1)主要包括以下几个方面：

(1)建立相应的分级财务管理经济责任制。学校的财务核算集中在财务处，学院不单独设置财务机构，不单独进行会计核算，不单独开设银行结算账户。

(2)学院党政联席会议是学院财务工作的决策机构，所有重大财经问题和大额资金使用的决策必须经党政联席会议决定。

(3)学院实行经费审批责任人、报账员分离制度。

(4)预算管理方式采取包干使用、结余留用、超支不补的原则。学校将事业经费切块划拨至学院，具体经费切块比例根据学校事业发展和当年学费收入情况决定，实行动态管理。

(5)强化预算管理，注重财务规范及监督。

10.2　实行分级财务管理以来取得的成效

(1)明确了二级学院在财务管理的"责权利"。各二级学院作为有一定权力及责任的办学主体，必须对学院的各类收支经费从源头上进行统一地计划、统筹和分配。院长对学院所有的经费使用的真实性、合理性、有效性负总责任，同时，在遵守财务规章制度的前提下，对学校按一定分配比例下拨的经费有自主分配权，编制预算上报学校财务处，审批后按规定自主使用。

分级管理背景下院校系部综合改革的实践与探索

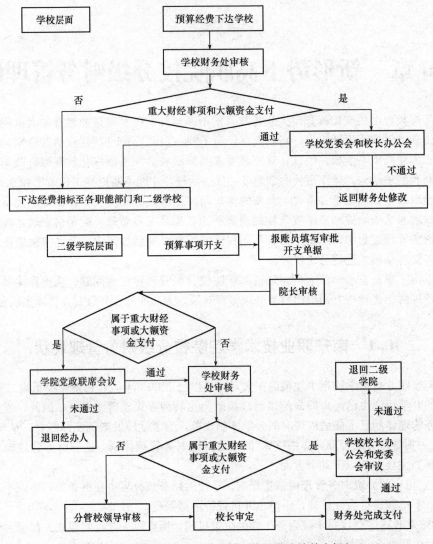

图 10-1 南宁职业技术学院财务管理模式的基本框架

(2)在一定程度上提高了学院的办学自主性。财务管理的重心下移后,学校赋予学院一定的财权和事权,学院具有人员经费、公用经费、学生奖助资金及部分专项建设经费的自主使用权。学校还实施了报账员管理制度。通过培训和筛选培养了一批有财务报账业务能力的报账员,报账员隶属二级学院,但业务上归学校财务处进行管理,成为二级学院与学校财务处财务管理的沟通桥梁。对应的学院的办学自主权得到落实,很大程度上调动了二级学院办学积极性,二级学院在制定发展规划时充分与相应的财力相结合,更有利于事业发展的落实。

(3)促进学校财务管理信息系统的建设。随着学校实行分级财务管理改革以后,财务处将部分财权下放到二级学院以后,增加了财务分级会计核算的复杂性,为了提高学校及学院的财务管理水平,学校在财务管理信息化建设方面下了很大的功夫,通过信息化建设的推进,不但改进了财务人员的工作模式,提高财务工作效率,还能让各二级学院及时掌控各自的财务运行状况,对全年的财务收支做好统筹安排,提高财务管理水平。

①网上缴费系统。各学院的学生可以在网上通过微信、支付宝及银行卡等多渠道进行自主

缴费，缴费信息可以第一时间上传系统，二级学院可以及时看到本学院的缴费及欠费情况，及时对学生进行缴费催收，大大降低了学生的欠费。

②财务报账系统。各报账员整理好会计原始凭证后在系统上录入相关的报账信息，把报账单上交财务处以后，不需排队等候，可以直接在系统上查询报账的进度情况，所有的签字程序由财务处负责，报账款项最后也是直接打入个人银行卡或公务卡中，大幅度提高了报账效率。同时，报账的进度跟踪情况会通过信息系统直接发送到教师的微信上，做到实时跟踪反馈。

③财务预算管理及查询系统。各二级学院通过系统可以在年初编制预算上报学校，学校财务根据程序审批后通过系统下达后二级学院遵照执行。学院领导及报账员可以通过手机平台直接查询人员经费、公用经费及专项经费的使用情况与额度结余情况。系统还能通过预警程序对各二级学院的预算执行情况进行及时督办，督促二级学院加大力度推进项目执行，在很大程度上提高了整个学校的预算执行率。

④工资管理系统。学校实行绩效工资以来，各二级学院的绩效工资按学校的分配方案下达额度到二级学院，由于二级学院根据自己制定的分配方案进行分配，因此二级学院可能通过工资管理系统直接上传要发放的岗位津贴、课酬等奖励性绩效工资及外聘教师课酬，财务处审核无误后直接通过银行发放到教师的银行账户。教师还可以直接在系统里查询各项收入及扣税情况，方便了二级学院对工资的管理及发放。

10.3　实行分级财务管理以来存在的问题

学校分级财务管理实施以来，取得一定的成效，二级学院办学的主体地位基本明确，也一定程度上调动了二级学院办学和理财的主动积极性。但由于改革的力度还不够，部分职能部门的观念认识不到位，分级财务管理的内控管理未能及时跟上，因此经过深入分析，存在的问题主要如下。

10.3.1　分级财务管理的观念转变不到位

(1)部分职能部门仍存在"集权管理"的思想。学校虽然实施了分级财务管理改革，但是学校和各职能部门仍拥有较大的事权和财权，部分专项经费都是学校划到各职能部门统筹管理，再由各职能部门按一定的标准分配到各二级学院，因此，职能部门的"分钱"的惯性思维还是无法改变，不愿意削弱自己的财权，大部分的资金还是留在职能部门，只下放了小部分的财权。二级学院申请经费的流程还很繁杂，能真正掌控的自主财权仍然不大，因此，不利于保障高校的办学经费向教学、科研、实训等重点人才培养工作倾斜，同时，不利于进一步调动处于教科研一线的二级学院的积极性。

(2)二级学院未能正确认识和实施分级财务管理权限。财权下放后虽然有利于提高二级学院的经费使用效率，但是部分二级学院存在各自为政的思想，认为分级管理就是一种"分散"型的财务管理，学校的经费下达给自己了，就能随便使用，只看到自己学院的经济利益而忽视了学校的整体利益。没有在提高分级财务管理能力方面下功夫，而将精力都放在向学校争取经费的各种博弈上。

10.3.2　分级预算管理不够科学

近年来，南宁职业技术学院的经费收入虽然大幅增长，但由于该校是公办高职院校，资金的来源仍较为单一，主要来源还是财政拨款、专项经费拨款及事业收入。因此，预算管理还是常规性的任务，学校的预算管理还是存在着"两张皮"的情况，校内内部分级预算方案与上报财政部门的部门预算方案无法做到一致，往往存在较大的偏差。一是学校在编制预算时只是按照学校的财力及往年的基础下达了编制标准和指标，没有科学论证和量化具体分配指标，零基预算还是大量存在。二是虽然财权是下放了，但各二级学院只是按政策和要求编制预算申请，没有真正重视预算工作，根据学院的事业发展需求编制，而是被动地敷衍填报一堆表格上报应付了事。三是预算编制不够科学导致预算调整变常态。经常存在年初预算执行缓慢，年终为怕资金被收回，频频调整预算突击用钱，预算的刚性未能体现，反而使预算执行偏离了轨道。

10.3.3 内控制度不够完善，缺乏财务风险控制

虽然随着南宁职业技术学院的办学规模的扩大，实施分级管理也数年已久，2012年，财政部也印发了《行政事业单位内部控制规范（试行）》，要求高校作为事业单位也必须进行内部控制制度建设，但是学校层面没有足够理解内控工作的重要性，组织机构配备不全，只是简单地放在财务处。由于财务处人手不足，对内控管理没有进行深度的学习和调研，内部控制制度建设就也只能停留在对制度进行简单修订，没有完全从查找风险点开始，没有完全科学设计流程，导致内控建设只能流于形式，没有完全真正发挥内部控制在高校管理中的作用，无法根据学校的发展需要制定明确的内部控制目标，更加无法根据自身需要建立内控管理框架。同时，二级学院层面对内控制度建设更加没有认识，只会片面地认为财权下放了，二级学院对学校的财务管理就是"承包制"，可以随意使用按比例下达的经费，包括随意发放各项劳务费、办学经费都没有用在专业建设及教学质量、运行管理等刀刃上；同时，在校企合作办学、协同创新等方面，为了取得业绩而出让学校的利益，对学校的财务状况及办学成本控制造成财务风险，缺乏有效的风险控制。

10.3.4 未能建立有效的财务绩效考评管理机制

南宁职业技术学院实行分级财务管理以来，仍未能建立一整套可执行和量化的财务绩效考评管理机制。所以，财务绩效考评的重要性并未引起学校的重视，只对二级学院财务管理预算执行情况和收入完成率比较重视，将很大部分时间和精力投入各二级学院具体经费开支的项目，却很少关注二级学院在经济业务具体活动中反映出来的具体信息，更是没有建立科学的考核评价机制，财务绩效评价的指标内容太过空洞，也没有量化的权重比例、考核标准和明确的奖惩措施，而且年终简单评价后，财务评价的分数在学校总绩效评价中占比过小，没有具体的奖惩机制，更没有起到很好的评价运用效果。导致二级学院财务管理水平参差不齐，从根本上影响了学校的办学效益。

10.4 新形势下分级财务管理的优化对策

10.4.1 构建统筹与分级相统一的管理会计体系

随着新的政府会计制度的改革实施，管理会计成为财务管理工作中不可缺失的重要内容，南宁职业技术学院要转变观念，加快推进财务工作重点由核算走向管理的转型，因此，构建统筹与分级相统一的管理会计体系势在必行。管理会计体系的建设必须要以高职院校的战略目标为导向，同时结合高职院校分级管理的实际情况，以财务融合的角度从规划、决策、控制及评价等方面服务于二级学院的分级财务管理，因此可以系统地反映高校资金使用情况，为高职院

校的教学经费投入、科研投入、设备资产的采购等相关方面做出有效的统筹规划。通过这个体制的运行，进一步明晰学校和二级学院的内部财务的关系，使经济责任逐步下移，权利分级明确，才能充分发挥二级学院的积极性；另外，管理会计体系还能立足于财务信息系统的高效利用，大大提高学校和二级学院的财务管理效率，推进高校治理现代化（图10-2）。

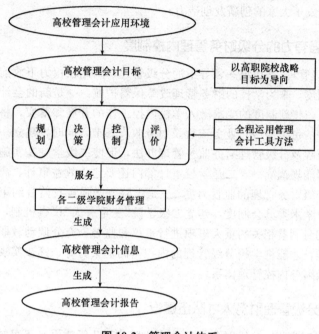

图 10-2　管理会计体系

10.4.2　建立以绩效为导向的预算分配模式

绩效导向是学校实现目标管理、实施科学的预算分配制度的必然选择。在学校实行"统一领导、分级管理、集中核算"的财务管理模式的基础上，如何以建设特色高水平高职院校为目标，全面推进院校分级管理的体制改革，根据职责尽可能将人权、财权、物权下放，并将原有的职能部门为主体的管理模式变为以二级学院为主体的管理模式，建立以年度绩效考核为导向的预算分配模式，使二级学院在围绕完成学校总体目标的前提下，充分调动学院的积极性，实现二级学院在人才培养、师资队伍建设、产教融合、创新创业、国际化合作、社会服务和文化传承与创新等方面的目标。

1. 学校层面

一是科学制定与学校"双高"建设目标相对应的绩效考评关键指标（KPI），将专业发展、师资建设、协同创新、社会服务等量化指标分配到二级学院，通过每年大数据信息平台中KPI的执行结果反馈，让院校两级都能及时了解关键绩效指标参数，通过质量诊断，从而采取行动进行整改。二是结合绩效目标考核结果，制定多维度的以绩效为导向的预算分配制度。预算分配不再按"大锅饭"的惯例进行分配，而是根据各二级学院的绩效考评结果结合学院的经费自筹能力水平、学院的专业发展特色等制定；绩效工资的拨付更是与学院的贡献度有关，多劳多得、优绩优酬，形成灵活的激励分配制度。

2. 学院层面

各二级学院在以绩效为导向的预算分配制度下，同样可以在坚持民主集中，集体决策的原则下自行制定学院的绩效预算分配方案。二级学院根据自身的发展和目前的资源，可采用专家论证、多方调研等方法，科学调整预算分配指标的权重和评价标准，构建具有本学院特色的二级预算目标管理体系。进行预算分配改革后，教职工的绩效工资发放水平与工作业绩息息相关，而工作业绩又与学校的发展目标不可分离。这充分调动了广大教职工干事热情，为教师干事指明了目标与方向，激发了大家的创新及创造力。

10.4.3 建立强有力的分级财务管理内控制度

"统一领导、分级管理"是在统一领导下的分级管理，因此在权力下放前，必须全方位地建立统一的内部控制制度，来为学校的财务管理改革保驾护航。一是新的会计制度也要求高校必须要充分利用此契机，将新制度的要求融入学校内控工作的开展和落实，将监督及制约权力运行充分嵌入分级管理的每个层级、业务流程及财务收支环节，同时，建立一系列针对性强、科学合理的财务审批流程及分级管理财务监督管理办法，促使二级学院在实施分级财务管理时审批能有据可依、流程能规范统一。二是学校审计部门还要建立效益审计、离任审计及专项审计等机制来提高学校分级财务管理的监督力度。三是学院要增强自我监督约束意识，建立健全党政联席会、教代会、学术委员会制度，建立二级学院"三重一大"议事机制，对学院的长远发展及与广大教职工的切身利益相关的重大事项进行审议和监督，充分调动教职工的参与学院办学的积极性。只有这样，才能将学校分级管理的内控基础框架打好，逐步实现权责一致、制衡有效、管理科学的分级财务内控管理体系。

10.4.4 加强分级管理财务人才队伍建设

实行财务分级管理改革，分级财务管理人才的培养和队伍建设必不可缺。众所周知，财权下放到二级学院以后，必然需要更多的人员参与进来进行财务管理，因此，南宁职业技术学院要将分级管理财务人才队伍建设提上日程。一是应建立有效的培训及沟通机制。只有加强财务管理的相关培训与沟通才能让财务部门和经费使用的二级学院有统一的认识及协调，有利于在全校师生中形成遵纪守法的良好氛围，人人都按要求按规定开展经济业务，必然能大幅减少各种财务风险的发生。二是在二级学院中的"院长责任制"必须真正建立起来。院长要强化财经知识，了解财务分级管理相关制度和报账流程，积极参加各类财务管理培训，做好学院分级财务管理的领头羊和责任人。三是二级学院要建立机构承担起会计的职责。这部分工作人员可由财务部门委派或由学校选拔相关专业的教师兼任，参加学校财务部门的相关培训合格后才能上任。作为二级学院的兼职报账人员，主要负责二级院校的财务管理工作，上传下达，定期与学校财务部门汇报工作，同时，又将最新、最全的财经精神传达给学院教职工，这样才能有效提高二级学院分级财务管理的水平。

参考文献

[1] 李健生. 构建高校所属企业的多维多主体监管体制研究[J]. 广西社会科学，2019(08)：184-188.

[2] 谢佳祺. 基于国库集中支付制度下的高校预算管理研究[D]. 福州：福州大学，2017.

[3] 任义. 高校财务分级管理探析[J]. 教育财会研究，2012(05)：10-13.

[4] 陈晓燕. 高校分级财务管理模式研究[J]. 财会通讯，2009(06)：58-59.

第11章 分级管理背景下高职教育专业建设改革与创新——以物业管理专业为例

南宁职业技术学院物业管理专业自2006年创办以来,一直以推进校企合作为专业建设发展主线,与企业合作紧紧围绕"培养什么样人才"和"怎样培养人才"这两个根本性的问题,做了大量的探索工作。10多年以来,物业管理专业的校企合作,经历了简单的实习就业合作阶段、初级的订单班合作阶段、工学结合的校园物业服务教学一体化阶段,在以往的基础上,物业管理专业在学院领导的指导和支持下,结合物业管理专业实际情况于2018年开始积极探索现代学徒制试点项目,并在2018年年底正式立项省级试点专业。经过一年多的探索和尝试,物业管理专业与合作企业建立了以学校为主导、多家企业共同参与的"现代师徒训练中心"。形成了专业特有的多企业深度合作方式,构建了"双主体育人"的现代学徒制人才培养模式,即充分利用学校和企业两种资源,学校和物业服务企业密切配合,共同培养行业、企业需要的专业人才。具体表现在学校和企业共同制定和修改物业专业人才培养方案,共同组织和实施人才培养,共同管理人才培养的全过程,共同对学生进行考核评价,将教学融入企业培训之中,将企业的理念和文化引入教学,使物业管理专业教学与企业培训共同进行"全方位""全天候""全过程"的育人。基于"双主体育人"模式,在工作分析的基础上,建立并优化了岗位主导型的课程体系和实践教学体系。同时,明确了现代师徒训练中心的发展理念——"素质为重、能力为先,共同培养、共同发展,共建课程、共建基地,源于职业、高于职业"。

11.1 物业管理专业现代学徒制试点项目探索背景与基础

11.1.1 职业教育政策导向

近年来,国家将高等职业教育作为国家战略,制定了一系列文件政策,为高等职业教育及专业教学的发展和各项改革提供了政策依据与导向。尤其是教育部等六部门关于印发的《职业学校校企合作促进办法》和国务院印发的《国家职业教育改革实施方案》,以及教育部、财政部联合印发的《关于实施中国特色高水平高职学校和专业建设计划的意见》等文件,明确提出了国家经济发展、行业变革、企业创新离不开职业教育的助力,而职业教育、专业教学的发展和改革更是不能游离在行业、企业之外。所以,行业、企业参与职业教育改革尤其是实践教学,通过工学结合、双主体育人、现代学徒制等方式,推进高等职业教育高质量发展是必然趋势。

11.1.2 物业管理行业发展背景

据中国物业管理行业协会数据统计,2018年全国物业管理行业规模达279亿m^2,从业人员800多万人,物业管理行业收入达7 044亿元,同比增速达17%。物业服务企业一直在拓展服务边界,从社区到写字楼、学校、医院,再到公众场馆、交通枢纽、产业园区……不少企业提出

"业态全覆盖"。而随着多业态服务逐步成熟,更进一步探索城市服务,承担城市公共服务职能即成为一个显性话题。将更多公共服务职能采用社会力量供给是大势所趋,物业服务企业抢占先机,或能在物业服务和增值服务两个万亿级市场之外,再开辟新的赛道。随着行业的高速发展对人才数量和质量的需求在不断攀升,行业和企业也逐渐认识到人才是行业、企业在竞争中立足的根本和核心竞争力,所以,越来越多的企业愿意或主动参与职业教育。

11.1.3 专业建设背景

物业管理专业自 2006 年成立以来,一直坚持校企合作办学思路,借助企业资源与企业一起培养行业、企业切实需要的优秀人才。10多年以来尝试了学工结合、订单班、教学服务一体化工程等深度校企合作方式,与万科物业、碧桂园物业、龙光物业等行业龙头企业建立了良好的合作互动关系,也积累了丰富的校企合作工作经验。通过深度的校企合作不仅提升了教学质量和学生培养质量,同时,在行业内树立了良好的"南职物业管理专业"品牌形象。为后续的专业发展和教学改革奠定了扎实的基础。

物业管理专业从 2018 年开始申报广西壮族自治区的现代学徒试点专业,并获立项批准,在原有校企合作的基础上,与万科、中铁建、碧桂园、龙光四家物业服务企业签订了合作协议,初步搭建了以学校为主导四家企业共同参与的现代师徒训练中心校企双主体育人平台。

11.2 物业管理专业现代学徒制试点项目改革创新目标与任务

11.2.1 物业管理专业现代学徒制试点项目改革创新目标

依托物业管理专业建设,与行业知名企业进行深度合作,以企业优质的实际项目为载体,联合行业协会、专业教学指导委员会等,通过物业管理企业与专业建设和教学过程互融、共建共进,创办校企双主体育人模式的现代师徒培养训练中心。创新服务教学一体的人才培养模式,构建与岗位职业标准紧密对接的课程体系,实现训练中心的教学、实训、科研、培训、就业"五位一体"的综合功能。至 2020 年,探索建立符合专业和行业实际情况的现代学徒制管理体系,深化教学改革,实施第三方的评价机制改革,切实提升学生岗位技能,提升人才培养质量,将物业管理专业现代师徒训练中心建设成南宁乃至广西的高职教育示范基地、职业技能实训基地、从业人员培训基地、校企合作办学典范基地,在区内外树立起学校物业管理专业的质量和特色品牌。专业建设具体目标有以下四个方面。

1. 校企双主体育人的现代学徒制培养模式创新目标

与龙光物业、万科物业、碧桂园物业等行业龙头企业深度合作,创立物业管理行业现代师徒培养训练中心,以企业实际在服务的优质项目为载体,实施物业服务与专业教学融合一体、工学结合、定向培养的现代学徒制培养模式。

2. 深化教学改革和校企合作模式创新

充分利用学校和企业两种资源,学校和物业服务企业密切配合,共同培养物业管理人才。具体表现在学校和企业共同制定和修改物业管理人才培养方案,共同制定课程标准、共同组织和实施人才培养,共同管理人才培养的全过程。将企业培训课程、职工培养体系引入学校,把课堂教学、实训教学推向实际项目。人才培养的每一个环节既要能够享受学校的文化素质教育,又能得到企业职业素养、岗位技能的培训,使学校教育和企业培训真正贯穿人才培养的全过程。

力争做到学生入学与就业的"无缝对接"。

3. 课程体系与质量监控评价体系建设目标

校企共同推进课程体系的开发建设,实现专业核心课程内容与岗位职业标准对接,建设一套较为完整的、科学客观的课程体系与质量监控评价体系。

4. 校企一体的教学团队建设目标

依托训练中心,建设一支校企共建、校企一体、校企互通,教学能力强、实践能力强、科研与科技服务能力强、行业影响力较大的高水平"双师型"教师团队。

11.2.2 物业管理专业现代学徒制试点项目改革创新工作具体任务

物业管理专业现代学徒制试点项目改革创新工作具体任务见表11-1。

表11-1 物业管理专业现代学徒制试点项目改革创新工作具体任务

建设内容	2019年9月(预期目标、验收要点)	2020年9月(预期目标、验收要点)
1. 校企协同育人机制	预期目标: 1. 制定校企双主体育人模式的现代师徒培养训练中心建设方案。与合作企业共同筹办南宁职业技术学院物业管理专业现代师徒训练中心。 2. 把现代师徒训练中心建设成集教学、实训、科研、培训、就业"五位一体"的综合指导服务机构,逐步完善训练中心主导的校企双主体培养训练学徒的育人模式。 验收要点: 1. 校企双主体育人模式的现代师徒训练中心建设方案。南宁职业技术学院物业管理行业现代师徒训练中心挂牌。 2. 编制《物业管理专业现代师徒训练中心运营管理办法》。 3. 与1~2家企业签订《现代学徒联合培养协议》,以企业实际项目建成2~4个学徒训练基础,完成师傅和学徒的选拔与培训,制订完善的训练计划并且开始执行	预期目标: 1. 总结校企双主体育人模式的现代师徒训练中心运营情况,并根据实际情况进行调试。根据调试情况,完善《物业管理专业现代师徒训练中心运营办法》及相关校企沟通平台等长效机制。 2. 建立第三方参与的训练中心运行效果评价机制。重点建立行业企业对训练中心产品——物业管理学徒的评估反馈机制。 验收要点: 1. 校企双主体育人模式的现代师徒训练中心运行顺畅,完成既定目标。 2. 完善可行的《物业管理专业学徒评估反馈办法》,同时完善训练中心,各项运行流程及管理制度。 3. 根据物业管理行业、物业服务企业不同岗位的用人需求,把训练中心的学徒选拔覆盖到房产、建筑、机电等相关的专业。通过训练中心的培养,为企业输送专业人才
2. 招生招工一体化	预期目标: 1. 校企共同研讨制定物业管理专业单独招生报名条件和选拔办法,共同参与选拔工作。校企整合资源共同推进物业管理专业招生宣传。 2. 校企双方结合入校学生意愿情况选拔学生,通过现代师徒训练中心,实施培养计划。 3. 学校、企业、学生(学生家长)签订三方协议书,明确学生学习方向和就业企业及岗位。 4. 训练中心就学徒培养到顺利入职,以及学徒流失率控制等关键问题,进行科学研究。 验收要点: 1. 2019年物业管理专业招生工作方案和招生计划。 2. 训练中心招收物业管理专业的学徒不少于30人,并签订三方培养协议	预期目标: 1. 校企继续完善联合招生合作,在招生宣传和考生选拔等重要环节,总结经验加强创新。 2. 现代师徒训练中心选拔的学徒的专业范围扩大,根据行业和企业的岗位需求,争取扩大到物业管理相关专业。 3. 训练中心就培养计划和训练强度,以及职业规划培训等内容,与学徒的稳定性和流失率控制问题做进一步的关联和对比研究。 验收要点: 1. 2020年物业管理专业招生工作方案和招生计划。 2. 物业管理专业学徒不少于30人;房产、机电、物联网等专业学徒不少于10人。 3. 关于学徒稳定性、忠诚度和流失率控制等问题,有公开发表的研究成果

续表

建设内容	2019年9月（预期目标、验收要点）	2020年9月（预期目标、验收要点）
3. 人才培养制度和标准	预期目标： 1. 校企共同构建双主体育人模式的人才培养方案，共同开发岗位主导型的课程体系，共同实施培养物业服务企业需要的人才。 2. 校企共同根据行业、企业标准和岗位需求制订师傅与学徒的培养训练计划及考核要求。 3. 校企合作共同编写专业教材和实训手册，以及企业主要业务的工作流程和主要工作内容的作业指导书。 验收要点： 1. 完成《2019年物业管理专业人才培养方案》制定。 2. 完成《物业管理专业现代师徒培养训练任务指导书》。 3. 完成2大类岗位以上的《物业管理专业现代师徒制培养训练计划以及考核标准》。 4. 完成1门核心课程教材和2个岗位主要工作内容作业指导书的编写	预期目标： 1. 双主体育人模式的人才培养方案，以及岗位主导型课程体系顺利实施，并总结经验加强创新。 2. 总结双主体育人模式的现代师徒训练中心计划执行和师傅、学徒考核情况，查漏补缺。 3. 校企共同建设物业管理专业课程和企业培训课程两个资源库。 4. 强化实施考核标准，按照综合学分确定学员去向、岗位等。 验收要点： 1. 学生就业率（95%以上）和就业质量（50%以上进入知名企业就业，20%以上作为企业管理培训生培养）。 2. 再完成2大类岗位以上的《物业管理行业现代师徒制培养训练计划以及考核标准》
4. 校企互聘共用的师资队伍 负责人：全红	预期目标： 1. 通过教师到企业锻炼，校企共同承接创新研发项目、主持或参与科研和教改项目，企业教师参加教学方法培训等方式培养校企"双师型"教师。 2. 建立健全教学班级配备企业导师、企业辅导员的机制，同时制定的选拔、培养、考核、激励制度。明确双导师职责和待遇，形成校企互聘共用的管理机制。 3. 通过现代师徒培养训练中心的"师傅"培养，校企双方共通过构建一支"干得了现场，上得了讲台"的校企共用讲师队伍。 验收要点： 1. 不少于3名岗位在职教师进入企业挂职锻炼，不少于3名企业高级管理或技术人员进入学校进行理论教学。 2. 现代师徒培养训练中心，培养"师傅"不少于5名	预期目标： 通过企业与学校人才角色转换对接，专任教师、学校后勤管理部门相关人员在合作企业担任相应部门的负责人（主管），既能提高教师职业素养和实践工作能力，又可极大地促进专业建设和教学质量。企业派出专门人员组成校企专业建设团队，担任核心课程教学和学生实习实训指导，从而形成一支校企一体、高水平、专兼结合、"双师"素质和"双师结构"的师资队伍。 验收要点： 建立一支不少于10人的"双师结构"校企师资队伍，培训不少于15人现代师徒训练中心的"师傅"
5. 体现现代学徒制特点的管理制度	预期目标： 1. 探索实施灵活的教学管理和学生管理制度，实现教学过程与生产过程的高度对接，教学计划与生产计划有机融合，保障学徒的基本权益，根据教学需要，科学安排学徒岗位、分配工作任务。 2. 创新教学和人才培养质量监控机制，实施行业企业评价制度。将毕业生就业率、就业质量、企业满意度、创业成效等作为衡量专业人才培养质量的重要指标，探索与就业单位、行业协会、学生及其家长、研究机构等相关方共同建立的第三方人才培养质量评价制度。 验收要点： 1.《物业管理专业双主体育人模式实施管理办法》。 2.《物业管理专业现代学徒学生学分管理办法》。 3.《物业管理专业现代学徒培养质量监控管理办法》	预期目标： 修订完善《物业管理专业现代师徒训练中心运营管理制度汇编》。 验收要点： 制定具体的训练中心企业师傅选拔培训、管理、晋升、淘汰相关的制度，以及人员选拔、管理、淘汰、推荐等相关制度。完成《物业管理专业现代师徒训练中心运营管理制度汇编》

11.3 物业管理专业现代学徒制试点项目改革创新项目成绩

11.3.1 厘清了现代学徒制视角下培养方向与行业关键岗位的对接

物业管理专业培养目标是以服务区域经济发展为宗旨，以满足学生就业与创业发展为导向。通过学校和企业"双元"育人的培养模式，充分利用"现代学徒制"的试点专业优势，培养思想政治坚定、德技并修、全面发展，具有一定理论知识和专业技能，懂管理、精业务、有创新、守道德的物业管理领域高素质技能人才。

根据培养目标定位，物业管理专业与校企合作企业，多次探讨分析，明确了物业管理专业学生初次就业面向岗位及学徒制培养方向，见表11-2。

11.3.2 构建了岗位主导型课程体系

人才培养模式改革的重点是教学过程的实践性、开放性和职业性，教学和岗位要求结合是重要的切入点，教学和岗位工作结合的紧密程度是检验人才培养模式改革成功与否的重要标志。为了使教学和岗位要求结合更紧密，彻底打破了按照学科构建课程体系的传统，依照工作过程开发课程、整合课程，分别对物业客服管理岗、设施设备运维岗、物业空间维护与营造岗和物业拓展经营岗四个主要功能岗位，以工作任务为核心分解工作项目，以完成工作为目标派生工作职责，以胜任工作职责为目标重构教学内容，通过教学内容的解构和重构，形成融理论实践于一体岗位主导型的课程体系。每门课程都是教学和岗位要求结合的载体，同时成为"双主体"人才培养模式实施的载体。这样，教学和岗位能力培养结合就在每一个项目课程中得到落实，多个项目课程的有序实施，保证整个教学过程中实践环节不断线，并使其有机地衔接和渗透，并实现从岗位技能知识点的工学结合到整个岗位的工学结合，从单项岗位的工学结合，到综合岗位的工学结合，最终形成"双主体育人"的人才培养模式。

岗位技能的内容如图11-1所示。

11.3.3 搭建了"三进三出"的实践教学体系

1. 企业资源"三进"校园

（1）企业资源参与新生入学教育。物业管理专业为了做好关于大一新生对专业和行业"梦想的播种"在新生入学教育环节经过多次尝试总结，形成了专业教育和新生入学的三个固定动作：首先，邀请企业高层管理人员主讲"入学第一课"；其次，邀请在合作企业工作成绩比较突出的、毕业10年的学生做学习和职业生涯的分享；最后，及时召开现代学徒选拔宣讲会和组织学徒选拔工作。

（2）行业专家参与常规教学。为更好地提升教学质量和学生培养质量，以及让行业和企业的管理人员了解人才培养培育的过程，同时促进专业团队教师与行业专业的交流。物业管理专业在常规教学上做以下三点改革：首先，专业团队每学期至少邀请一位行业专家或企业高管作为兼职外聘教师给学生授课；其次，专业团队在职在编教师上的每门课程要邀请行业专家或管理人员至少完成5课时的共同授课；最后，每门课程要给学生布置2次以上的学徒与师傅的互动任务。

（3）企业培训前移植入校园。企业培训尤其基础的技能培训前移植入在校学习，不仅能够提高学生培养质量，还能缩短企业培育人才的流程、节省了企业人才培养成本。物业管理专业要求参与校企合作共建现代师徒训练中心的企业做到三点：首先，每学期除配合完成专业团

表 11-2 物业管理专业学生初次就业面向岗位及学徒制培养方向

对应行业（代码）	主要职业类别（代码）	主要岗位类别（或技术领域）	初次就业面向岗位	岗位工作内容	职业能力与素质要求	职业资格证书或技能等级证书举例
房地产业 70	4070200	物业管理	物业客服管理岗	1. 物业早期介入和前期管理； 2. 物业收楼与入伙管理和服务； 3. 物业装修管理与服务； 4. 物业常规客服管理与服务	1. 具备物业公共关系沟通、物业公司内外公共关系处理能力； 2. 具备一定的物业管理项目实际运作能力； 3. 熟悉物业管理相关法律法规，有相应的实际运用能力	—
			物业空间维护与营造岗	1. 小区秩序管理与维护； 2. 小区环境卫生管理与维护； 3. 小区文化活动策划与执行	1. 具有现场安全环境管理能力和秩序维护能力； 2. 具备环境卫生工作管理能力、植物栽培与养护工作监督管理能力； 3. 具备中小型文体活动策划与执行能力	—
			物业拓展经营岗	1. 物业服务方案编写及物业服务费的测算； 2. 不同类型物业项目经营管理及项目资源经营	1. 掌握一定的物业服务企业管理和人力资源管理基础知识； 2. 对招标投标、合同、采购等法规熟悉，能编写招标投标文件； 3. 了解物业财务软件应用，有一定的投资、绩效、风险分析和管理能力	企业人力资源管理师
			设施设备运维岗	1. 物业公共设施运维护； 2. 物业公共设备养护及智能化管理； 3. 物业消防安全管理	1. 了解建筑构造及房屋维修相关知识和相应的技能； 2. 熟悉房屋设备管理、消防管理的内容和法规制度； 3. 熟悉物业智能楼宇能操作和管理内容	电工证，消防操作员

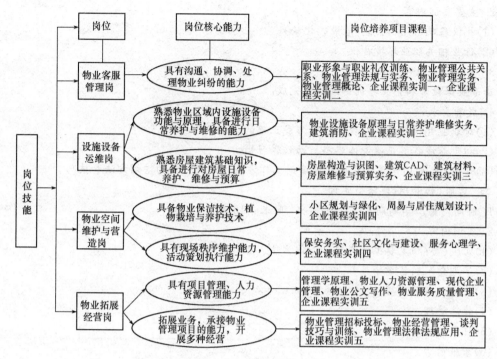

图 11-1 岗位技能的内容

队主导的正常理论和实践教学计划外,要为本企业学徒提供两次以上的技能培训;其次,每学期必须送一次职业技能培训或专业知识讲座到学校,而且要求覆盖整个专业,不能仅仅针对自己企业的学徒;最后,要求人力资源部选派企业辅导员和企业师傅一起关注学徒成长及适当输入职业精神、工匠精神等为主导的企业文化。

2. 学生"三出"校园

(1)常规课程实训走进企业和实际项目。根据职业教育的特点,提高人才培养质量,应加大实习实训在教学中的比重,重点强化教学、实习、实训相融合的教学活动,同时,物业管理专业是一个实践性很强的专业,以培养具有较高职业素养、职业能力的实用型人才为教学任务和目标。所以,物业管理专业即使在常规理论教学中,要求每门课程的实训实践课时不低于三分之一,单门课程的实训实践是以解决知识点,或某项工作技能的认知了解为目的的实训,实训方法多以到合作企业实际项目参观学习、观看企业师傅操作等认知实训为主。

(2)专项模块跟岗实训进驻企业和实际项目。专项工作实训,是根据物业管理专业的岗位主导型课程体系设计的。基于物业管理日常工作涉及岗位和各类专业知识、专业技能比较多,为了便于学生系统地掌握某一岗位的专业知识和技能,物业管理专业在遵循教学循序渐进的基础上,除重点抓物业管理法规、物业管理实务等专业核心基础课程外,将专业必修课和专业选修课根据岗位技能形成的需求进行相对集中的归类,结合每学期的跟岗实训,力争每个学期熟悉掌握一个岗位的主要工作技能。具体如下:

物业管理专业专项模块跟岗实训计划与要求

一、职业礼仪实训

1. 时间:第一学期期末　　　　时长:7天

2. 主要实训内容

(1)礼仪基础(形体训练、着装、化妆)。

(2)行业相关职业环境礼仪。

3. 实训指导教师要求

由专业课教师和企业培训讲师共同完成。

4. 成果要求

(1)对职业礼仪环境和礼貌用语等形成正确的认识。

(2)初步养成各类正确身体姿态、动作等习惯。

(3)培养5%的同学掌握基础礼仪培训工作方法,掌握一定的培训方法和技巧。

二、客服(楼管)模块跟岗实训

1. 时间:第二学期期末　　　　　时长:15天

2. 实训内容

(1)客服(楼管)主要工作内容、工作方法、工作技巧。

(2)早期介入销售案场服务。

(3)收楼、入住流程。

(4)装修管理。

(5)日常巡楼管理。

(6)客服前台。

3. 实训指导教师要求

专业课教师和企业资源部做辅助管理,实训指导由企业指定的师傅完成。

4. 实训成果要求

(1)了解客服(楼管)主要工作内容和重点工作程序。

(2)熟悉2.(2)~(6)项工作内容的整个流程和工作要点。

(3)通过实训分析自己知识结构和能力结构的不足之处,做好针对性的补充学习计划。

三、秩序与消防模块跟岗实训

1. 时间:第四学期期末　　　　　时长:10天

2. 实训内容

(1)秩序与消防的人防技防认知(秩序管理设岗与布控、监控设备和消防设备)。

(2)秩序与消防工作要点及工作计划。

(3)秩序管理体验。

(4)现场突发事件处理。

(5)停车场管理。

3. 实训指导教师要求

专业课教师和企业资源部做辅助管理,实训指导由企业指定的师傅完成。

4. 实训成果要求

(1)了解秩序与消防工作要点及工作计划。

(2)熟悉秩序管理和消防管理的技术与设施设备。

(3)熟悉物业日常运维中典型突发事件的处理程序及方法。

四、工程模块跟岗实训

1. 时间:第三学期期末　　　　　时长:15天

2. 实训内容

(1)工程设施设备认知(楼宇智能、给水排水系统、供电系统、电梯系统、房屋结构与维修)。
(2)工程设施设备维护保养工作认知。
(3)物业工程部日常工作了解与实践。
(4)了解工程设施设备典型突发事件处理。
3. 实训指导教师要求
专业课教师和企业资源部做辅助管理,实训指导由企业指定的师傅完成。
4. 实训成果要求
(1)熟悉物业行业常见的设施设备。
(2)了解工程设施设备养护工作计划和工作方法。
(3)熟悉物业日常运维中典型突发事件的处理程序及方法。
五、综合轮岗实训(衔接顶岗实习,保证顺利就业)
由于物业服务企业和实际项目的工作岗位类别较多,学生可选择面比较广,为了学生可以较清晰地选择就业岗位和明确职业规划,在综合轮岗实习模块要求合作企业在学生正式顶岗实习或就业前提供2~3个岗位的轮岗实训。
1. 时间:第五学期最后2个月
2. 实训内容
(1)基层岗位1轮换(秩序管理、消防管理、保洁绿化管理)。
(2)基层岗位2轮换[客服(楼管)、前台、行政、人事]。
(3)专业线岗位轮换(项目专业线、区域公司专业线、总公司专业线)。
3. 实训指导教师要求
专业课教师和企业资源部做主要引导和管理,企业指定的师傅配合完成。
4. 实训成果要求
(1)掌握相关基层岗位主要日常工作的内容和工作方法。
(2)了解基层管理岗位(班长、领班、主管)的岗位职责和能力要求。
(3)通过轮岗实训结合自己的特长和规划职业,选择顶岗实习单位和岗位。

11.4 物业管理专业现代学徒制试点项目改革创新取得的经验总结与不足

11.4.1 办学协议书签署情况

1. 校企合作协议签署情况

物业管理专业在2018年申报现代学徒制试点专业之初,就确立了校企合作共建以专业教学团队为主导,多家企业共同参与的"现代师徒训练中心"工作目标,经过一年多的努力,已经和广东龙光集团物业服务有限公司签订了校级合作协议,与广州万科物业服务有限公司南宁分公司、中铁建物业服务有限公司南宁分公司签订了院级合作协议。

2. 现代学徒制三方协议签署情况

经过和合作企业多次研讨,拟订了《物业管理专业现代学徒制三方协议》,并于2019年11月通过学校审批,2019级学徒签约仪式。

11.4.2 已完成的成果

物业管理专业现代学徒制试点项目于2018年申报,2019年获得了立项,在原有校企合作的基础上，经过近一年的努力，取得了如下成果。

1. 初步完成了"现代师徒训练中心"的平台搭建

（1）经过与自治区房地产业协会物业管理专业委员会的多次沟通，物业管理专业现代学徒培养模式和工作计划获得协会领导的认可，并得到了给予资源和技术支持的承诺。

（2）与万科物业（中国物业服务行业龙头）、中铁建物业（央企，所服务和接管项目全部为高端住宅或重点公共项目）、龙光物业（目前南宁市区内接管和服务项目最多的物业服务公司，26个项目）签署了共建"现代师徒训练中心"的校企合作协议。另外，目前正在与碧桂园物业（目前广西区域内接管和服务项目最多的物业服务公司，94个项目）推进合作谈判，已经达成合作意向。

2. 拟写并试运行了部分"现代师徒训练中心"的实施方案和管理制度

物业管理专业教学团队与合作企业一起拟写了《物业管理专业校企合作"现代师徒训练中心"运行机制（试行版）》《物业管理专业校企"现代师徒训练中心"师傅选拔与管理办法（试行）》《物业管理专业校企"现代师徒训练中心"学徒选拔与管理办法（试行）》《现代学徒制试点下"三进三出"实践教学体系实施方案》等方案和制度。

11.4.3 取得的成效

1. 初步建立了适合本专业特点的现代学徒制教育改革方式

现代学徒制是一个相对较新的舶来之品，国内高职院校在尝试现代学徒制试点工作时，根据学校、专业、区域经济等不同的因素和特点，做法也不尽相同。物业管理专业现代学徒制教学改革尝试起步比较晚，教学团队在系统地了解区内外优秀做法的基础上，通过与行业协会、合作企业多次交流研讨后，决定根据本专业校企合作基础较好，企业支持意愿较强，行业人才需求迫切等特点，尝试以建立"现代师徒训练中心"为中心任务，以整合学校、行政管理部门、行业协会、多家优质企业等资源，提升专业教学和企业培训质量为目标的现代学徒制教育改革模式。

2. 找到了理想的合作企业，较快地凸显了教学改革成果

物业管理专业在以往校企合作工作的基础上，筛选了万科物业、中铁建物业、龙光物业三家公司作为"现代师徒训练中心"的首批成员企业，并分别签订了校企、院企合作协议。

为了尽快凸显现代学徒制教学改革成果，以及让现代学徒制教学和企业培训顺利衔接，龙光物业主动提出了学生的现代学徒制培养方式与企业管理培训生的"光芒生"培养方式对接。校企双方决定同时从大一、大二、大三三届学生中选拔学徒，从大三（16级）学生中选拔19名学徒直接对接龙光"光芒生"培训计划，从大二（17级）学生中选拔的学徒25名进行定岗培养，将岗位业务技能培训前移至学校，同时为大二学徒提供长期（15天）食宿方便学生跟岗实训，以及寒暑假顶岗实践的机会。

2016级19名学徒，从实习开始直接作为管理培训生，全部进入核心岗位实习或轮岗实习，实习补贴在包吃包住的基础上3 000元起。目前，毕业不到半年，有6名同学拟晋升主管或部门经理助理岗位。这明显地提高了就业质量、提升了毕业生职业素质。

3. 建立了现代学徒制试点下"三进三出"实践课程体系

依托校企合作的实践教学改革，是物业管理专业建设和发展的主要特点。物业管理专业根据培养目标定位，参照物业服务行业常规的岗位胜任能力模型，依照工作过程开发课程、整合课程，分别对准物业服务企业的客户服务管理、设施设备运维、环境管理和物业经营管理四个主要功能和相关岗位，以工作任务为核心分解工作内容，以完成工作为目标派生工作职责，以胜任工作职责为目标重构教学内容，通过教学内容的解构重构，形成融理论实践于一体岗位主导型的课程体系，以及"三进三出"的实践课程体系。具体见《现代学徒制试点下"三进三出"实践教学体系实施方案》。

4. 有效提升了物业管理专业实践教学的数量和质量

在推进现代学徒制试点改革探索后,物业管理专业实践教学突破了原来实践教学组织过程中不少的难点,在实践教学的数量和质量上都有明显的提升,仅在2018—2019春季学期物业管理专业学生赴企业实训就超过400人次(不含一天以内的参观实习),其中10天以上有师傅指导的跟岗实训近200人次,企业提供学习训练机会的同时,也做好了后勤保障工作,给多数学生提供了交通补助和免费食宿。

11.4.4 存在的问题

1. 受近些年校企合作经验的影响和制约,导致人才培养方案改革力度不够

校企合作一直是物业管理专业发展和建设重点工作之一,经过多年的尝试和总结,物业管理专业的校企合作具有自己的特点,但是认识到校企合作中存在的现实问题,尤其是主导校企合作企业的主要领导更换,对校企合作质量影响非常大,甚至决定了校企合作还能否持续。鉴于专业培养方案的重要性和严肃性,物业管理专业虽然在2019年立项区级现代学徒制试点专业,但是在编制2019级培养方案时,没有敢做过多的改革设想,还是保守地采取了常规培养方案模式。

2. 对现代学徒制理论研究不够深入,改革探索工作步伐迈得比较小

笔者个人认为现代学徒制试点项目,如果不能做到教学时间上的"工学结合"的合理分配,很难凸显师傅带徒弟的教学和育人优势。但是三年的时间"工"和"学"占比多少合适,以及各自要达到什么样的教学、培养目标,是比较难解决的问题,所以,物业管理专业赴企业的跟岗实训时间,这几年一直在延长但是延长幅度比较小,从2013级的每学期7天,到2019级每学期15天,2020级时间是否还要延长,延长多少时间合适,还需要进一步调研和研究。

3. 现代学徒制的相关管理制度拟订不够完善、不够细致

目前,虽然"现代师徒训练中心"已经初步搭建成并以运行,但是相关的运行机制和管理制度,尤其是一些细化的(如《学徒训练手册》《师傅指导手册》等)表格工具还没指定。同时,已经试运行的各项管理制度,也存在着不严谨或不合理的地方,尤其是制度之间有些冲突,需要尽快梳理改进。

4. 总结宣传力度不够

现代学徒制立项开展工作以来,专业团队与合作企业做了不少的工作,但是专业教学团队由于人手欠缺,在过程资料的整理留存,尤其是工作总结及宣传力度有所欠缺。庆幸的是合作企业都比较重视,保存了工作方案材料、照片,以及推送了不少宣传微信推文,为后续的材料整理奠定了一些基础。

11.4.5 下一步的工作

(1)在学校教务处和学院领导的指导与帮助下继续推进现代学徒制试点工作,争取按时完成改革探索,形成适合物业管理专业特点的现代学徒制教学方式。

(2)进一步深入企业和兄弟院校调研学习,同时,加强现代学徒制的理论研究,在现代学徒制教学改革探索上加快、加大步伐。

(3)在"现代师徒训练中心"运行的同时,较快进行运行机制和相关管理制度的完善,尤其是教学质量管控及评价制度和表格工具。

(4)将总结和宣传工作在教学团队内进行合理的分工,尤其是过程性材料的整理留存,提前按照验收标准准备相关材料。

物业管理专业课程设置及教学进程总体安排见表11-3~表11-6。

表 11-3 2018级物业管理专业课程设置表

课程类别	课程模块	课程名称	课程类型	课程属性	课程性质	总学时	学分	理论学时	实践学时	周学时	考试(查)	备注
专业课程	专业基础课程	物业管理概论	A	专业课	专业必修课	50	2.5	40	10	5	考试	
		现代企业管理学	A	专业课	专业必修课	50	2.5	40	10	5	考试	
		商务礼仪与职业形象	B	专业课	专业必修课	50	2.5	30	20	5	考查	
		商业房地产开发与实务	A	专业课	专业必修课	55	2.5	40	15	5	考试	
		建筑制图与CAD	B	专业课	专业必修课	70	4	40	30	8	考试	
		物业管理统计学	B	专业课	专业必修课	55	3	40	15	5	考试	
		物业管理公文写作	B	专业课	专业必修课	55	3	40	15	5	考试	
		社区文化与建设	A	专业课	专业必修课	55	3	40	15	5	考试	
		小区规划与绿化技术应用	B	专业课	专业必修课	55	3	35	20	5	考试	
		建筑构造与房屋维修	B	专业课	专业必修课	70	4	40	30	8	考试	
		物业管理心理学	A	专业课	专业必修课	55	3	40	15	5	考试	
		企业课程及实训(一)	C	专业课	专业必修课	45	2.5		45	30	考查	
		企业课程及实训(二)	C	专业课	专业必修课	45	2.5		45	30	考查	
		企业课程及实训(三)	C	专业课	专业必修课	45	2.5		45	30	考查	
		企业课程及实训(四)	C	专业课	专业必修课	45	2.5		45	30	考查	
		企业课程及实训(五)	C	专业课	专业必修课	45	2.5		45	30	考查	

续表

课程类别	课程模块	课程名称	课程类型	课程属性	课程性质	总学时	学分	理论学时	实践学时	周学时	考试（查）	备注
专业课程	专业核心课程	物业管理实务	B	专业课	专业核心课	65	4	50	15	5	考试	
		物业企业人力资源管理	A	专业课	专业核心课	65	4	50	15	5	考试	
		建筑消防	B	专业课	专业核心课	70	4	40	30	5	考试	
		物业管理法律法规	A	专业课	专业核心课	70	4	55	15	5	考试	
		物业设备设施应用及管理	B	专业课	专业核心课	70	4	40	30	5	考试	
		物业经营管理	A	专业课	专业核心课	70	4	50	20	5	考试	
		物业服务质量管理	A	专业课	专业核心课	60	3.5	50	15	5	考试	
		物业招投标	A	公共课	专业核心课	60	3.5	40	20	10	考试	
		创新研发与应用项目	A	公共课	公共必修课	40	2	30	10	5	考查	
	职业拓展课程	摄影	B	专业课（从6门中任选4门）	专业选修课	48	3	28	20	5	考查	
		建材应用与市场调查	B	专业课（从6门中任选4门）	专业选修课	48	3	30	18	5	考查	
		房地产产权产籍管理	B	专业课（从6门中任选4门）	专业选修课	48	3	30	18	5	考查	
		周易与人居环境设计	B	专业课（从6门中任选4门）	专业选修课	48	3	30	18	5	考查	
		房地产经纪	B	专业课（从6门中任选4门）	专业选修课	48	3	30	18	5	考查	
		物业互联网技术应用	B	专业课	专业选修课	90	5	40	50	10	考查	
	实践性教学	毕业设计	C	专业课	专业必修课		6				考查	
		顶岗实习		专业课	专业必修课	400			400	30	考查	

注：课程类型（单一选项）：A类（纯理论课）/B类（理论+实践课）/C类（纯实践课）。

表11-4 2018级物业管理专业课程教学进程总体安排

课程类别	课程模块	课程代码	课程名称	学分	总学时	学期教学与周课时安排						
						第一学年		第二学年		第三学年		
						一	二	三	四	五	六	
	公共基础课小计			40.5	736	40.5不含劳动素养4学分						
课程类别	课程模块	课程代码	课程名称	学分	总学时	第一学年		第二学年		第三学年	
						一	二	三	四	五	六
专业课程	专业基础课程	04470	物业管理概论	2.5	50	√					
		06320	现代企业管理学	2.5	50	√					
		06225	商务礼仪与职业形象	2.5	50	√					
		06364	商业房地产开发与实务	2.5	55						
		06411	建筑制图与CAD	4	70		√				
		06260	物业管理统计学	3	55		√				
		06055	物业管理公文写作	3	55			√			
		54371	社区文化建设	3	55			√			
		06056	小区规划与绿化技术应用	3	55			√			
		06006	建筑构造与房屋维修	4	70				√		
		06437	物业管理心理学	3	55				√		
		06410	企业课程及实训（一）	2.5	45		√				
		06422	企业课程及实训（二）	2.5	45			√			
		06428	企业课程及实训（三）	2.5	45				√		
		06429	企业课程及实训（四）	2.5	45					√	
		06430	企业课程及实训（五）	2.5	45					√	

续表

课程类别	课程模块	课程代码	课程名称	学分	总学时	第一学年 一	第一学年 二	第二学年 三	第二学年 四	第三学年 五	第三学年 六
专业课程	专业核心课程	06408	物业管理实务	4	65		√				
		06276	物业企业人力资源管理	4	65		√				
		新课	建筑消防	4	70			√			
		06052	物业管理法律法规	4	70			√			
		06061	物业设备设施应用及管理	4	70				√		
		06257	物业经营管理	3.5	60				√		
		新课	物业服务质量管理	3.5	60					√	
	职业拓展课程模块	06214	物业招投标	3	48	○					从6门中任选4门
		6041	摄影	3	48		○				从6门中任选4门
		6335	建材应用与市场调查	3	48			○			从6门中任选4门
		6444	房地产产权产籍管理	3	48					○	从6门中任选4门
		6001	周易与人居环境设计	3	48					○	从6门中任选4门
		新课	房地产经纪	3	48				○		从6门中任选4门
			选修说明：选修课开设6门，选修其中4门目考核合格，获得12学分即可。								
		54373	毕业设计	5	90				√		
		06282	顶岗实习	6	400						√

续表

课程类别	课程模块	课程代码	课程名称	学分	总学时	学期教学与周课时安排					
						第一学年		第二学年		第三学年	
						一	二	三	四	五	六
毕业资格学分课程			创新研发与应用项目	2		此学分为毕业资格学分、不收费。授课32~40课时					
			劳动素养	4		此学分为毕业资格学分、不收费					
			素养积分	8		此学分为毕业资格学分、不收费					
			职业资格证书								
			技能等级证书	4		此学分为毕业资格学分、不收费。四项是1项或1项以上、获4学分					
			院级以上竞赛获奖								
			院级以上评优评先获奖								
总计			表格合计总学分、总学时	164	2 889						
			毕业所需修读的总学分	158	2 793						
			毕业所需取得的总学分	140							
			其中：收费的总学分								
			其中：不收费的学分	18							

表 11-5 2019 级物业管理专业课程设置及要求

课程模块	课程名称	课程目标	主要内容	教学要求
专业群共享	建筑制图	1. 了解建筑制图基本知识，掌握绘制建筑工程施工图的技能和技巧； 2. 能识读建筑施工图，运用识图技能对施工现场实物对照识别，达到工程识图的目的	1. 建筑制图标准，正投影基本原理，形体投影等制图基本知识； 2. CAD 绘图技巧； 3. 建筑施工图的形成及绘制步骤； 4. 施工现场教学：平面图、立面图、剖面图的形成	教学条件：多媒体音像设备、课件、施工图、虚拟实训软件、教材、实训任务书及指导书； 教学环境：绘图室、多媒体教室、机房
	建筑构造	1. 掌握建筑构造做法和构造详图的表达方法； 2. 熟悉房屋的接管与保修；掌握房屋维修技术管理、房屋维修周期及房屋完损等级评定标准，房屋维修围标准、房屋维修技术管理、房屋维修周期、维修规划及维修工程施工	1. 中南标准图集； 2. 基础、楼地层、墙体、楼梯、屋面、门窗等建筑六个部位的构造要求及特点； 3. 施工现场教学：基础、楼地面、墙体、楼梯、屋面、门窗等的认识； 4. 房屋建筑维修质量及验收、建筑工程定额概述、建筑工程定额预算基价的确定、建筑工程造价的确定、维修工程预算	教学条件：多媒体音像设备、课件、施工图、虚拟实训软件、教材、实训任务书及指导书； 教学环境：实训室、多媒体教室
专业基础	物业管理概论	1. 掌握物业管理的基本概念和物业管理的内涵和外延； 2. 了解和掌握物业管理的基本工作内容及物业管理的全生命周期； 3. 熟悉物业管理的各个环节的主要内容及重点工作，为后续专业课程学习做好思想和知识基础	1. 物业管理的发展史、物业管理基本概念、物业管理的发展趋势； 2. 物业管理生命周期的组成、物业管理早期介入、物业的前期管理、常规物业管理； 3. 物业管理不同业态的特点和运营模式	教学条件：多媒体音像设备、课件、教材、实训任务书及指导书； 教学环境：多媒体教室

续表

课程模块	课程名称	课程目标	主要内容	教学要求
专业基础	现代企业管理学	1. 掌握管理学的基本原理； 2. 掌握管理的基本职能及应用方法； 3. 掌握组织职能与组织设计； 4. 掌握领导原理与激励理论； 5. 熟悉控制机制和组织文化	1. 管理学的基本概念与特征； 2. 管理学科发展的各阶段； 3. 计划职能与计划方法； 4. 组织职能与组织设计； 5. 领导原理与激励理论； 6. 控制机制和组织文化	教学条件：多媒体音像设备、课件、教材、实训任务书及指导书； 教学环境：多媒体教室
	商务礼仪与职业形象	1. 通过课程学习，培养学生自身的礼仪修养，提高与人交际及办事能力； 2. 培养学生的礼仪意识，提高礼仪修养； 3. 为后续的专业课学习和职业发展打下良好基础	1. 礼仪的基本内容、礼仪修养的习得； 2. 服饰礼仪、仪容礼仪、姿态礼仪、表情礼仪； 3. 交谈礼仪、举止礼仪、宴请礼仪、中餐礼仪、西餐礼仪、饮用礼仪； 4. 见面礼仪、访送礼仪、求职的准备、面试礼仪	教学条件：多媒体音像设备、课件、教材、实训任务书及指导书； 教学环境：多媒体教室
	商业房地产开发与实务	1. 了解房地产开发与经营理论和策略； 2. 掌握房地产开发的程序和内容； 3. 房地产营销和房地产交易的相关知识	1. 房地产开发与经营的特点与程序； 2. 房地产开发项目的经济评价； 3. 房地产综合效益评价； 4. 房地产市场研究与目标市场选择； 5. 房地产经营决策制定的准则与程序	教学条件：多媒体音像设备、课件、教材、实训任务书及指导书； 教学环境：多媒体教室
	物业管理统计学	1. 掌握统计学的基本理论、基本方法； 2. 掌握采集数据、设计调查问卷的能力； 3. 具有处理统计数据的基本能力； 4. 具有应用统计学理论和方法分析与解决工作中实际问题的能力	1. 统计的职能、统计学的研究对象； 2. 统计调查方案的设计、统计调查的各种分类、各种形式； 3. 统计调查的方法、统计整理的意义、步骤和技术； 4. 统计整理的含义、统计分组的含义、分配数列的概念和种类； 5. 变量数列的编制、统计表的概念和构成、基本的Excel统计符号、公式，对物业资料进行分析和判断	教学条件：多媒体音像设备、课件、教材、实训任务书及指导书； 教学环境：多媒体教室

续表

课程模块	课程名称	课程目标	主要内容	教学要求
专业基础	物业管理公文写作	1. 能撰写物业管理规章制度，内部管理文书，管理公务文书，公共事务文书，服务文书，收费文书，验收、接管、入住文书； 2. 能编制物业管理服务合同，经营合同，房屋租赁合同，用工招聘合同，委托代理合同，供水、供电、供气、供暖合同	1. 物业管理专用文书写作包括物业管理规章制度，管理公务文书，内部管理文书，公共事务文书，人住文书，以及广告、服务文书，收费据、书信、函电的写作介绍，常用条据、书信、函电的写作介绍； 2. 物业管理合同文书写作包括物业管理服务合同，房屋租赁合同，用工招聘合同，委托代理经营合同，供水、供电、供气、供暖合同的写作介绍	教学条件：多媒体音像设备、课件、教材、实训任务书及指导书； 教学环境：多媒体教室
	社区文化与建设	1. 掌握社区管理组织机构、历史演变、管理模式及方法； 2. 了解社区建设的内容； 3. 了解社区建设运行机制的主要内容； 4. 了解加强社区治安防范的原则、内容及方法； 5. 掌握社区文化的内容及社会功能； 6. 能够协调社区参与和社区管理之间的关系，最终达到对社区和谐管理	1. 社区管理理论； 2. 社区建设内容； 3. 社区建设运行机制； 4. 社区治安防范； 5. 社区文化建设与管理； 6. 社区文化和管理艺术； 7. 建设和谐社区环境	教学条件：多媒体音像设备、课件、教材、实训任务书及指导书； 教学环境：多媒体教室
	物业空间维护与经营管理	1. 了解景观设计的基本知识； 2. 熟悉居住区景观规划设计，能够根据景观设计的指导思想、基本原则及程序进行景观设计； 3. 熟悉小区绿地的规划原则； 4. 掌握选择植物的注意要点，能够进行不同功能绿地植物配置和绿地的管理与养护	1. 住宅区的分级及相关设施； 2. 小区景观规划设计的原则与程序； 3. 小区绿地的规划、小区绿地的建设、植物的选择，植物的配置； 4. 小区绿地的管理、小区绿地的养护	教学条件：多媒体音像设备、课件、教材、实训任务书及指导书； 教学环境：多媒体教室

续表

课程模块	课程名称	课程目标	主要内容	教学要求
专业基础	物业管理心理学	1. 有效处理好物业管理服务企业与业主之间的关系； 2. 为今后作为物业从业人员掌握应具备的服务心理知识和技能； 3. 有效满足业主或业主同题的能力； 4. 有系统的理解能力和解决问题的能力	1. 物业服务心理学的研究对象及研究内容、物业服务心理学的研究原则和方法； 2. 业主的心理特征与心理定势； 3. 业主的心理需求与服务； 4. 业主情绪管理、有效沟通员工管理心得、组织管理心得	教学条件：多媒体音像设备、课件、教材、实训任务书及指导书； 教学环境：多媒体教室
	企业课程实训（一）职业形象、职业礼仪训练	1. 对职业礼仪环境和礼貌用语等形成正确的认识； 2. 初步养成各类正确身体姿态、动作等习惯； 3. 培养5%的同学掌握基础礼仪培训工作方法、掌握一定的培训方法和技巧	1. 礼仪基础（形体训练、着装、化妆）； 2. 行业相关职业环境礼仪	教学条件：现代学徒制实训课程、由责任教师和企业人力资源部实训任务书共同组织； 实训任务书根据实训任务实施； 上课地点：综合实训室
	企业课程实训（二）物业客服模块顶岗实训	1. 了解客服（楼管）主要工作内容和重点工作程序； 2. 熟悉收楼、入住流程和装修管理、日常巡楼管理和客服前台工作； 3. 通过实训分析自己知识结构和能力结构的不足之处，做好针对性的补充学习计划	1. 客服（楼管）主要工作内容、工作方法、工作技巧； 2. 早期介入销售案场服务； 3. 收楼、入住流程； 4. 装修管理； 5. 日常巡楼管理； 6. 客服前台	教学条件：现代学徒制实训课程、由责任教师、企业指导书、企业师傅根据实训任务书共同实施； 上课地点：企业

续表

课程模块	课程名称	课程目标	主要内容	教学要求
专业基础	企业课程(三)物业服务秩序消防模块顶岗实训	1. 了解秩序与消防的工作要点及工作计划; 2. 熟悉秩序消防管理和消防管理的技术和设施设备; 3. 熟悉物业日常运维中典型突发事件的处理程序及方法	1. 秩序与消防的人防技防认知(秩序管理设岗与布控、监控设备和消防设备); 2. 秩序消防工作要点及工作计划; 3. 秩序管理体验; 4. 现场突发事件处理; 5. 停车场管理	教学条件:现代学徒制实训课程,由责任教师、企业人力资源部、企业师傅根据实训任务指导书共同组织实施; 上课地点:企业
专业基础	企业课程(四)物业实训工程运维模块顶岗实训	1. 熟悉物业行业常见的设施设备; 2. 了解工程设施设备养护工作计划和工作方法; 3. 熟悉物业日常运维中典型突发事件的处理程序及方法	1. 工程设施设备认知(楼宇智能、给水排水系统、供电系统、电梯系统、房屋结构认知); 2. 工程设施设备维护保养工作要点; 3. 物业工程部日常工作了解与实践; 4. 了解工程设施设备典型突发事件处理	教学条件:现代学徒制实训课程,由责任教师、企业人力资源部、企业师傅根据实训任务指导书共同组织实施; 上课地点:企业
专业基础	企业课程(五)实训综合轮岗实训	1. 掌握基层岗位、保洁、秩序、收费、绿化等日常主要工作的内容和方法; 2. 熟悉客服、前台、行政、人事岗位的主要工作内容和方法; 3. 通过轮岗实训结合自己的特长和规划职业,选择顶岗实习单位和岗位	1. 基层岗位1轮换(保洁、秩序、收费、绿化); 2. 基层岗位2轮换[客服(楼管)、前台、行政、人事]; 3. 了解基层管理岗位(班长、领班、主管)的工作内容和能力要求	教学条件:现代学徒制实训课程,由责任教师、企业人力资源部、企业师傅根据实训任务指导书共同组织实施; 上课地点:企业
专业核心	物业管理实务	1. 了解本行业发展的历史及相关概念; 2. 熟悉本行业的实践技能; 3. 知道如何运用相关知识; 4. 熟悉物业日常管理; 5. 有系统的理解能力和专业创造力	1. 物业管理前期介入、验收接管工作流程、业主入伙流程及日常管理; 2. 收费服务安全管理,正确处理人、车、路的关系; 3. 处理突发事件物业管理延伸服务经营物业管理考评与创优标准及现场准备业主投诉处理工作流程	教学条件:多媒体音像设备、课件、教材、实训指导书及指导书; 教学环境:多媒体教室

续表

课程模块	课程名称	课程目标	主要内容	教学要求
专业核心	物业企业人力资源管理	1. 熟悉物业管理人力资源管理的主要内容及基本原理； 2. 熟悉物业服务企业的组织结构和岗位设定； 3. 熟悉物业服务企业招聘流程； 4. 熟悉物业服务企业员工培训流程和开发； 5. 熟悉物业服务企业员工绩效管理； 6. 熟悉物业服务企业的企业文化	1. 物业服务企业人力资源管理的主要内容、人力资源的规划、企业人员的配置； 2. 物业服务企业招聘的原则、招聘流程、人员选拔方法和技术； 3. 物业服务企业员工培训的主要方法、流程和企业员工的开发； 4. 物业服务职业经理人的含义和分类； 5. 物业服务企业员工绩效考评内容、方法； 6. 物业服务人力资源的经营； 7. 物业服务企业文化的构成	教学条件：多媒体音像设备、课件、教材、实训任务书及指导书； 教学环境：多媒体教室
	建筑消防（课证融合课程）	1. 熟悉消防相关理论知识和消防法规； 2. 熟悉建筑防火分区分平面图布置、安全疏散； 3. 掌握消防栓和自动喷灭火系统的使用； 4. 熟悉防烟排烟技术消防电气、火灾自动报警与消防联动	1. 学习消防相关理论知识和消防法规； 2. 学习建筑防火分区分平面图布置、安全流散； 3. 学习消防栓和自动喷灭火系统的使用； 4. 学习防烟排烟技术消防电气、火灾自动报警与消防联动	教学条件：多媒体音像设备、课件、教材、实训任务书及指导书； 教学环境：多媒体教室、消防实训室
	物业管理法律法规（课程思政）	1. 熟悉物业管理法规知识，以及在物业管理中的地位、任务、作用； 2. 熟悉《中华人民共和国物权法》（以下简称《物权法》）《中华人民共和国合同法》（以下简称《合同法》）等10多部常用的政策法规的相关知识； 3. 熟悉物业管理日常管理的知识； 4. 能运用法律知识，处理纠纷和防范	1. 物业服务条例的立法及整个法规介绍、基础法规知识介绍； 2.《合同法》"格式合同""租赁合同"部分知识； 3.《物权法》部分知识、行政诉讼部分知识等、物业管理法规基础； 4. 前期物业管理阶段管理法规、物业日常综合管理法规、收费管理等法规； 5. 物业管理法律责任追究	教学条件：多媒体音像设备、课件、教材、实训任务书及指导书； 教学环境：多媒体教室

续表

课程模块	课程名称	课程目标	主要内容	教学要求
专业核心	物业设备设施应用及管理	1. 了解物业设备设施及其管理的基本概念; 2. 掌握物业(物业小区)中各种给水排水系统的工作原理、运行特点、常见故障及处理方法; 3. 对热水供应、供水系及燃气供应系统的工作原理、常用类型与规格与清楚的认识; 4. 熟悉通风与空调系统的工作原理、特点和运行管理; 5. 理解物业供配电过程及主要设备设施的工作原理、构造及维护保养方法	1. 物业给水排水系统维护与管理; 2. 采暖系统的运行管理与维护; 3. 空调、通风系统的维护与管理; 4. 物业电气系统的维护与管理	教学条件:多媒体音像设备、课件、教材、实训任务书及指导书; 教学环境:多媒体教室、实训室
	物业经营管理	1. 物业投资、成本、绩效和风险管理的分析; 2. 不同物业类型经营管理的分析; 3. 物业服务公司的经营管理设想; 4. 接管理项目的财务收支预算及经济分析; 5. 物业服务公司的多种经营服务的构想; 6. 发展目标及发展战略的规划设计	1. 物业经营管理的内容; 2. 物业服务企业管理的基本内容; 3. 物业经营管理的实施内容; 4. 物业具体资源的经营; 5. 物业租赁程序及流程; 6. 写字楼和商业物业经营管理模式	教学条件:多媒体音像设备、课件、教材、实训任务书及指导书; 教学环境:多媒体教室
	物业服务质量管理	1. 信息收集和筛选能力; 2. 掌握质量管理的基本概念和内涵; 3. 掌握质量方针、质量手册的编写; 4. 掌握质量控制的工具及应用方法; 5. 掌握质量管理体系认证的程序	1. 服务行为、服务产品的特性; 2. 服务的概念与特性,服务管理的概念与研究对象; 3. 服务管理的内涵; 4. 质量管理的发展历程、质量与质量管理的相关概念、质量管理的七大原则; 5. 物业服务质量标准的内涵、内容及制定注意事项	教学条件:多媒体音像设备、课件、教材、实训任务书及指导书; 教学环境:多媒体教室、现场勘察、记录、制定管理方案(教学实践)

续表

课程模块	课程名称	课程目标	主要内容	教学要求
专业核心	物业招投标	1. 掌握物业管理招投标书的编制方法与技巧； 2. 掌握投标书中管理设想、机构设置，以及管理费用的测算方法； 3. 能够正确测算物业服务费用； 4. 能够合理设置物业服务机构及配置人员； 5. 能够策划物业管理特约服务活动，能够进行开标答辩	1. 物业管理招投标及其特点、原则与要求； 2. 物业管理招标投标的策划与实施； 3. 物业管理招标投标的类型、方式、内容、条件与程序； 4. 制定物业方案的一般程序和要求； 5. 制定物业方案的基本内容； 6. 制定物业方案的要点及方法	教学条件：多媒体音像设备、课件、教材、实训任务书及指导书； 教学环境：多媒体机房

表 11-6 2019 级物业管理专业课程教学进程总体安排

课程类别	课程模块	课程代码	课程名称	学时	学分	考核（考试或考查）	学期与教学活动周					
							一	二	三	四	五	六
			必修课程学时/学分小计	847	42.5		20	20	20	20	20	20
公共基础课程	公共共享课		建筑制图与 CAD	70	4.5	考试	√					
			建筑构造与房屋维修	70	4.5	考试	√					
			物业管理概论	55	3.5	考试	√	√				
			现代企业管理学	55	3.5	考试	√					
专业课程	基础课程		商务礼仪与职业形象	50	3.5	考试	√					
			商业房地产开发与实务	55	4	考试		√	√			
			物业管理统计学	55	3.5	考试		√				
			物业管理公文写作	55	3.5	考试			√			
			社区文化与建设	55	3.5	考试		√				
			物业空间维护与营造管理	50	3.5	考试			√			

续表

课程类别	课程模块	课程代码	课程名称	学时	学分	考核（考试或考查）	一	二	三	四	五	六
							20	20	20	20	20	20
公共基础课程			必修课程学时学分小计	847	42.5							
	基础课程		管理心理学	55	3.5	考查	√					
			企业课程及实训（一）	45	3	考查		√				
			企业课程及实训（二）	45	3	考查			√			
			企业课程及实训（三）	45	3	考查				√		
			企业课程及实训（四）	45	3	考查					√	
			企业课程及实训（五）	60	4.5	考试						√
	专业核心课程		物业企业人力资源管理	60	4.5	考试		√				
			建筑消防	65	4.5	考试			√			
		课证	物业管理法律法规（课证融合）	75	4.5	考试		√				
		思政	物业设备设施应用及管理	65	4.5	考试			√			
			物业经营管理	60	4.5	考试				√		
			物业服务质量管理	60	4.5	考试				√		
			物业招标投标	50	3	考试					√	
专业课程	职业拓展课程		职业拓展课说明：《创新研发与应用项目》《专业技能竞赛》为必修课，此外需再选修4门职业拓展课，修满14学分。									
			创新研发与应用项目	42	2	考核	此学分为毕业资格学分，不计入毕业学分，不收费					
			专业技能竞赛	42	2	考核	此学分为毕业资格学分，不计入毕业学分，不收费					
			摄影	42	2.5	考查	○					从6门中任选4门
			建材应用与市场调查	42	2.5	考查		○				从6门中任选4门
			民法学基础	42	2.5	考查			○			从6门中任选4门
			周易与人居环境设计	42	2.5	考查				○		从6门中任选4门

续表

课程类别	课程模块	课程代码	课程名称	学时	学分	考核(考试或考查)	一	二	三	四	五	六
公共基础课程			必修课程学时/学分小计	847	42.5		20	20	20	20	20	20
专业课程	职业拓展课程		房地产经济	42	2.5	考查					○	
			物业互联网技术应用	42	2.5	考查				○		
	实践性教学		毕业设计	90	5	考查					√	
			顶岗实习	400	6	考查						√
	专业课程		必修课程学时/学分小计	1 835	105.5							
			选修课程学时/学分小计	168	10						从6门中任选4门	从6门中任选4门
			必修课程学时/学分占比	92%								
			选修课程学时/学分占比	8%								
总计			表格合计总学时、总学分	2 934	163							
			毕业所需读的总学时	2 850								
			毕业所需修取得的总学分		158							
			其中:收费的总学分		150							
			其中:不收费的总学分		8							

参考文献

[1] 张义斌，韦宁. 高职物业管理专业校企"双主体"育人模式探索研究——以南宁职业技术学院为例[J]. 现代物业（上旬刊），2014(11)：46－47.

[2] 张义斌，梁敏. 高职物业管理专业"校企合作一体化办学"运行机制探索研究——以南宁职业技术学院为例[J]. 现代物业，2014(22)：78.

[3] 管友桥."订单式"人才培养模式的困境分析与对策研究[J]. 教育与职业，2009(12)：13－15.

[4] 何成才. 高等职业教育校企合作长效机制研究[J]. 湖北社会科学，2012(3)：185－187.

[5] 张玉阳. 高职物业管理专业人才培养计划的体系设计研究[J]. 职教探索与研究，2008(3).

第 12 章　高职院校二级院系实训体系改革与探索

本章以南宁职业技术学院建筑工程学院为例，对高职院校二级院系实训体系进行总结和改革探索。

12.1　实训基地建设与管理现状

建筑工程学院为南宁职业技术学院 10 个二级学院之一，于 2004 年搬迁至新校区，因此，在新校区试验实训室的建设过程中由于新组建的试验实训室较多，所以，在试验实训室的建设和管理过程中出现了部分问题。学院原有建筑工程技术等 7 个专业，在校生 1 400 人，教学班级 28 个，共建有实训室 23 间，其中实训机房 6 间，设备值 1 038 万元，场地面积 5 750 m^2。原有设备经过几次搬迁且使用年限较长，比较陈旧，不能满足专业课程发展的需要。近年来，随着南宁职业技术学院招生人数不断增加，专业的设置与招生的形势有很大关系，某些专业招生人数发展不平衡，在实践教学安排上给实训室带来一定压力。根据每个学期开设的实训课程来看，很多实训课程都是由理论课任课教师兼任，由于任课教师的精力有限严重影响了正常的实训教学任务，在实训教学及效果反馈中教师和学生的意见比较大。同时，专职、兼职管理员人数配备不足，多数是各专业教师兼职，专职管理员很少，实训室管理员被认可度低、岗位流动性大，教师评职称不愿走试验师系列，导致实训室管理员流失严重，影响高职院校实训室的良好发展。再加上实训室专业管理人员偏少，管理制度还不够完善，管理的规范化有待加强。

12.2　实训基地建设与管理改革侧重点

12.2.1　实训基地建设与管理改革目标

在各级财政和学院自身努力下，建立健全管理组织机构，创新管理模式。对接广西建筑产业链，校企深度合作，坚持"全面规划、分步实施、逐步完善"的思路，以满足职业教育学历教育、职业资格培训与鉴定、社会培训需求及教师培训需求为目标建设，建成一个融教学、社会培训、职业技能鉴定、师资培养、生产运营于一体，形成产学研结合、订单式培养、校企合作实训体系，强调专业知识、专业技能训练与实践能力培养三者的协调统一。为培养建筑行业应用型人才、为社会与企业需求服务、为广西及西南地区的经济发展服务。

12.2.2　实训基地建设与管理实训体系改革

建筑工程学院专业实训体系改革基本构架总体分为认识实习、课程实训、职业能力实习实训三大类型。

(1)认识实习。认识实习包括新生专业入学认识实习、课程认识实习、暑假认识实习及拓展实习四种,以表格形式反映见表12-1。

表12-1　各专业认识实习体系框架

序号	项目名称		实训内容	安排时间	实训目的
1	专业入学认识实习		校内实训基地认识	第一学期开学	对本专业校内实训基地有所了解
			校外实训基地认识	第一学期开学	对本专业校外实训基地及今后工作环境有所了解
2	课程认识实习		课程1	第n学期(穿插在课程中)	……
			课程2	第n学期(穿插在课程中)	了解哪些相关的事物
			课程n	第n学期(穿插在课程中)	了解……
3	暑假认识实习		暑假在某项目现场见习	各学年暑假	鼓励推荐、自愿原则,不强求
4	拓展实习		专业讲座	不特定	就本专业热点、难度问题以专家讲座方式进行研讨

(2)课程实训。课程实训包括单项技能实训和综合技能实训(见表12-2)。

表12-2　××××专业课程实训体系框架

序号	项目名称		实训内容	安排时间	实训目的
1	单项技能实训	×××例如:某模型设计	……	第n学期(穿插在课程中)	了解/掌握相关内容情况
			同上	第n学期(穿插在课程中)	同理如上
2	综合技能实训	×××例如:某住宅建筑设计	举例:某别墅设计实训	第三学期(穿插在课程中)	可以简要说明通过这一个设计使学生可以了解掌握/熟悉简单别墅的设计
			……	第n学期(穿插在课程中)	了解/掌握相关内容情况

(3)职业能力实习实训。职业能力实习实训包括毕业设计、跟岗实习、顶岗实习三种。

①毕业设计。毕业设计是教学过程最后阶段采用的一种总结性的实践教学环节。应用所学各门课程的知识、技能,选用模拟仿真或实际项目的方式开展的实训(见表12-3)。

表 12-3 ××××专业毕业设计框架

项目名称	实训内容	安排时间	实训目的
毕业设计	1. 毕业设计选题(课题)	第五学期1~2周	(1)综合学生所学知识; (2)结合本专业学科; (3)联系工程实际; (4)取得一定应用价值
	2. 毕业设计方案的制定(大纲、详细内容)	第五学期3~10周	通过完成选题的总体规划、详细内容的制定,实现对该工程某一领域全过程的了解
	3. 毕业设计答辩	第五学期11~12周	方案最后调整、收集、打印,毕业设计汇报,进行毕业设计答辩

②跟岗实习。在具体的企业(单位)内跟着某个岗位,在实习指导教师和企业技术人员的指导下进行实际的工作。跟岗时间一般在第五学期(当年的12月—次年2或3月),最好能够轮岗2~3次,了解实际工作岗位的内容、业务流程、该岗位与其他岗位和人员的关系(联系)(见表12-4)。

表 12-4 ××××专业跟岗实习框架

项目名称	实训内容	安排时间	实训目的
跟岗实习	跟岗轮换2~3个相关岗位	第五学期(第13~20周)	了解相关岗位的工作内容

③顶岗实习。顶岗实习是在跟岗时间的基础上,基本能在一个岗位独立工作进行的实习,能协助、配合企业技术人员(主管)完成岗位各项工作任务,进而能独立工作(见表12-5)。

表 12-5 ××××专业顶岗实习框架

项目名称	实训内容	安排时间	实训目的
顶岗实习	在建筑行业某一固定岗位上进行顶岗实习	第六学期	熟悉建筑行业某一固定岗位的工作内容

为保证每个学生顶岗实习期间的教学质量,从以下几个方面予以控制:

a. 严格选择实习企业。

b. 建立健全顶岗实习管理制度。

c. 定期对学生指导检查。

d. 在实习期间不得擅自离开实习单位或改变实习地点,不得随意请假,不得长期不参加或中断实习。

e. 实习成绩评定。

12.2.3 实训基地建设与管理运行模式改革

以就业为导向,制定合适的培养方案,优化实训教学内容,改革实训教学方法。根据岗位需求和专业发展及时更新实训教学内容,通过引入实际工程、增强专业社团学习兴趣及技能大赛等内容为改革方向。

(1)规范实训管理,加强校企合作办学。

(2)完善实训管理及运行制度,制定一套既能规范管理又能实施过程监控的方案。

(3)紧密联系企业,深化校企合作,企业参与培养方案编写、实训指导书的编写、企业对口专业顶岗实习和科研开发等。

(4)加强师资队伍建设,培养"双师型"实训指导教师。

(5)聘请"工匠型"实训指导教师,承担部分实训教学任务。

(6)学院教师通过下企业锻炼、协助工匠实训指导、参与科研开发、技术服务等方法达到增强业务能力的目的。

(7)根据改革需要结合工程案例重新修订实训指导书,真正发挥实训指导书的效能。

(8)开放共享校内实训基地,提高学生参与实际工程的机会。

(9)实训基地考虑逐步开放,各专业结合专业特点提出开放性实训计划,以提高实训基地综合使用率。

(10)实现教育资源共享,利用校内实训基地、创新工作室来承接校内外学生实训、教师培养及职业技能鉴定等任务。

12.3 实训基地建设与管理改革具体措施

12.3.1 实训基地建设与管理组织机构

1. 成立实训基地管理领导小组

实训是学校教育教学过程的重要组成部分,是提升学生技能不可缺少的重要实践环节。校内、校外实训基地建设直接关系到实训教学质量,对于高素质人才的实践能力和创业能力的培养有着十分重要的作用,是实现学校培养目标的重要条件之一。为了进一步加强和规范实训基地的建设与管理,成立了校内、校外实训基地组织管理小组。

组　　长:院长
副组长:副院长
成　　员:教务中心主任
　　　　　实训中心主任
　　　　　专业带头人

校内、校外实训基地组织管理小组职责如下:

(1)本着校企双赢的原则,以巩固和扩大产学研合作办学为目标,制定实训基地的管理制度,建立保障实践教学正常运行的管理机构及相关管理办法。

(2)拟订实习教学计划,并与企业沟通,以保证校内、校外实习教学的正常运行。

(3)监督指导基地实习指导教师的具体工作,并及时处理实习指导教师及学生的反馈意见。

(4)通过加强对校内、校外实训基地的服务工作,与企业建立优势互补、互惠互利的合作形式,积极为企业提供技术改造、产品生产及职工培训等服务,以保证校内、校外实训基地的可持续发展。

(5)收集企业反馈信息,及时调整人才培养目标、教学内容、教学计划等。

(6)以校内、校外实训基地为平台,建立学校师资培养及提升体系,为学校的可持续发展提供服务。

2. 设置实训管理中心

实训管理中心为学院二级管理机构,专门负责学院实训基地建设与管理,主要功能是对接学校相关部门，服务各专业团队实训教学并对教学的质量进行监督和统计，从而保障学院实训基地建设有序开展并确保学生实习、实训教学顺利开展。

实训管理中心职责：负责实训场地（含建筑工程实训中心、各实训室和机房）及多媒体教室、实训工具设备日常管理、维护和报修，实训材料采购、资产管理、招标投标管理服务、生产检测等业务工作和协调、管理、服务工作。

3. 配备实训基地管理与技术人员

为加强实训基地的管理，实训基地由学院领导主管，并配备实训管理中心主任 1 名，专职实训室管理员 2～3 名，学生助理 10～20 名，整个管理团队成员有多年的管理与维护经验，各成员分工明确，团结协助，有效地保障了实训基地管理工作的正常运行。

同时，实训基地配备了一支相对稳定、专兼职结合的实训教学教师队伍，共有专职、兼职教师 70 多人，外聘教师 80 多人。同时，为进一步提升技术人员专业技能和实践教学水平，积极鼓励教师到企业参加生产实践，最大力度地组织教师参加省培、国培、学术会议及其他各种专业技能培训，有效提高了教师的专业技能和实践教学水平。

12.3.2 实训基地建设具体措施

1. 实训基地构建框架

实训基地构建框架如图 12-1 所示。

图 12-1 实训基地构建框架

2. 实训基地建设改革措施

（1）校内实训基地建设改革措施。实训基地建设以"够用为度、开放共享、适度前瞻"为原则，按照技能训练、生产性实训、职业鉴定、技术研发孵化等产、学、研、服"四位一体"的功能要求，通过优化升级、扩建新建等方式，加强实训基地建设，提升专业群实训教学支撑保障能力和社会服务能力。围绕建筑工程技术专业及专业群，扩建（升级）或新建 13 个实训中心（室）；初步建成具备生产性实训能力的建筑工程质量检测中心，完善企业化管理运行机制建设。着眼建筑行业工业化、信息化和现代化发展要求，重点建设 BIM 建筑信息化技术应用实训室、PC 预制装配式构件生产实训中心、建筑 3D 打印技术应用中心三大实训中心，研究和实践建筑行业新技术的革新领域。

建筑工程技术示范特色专业群实训基地建设一览表见表 12-6。

（2）校内创新创业实训基地建设改革措施。根据各专业的特点和发展需求，初步建成了房地产创新工作室、装配式装修创新研发基地、装配式建筑创新研发基地、造价 BIM 研发基地等创新创业实训基地。创新创业实训基地集教学、研究、产业化应用于一体，具有较强的孵化功能，项目实施过程的校企紧密合作，带动了师生与企业协同研发的成果。通过提供技术培训、技术服务及校企合作，为行业企业提供了人才和技术服务，发挥了高校对行业的辐射带动作用。

表12-6 建筑工程技术示范特色专业群实训基地建设一览表

一、实训基地建设总体情况

实训基地建设在满足实训教学和兼顾教学和先进性的基础上，按照技能训练、生产性实训、职业鉴定、技术研发孵化等产、学、研，服"四位一体"的功能要求，建设新增实训室13间，扩建实训室1间，增加设备产值近2 300万元，实训场地面积、大大改善了实训条件，建成后可以满足建筑工程管理、建筑表饰工程技术、工程造价、工程管理、房地产经营与管理、物业管理、工业化和现代化发展要求，重点建设了BIM建筑信息化技术应用及2 200名学生的实训教学，实训指导覆盖建筑施工技术等近20门专业课程、特别是、着眼于建筑行业工业化、信息化和现代化发展要求，重点建设了BIM建筑信息化技术应用实训中心、建筑3D打印技术应用中心、工业化生产实训中心三大实训中心，加快专业与行业技术发展的对接。目前所有实训室均完成设备安装，实现正常运行，并投入教学实训及社会服务中正常使用

二、实训基地建设资金使用情况

建设项目：建筑工程技术示范特色专业群及实训基地			资金支出（单位：元）			
一级子项目		二级子项目	小计	自治区财政	主管部门及学校自筹	行业企业
实训基地建设	建筑工程技术专业	建筑施工分项工程质量验收实训室	910 900.00	910 900.00		
		建筑施工信息化技术应用实训室（BIM）	3 948 670.00	1 348 670.00		2 610 000.00
		建筑工程技术虚拟仿真综合实训室	548 000.00		548 000.00	
		建筑工程质量检测中心	7 719 152.89	2 968 000.00	4 751 152.89（德促）	
		建筑工业化实训室	832 900.00	832 900.00		
		数字测绘实训室	1 127 768.66	581 200.00	546 568.66（德促）	
		建筑3D打印技术应用工作室	578 000.00		578 000.00	
		建筑安全技术实训中心	690 000.00	690 000.00		
		建筑工程技术专业小计	16 365 391.55	7 331 670.00	6 423 721.55	2 610 000.00
	专业群	工程造价综合实训室	789 600.00		789 600.00	
		建筑装饰绘制图及数字表现实训室	780 000.00		780 000.00	
		房地产营销实训室	414 500.00	414 500.00		
		物业信息化管理实训室	617 000.00		617 000.00	
		建筑设计及建筑动漫实训室	897 320.00		897 320.00	
		BIM信息化技术应用实训室	3 264 115.29		3 264 115.29（德促）	
		专业群小计	6 762 535.29	414 500.00	6 348 035.29	
实训基地基础设施建设		实训基地基础设施、辅助设施建设	1 658 794.35	1 658 794.35		
总计			24 786 721.19	9 404 964.35	12 771 756.84	2 610 000.00

(3)校外实习、实训基地建设改革措施。通过实施"互利共赢"的校企合作并加大校外实习、实训基地建设投入力度。为保证校外学生实习、实训的顺利开展，专业及专业群新增合作企业超过30家，其中实施紧密合作的超过20家，以校企资源共享为基础和核心，逐步建立和完善了课程共建、实习实训基地共建、学生共培、校企人员"互聘、互兼"双向交流、科研共研、人员互培6大校企联动互利共赢机制。同时，以企业项目为载体，实施了师资队伍培养锻炼、学生实训教学，带动了专业教学改革，打造了校企深度合作的典型案例。

12.4 实训基地建设与管理改革成效

12.4.1 建设后校内实训基地情况

目前学院已建成建筑工程质量检测中心、现代建筑实训中心、创新创业实训中心三个校内实训中心；建筑工程质量检测、基础应用、建筑工业化技术、建筑经营与运维、建筑信息技术、创新创业6个实训基地，共43间实训室，实训场地面积10 350 m²，设备产值3 500万元；正在规划建设的BIM技术中心投入360万元，场地面积400 m²，建成后形成开放性的BIM教学实训、科研实践、培训认证、竞赛交流和管理服务"五位一体"平台(见表12-7)。

表12-7 建筑工程学院校内实训基地

二级学院名称	实训中心名称	实训基地名称	实训室名称	实训室类别	备注
建筑工程学院校内实训基地	建筑工程质量检测中心	建筑工程质量检测基地	集料检测实训室	生产性实训室	生产型基地
			水泥检测实训室	生产性实训室	生产型基地
			土工检测实训室	生产性实训室	生产型基地
			涂料检测实训室	生产性实训室	生产型基地
			线缆检测实训室	生产性实训室	生产型基地
			仪器分析实训室	生产性实训室	生产型基地
			化学分析实训室	生产性实训室	生产型基地
			防水试验实训室	生产性实训室	生产型基地
			力学试验实训室	生产性实训室	生产型基地
			配合比及墙体试验实训室	生产性实训室	生产型基地
			高温试验实训室	生产性实训室	生产型基地
			保温试验实训室	生产性实训室	生产型基地
			混凝土养护试验实训室－1	生产性实训室	生产型基地
			混凝土养护试验实训室－2	生产性实训室	生产型基地
			样品展示实训室	生产性实训室	生产型基地
			建筑材料检测接样实训室	生产性实训室	生产型基地
			检测综合实训室	生产性实训室	生产型基地
			检测技术档案管理实训室	生产性实训室	生产型基地
			检测设备实训室	生产性实训室	生产型基地

续表

二级学院名称	实训中心名称	实训基地名称	实训室名称	实训室类别	备注
建筑工程学院校内实训基地	现代建筑实训中心	基础应用实训基地	数字测绘实训室	专项实训室	实操型基地
			建筑工程项目管理模拟实训室－1	专项实训室	实操型基地
			建筑工程项目管理模拟实训室－2	专项实训室	实操型基地
			建筑材料检测实训室	专项实训室	实操型基地
			建筑安全技术体验馆	专项实训室	实操型基地
			建筑模型制作实训室	专项实训室	实操型基地
			装饰工程施工项目实训室－1	专项实训室	实操型基地
			装饰工程施工项目实训室－2	专项实训室	实操型基地
			建筑设计制图实训室	专项实训室	实操型基地
			工程项目造价综合实训室－1	专项实训室	实操型基地
			工程项目造价综合实训室－2	专项实训室	实操型基地
			工程项目管理沙盘模拟实训室	专项实训室	实操型基地
		建筑工业化技术实训基地	建筑技术实训综合体	综合实训室	实操型基地
			建筑结构3D打印综合实训室	专项实训室	实操型基地
		建筑经营与运维实训基地	房地产综合实训室	专项实训室	实操型基地
			物业管理形象礼仪实训室	专项实训室	实操型基地
			房地产营销实训室	专项实训室	实操型基地
		建筑信息技术实训基地	物业信息化管理实训室	专项实训室	实操型基地
			建筑装饰制图及数字表现实训室	专项实训室	实操型基地
			建筑信息化技术应用（BIM）实训室－1	专项实训室	实操型基地
			建筑信息化技术应用（BIM）实训室－2	专项实训室	实操型基地
			造价BIM应用实训室	专项实训室	实操型基地
			建筑设计及建筑动漫实训室	专项实训室	实操型基地
			广龙斯维尔、PKPM造价实训室	专项实训室	实操型基地
			博奥造价实训室	专项实训室	实操型基地
	创新创业实训中心	创新创业实训基地	房地产创新工作室	创新实训室	创新型基地
			装配式装修创新研发基地	创新实训室	创新型基地
			装配式建筑创新研发基地	创新实训室	创新型基地
			造价BIM研发基地	创新实训室	创新型基地

12.4.2 实训基地建设带动学术、科研成效

通过实训基地建设，近年来组织学生参加各类技能竞赛获国家级奖项 6 项，全国性奖项 146 项，全区性奖项 52 项，省区级奖项 46 项，学校级 4 项；组织教师参加各类技能竞赛获奖 64 项；教师发表论文 310 篇；教师获得专利及软件著作权 30 项；教师公开出版教材、著作、专著 47 项；教师完成项目课题 62 项。

12.4.3 实训基地促进生产性运营成效

实施校企深度融合，成立"校中厂"生产运营模式。与广西建筑工程质量检测中心实施校企深度合作，依托校内的工程检测实训基地及师资资源，成立了校企联合运营管理的南宁职院中心实验室，在满足校内六个专业工程检测实训教学要求的同时，为建筑企业提供工程质量检测服务，中心实验室目前已经投入生产运营；双方还在课程建设、师资培养、技术研发等方面实施合作，努力打造校内"校企合作、产教融合"的范例。

12.4.4 实训基地提供的社会服务成效

(1)为企业提供技术服务。专业及专业群在校内校企共建了建筑创新设计研究所、工程造价创新工作室、建筑模型制作实训室、建筑设计及建筑动漫三位一体实训室、建筑装饰制图深化研究中心、BIM 软件应用研究所等创新工作室，依托创新工作室，为广西五建、广西土木、广西城建、广西中宅装饰、广联达软件、同泽建筑设计等企业提供项目预算与招标投标、项目管理、技术(工法)研发等技术支持与服务超过 40 项次。

(2)提供优质技术培训服务。依托中华全国总工会认定的全国职工职业实训基地，成功申报广西住建领域现场专业人员岗位培训考核机构、重新考评认定的第一批广西建筑工人培训考核机构、广西建设职业资格专业技术人员继续教育机构，积极为行业企业开展技术培训服务，广西城建、广西土木等大型建筑企业在校内挂牌设立企业的职工职业培训基地，近三年为政府、行业企业提供专场专业人员岗位、工人培训超过 15 000 人次。

(3)助力南宁市工匠打造和精准扶贫工作。近三年先后承办南宁市建筑系统职工职业技能大赛、南宁市职工职业技能竞赛建筑类比赛项目，为南宁市建筑工人提供技术展示和交流平台，被评为"优秀组织单位"；安排和指导南宁市代表队参加第一至第四届广西农民工职业技能大赛获奖超过 10 项次，为南宁市争得巨大的荣誉；为南宁市青秀区、兴宁区、宾阳县、横县等县区开展村镇建筑工匠培训 1 000 多人次，有力地助力了南宁市精准扶贫和新农村建设。

12.5 问题与对策

12.5.1 实训基地建设管理存在的问题

1. 实训基地建设存在投资建设不够科学合理及重购轻管现象

由于市场的开放，购进物资渠道的不同，一些合理的或不合理的价格波动，以及流通领域存在的不规范管理，给仪器设备的购买工作带来了一定的盲目性。首先，各试验实训室都力争小而全的建设，根本不考虑利用率的高低，尤其是先进的教学仪器和高、精、尖设备，均难以充分发挥应有的作用，造成资源浪费；其次，一味考虑教学试验实训室的建设，基本上没有考

虑建设科研试验实训室，已严重影响学校的科研和学术水平；最后，存在试验用房分配不合理，管理部门宏观调控不力。

2. 实训设备总体利用率偏低

(1)设备使用率总体偏低。有些试验设备购买时没有做长远规划或者是由政府、企业捐助的，这些设备往往对正常的教学任务不能起到较好的效果，这些设备最后被长时间搁置在实验室里；有的仪器设备采购回来后，由于没有及时对实验室管理人员和使用人员进行培训，造成设备无人会使用；有些设备特别贵重因为担心学生损坏而被长时间闲置。

(2)一些常用设备损坏、维护不及时等原因造成使用率下降。有些过去使用频繁的设备而造成现在仪器的损坏特别严重，因为有些生产仪器的厂商以不存在或者是这些设备需要大量的资金，所以这些损坏的设备使用率下降。

(3)综合性实验室使用效率低。每个专业基本上都设有一个或多个综合性较强的实训室，而这种性质的实训室往往都是为高年级学生服务的，大量的时间都没有使用。

(4)一部分试验实训室闲置或利用率低，而另一部分试验实训室利用又过度饱和，阻碍了试验实训的顺利开展，给教学科研造成了一定的麻烦；由于资金短缺，部分试验仪器不配套，缺少系统化，试验教学陷入困境。

(5)各个实验室相互独立，学生不能很好地统一各个学科的知识。长期以来，实训室主要为各个学科分开建设实训室、购买试验设备。在使用过程中不能真正地起到开放共享，如两个相同或相近的实训室，在知识上是相互联系的，但是试验没有联系在一起，这样造成学生只能独立的运用本专业的课程不能将整个专业联系在一起。以工程造价专业为例，算量有算量的实训室，博奥造价实训室，PKPM、广龙斯维尔造价实训室，广联达造价的实训室等，本来这些学科组成在一起才能让学生真正的学好应用电子专业，可是实验室相互独立，学生只能分别学习，而让他们将所有的知识组合在一起无从下手，影响学生试验技能、综合能力的培养和科研协作。因此，如何进行实训室的整合和优化，使资源发挥最大效用也是一个急待解决的问题。

3. 实训基地管理上存在的问题

(1)学院的实训指导教师队伍的建设及其不完善，学院不重视这个团队的发展严重影响了实训基地的使用质量，学院未设有实训指导教师这个岗位，也没有专门的实训室操作人员，所以任课教师除要上好理论课外，还要兼任实训课程，精力有限，且实践性的学识不够专业，这样就大大降低了实训队伍人员的积极性。

(2)在实训基地管理上存在仪器设备购置前论证不充分，造成重复购置、互相分设，不能共享；试验实训室的仪器设备并没有完全落实专人管理，没有专门的试验技术人员，仪器设备也无人维护、维修和保养；试验技术人员队伍薄弱，整体水平偏低，其素质结构难以适应教学科研服务要求日益增高的趋势。同时，由于没有合理的考核量化标准，试验技术人员的地位得不到应有的重视，待遇相对较低，发展空间有限，不仅技术骨干引进保留难，而且其积极性也得不到充分发挥。

(3)实训基地的运行效益不高，管理机制不完善，缺少高水平、高层次的学术交流与合作，各试验实训室的人才技术和试验条件的优势未得到有机的整合，以致试验实训室的运作始终处在低水平、低效益的状态。

(4)试验实训课程监督管理制度不全，导致教学质量和设备使用寿命都存在问题。监督管理制度不全，导致一些专业课程试验实训未能系统性的进行，而开展单一实训、单一过程、单一方法的模式，让学生失去了做试验的兴趣，扼杀了学生通过实训获取知识和能力的热情。有些学生经过几次失败的实训后对以后的实训失去了信心，对实训也就失去兴趣，这样，这些学生在上课期间没事情做就去破坏一些设备，造成大量的实训设备被破坏。

12.5.2 实训基地建设与管理的对策

1. 正确处理教学实训基地与科研试验水平的关系

高校教师除承担大量的教学工作外，还要承担一定量的科研任务，如果一味考虑教学试验实训室的建设，而将科研试验实训室砍掉或大量萎缩，势必影响学校的学术水平，故仍应保留一定数目的、相对稳定的、有较先进科研设备的科研试验实训室，由学科带头人负责管理和建设，用于教师的科研使用，为南宁职业技术学院建筑工程学院由教学型院校转化为教学科研型院校的过渡打下坚实的基础；统筹规划，实现教育资源优化配置和资源共享，全面提高投资效益。21世纪以来，全国高等教育经历一场前所未有的重大变革，作为高等学校教学、科研和科技开发的重要支持条件的试验实训室也必须进行调整和重组，这是学校整体改革规划中的一项不可缺少的内容。试验实训室的体制改革和重组的目的就是要改变目前市场经济条件下，试验实训室不适应教学、科研和科技开发的状况，积极融入高等教育改革和发展的主流，促进高等教育健康、迅速发展。南宁职业技术学院建筑工程学院试验实训室建设的初步构想已经从一个试验实训室只为一门课程服务的落后、封闭、分散的设置模式中跳了出来，抓住学院分级管理改革的契机，建立了以专业群及专业为导向的试验实训中心，其结构完整，功能较全，集中管理，有利于开放和资源共享。这对于改善和加强试验实训教学，促进学生动手能力的提高，培养新世纪需要的高素质、复合型人才及开展科研和科技开发工作发挥了重要的作用。

2. 加强分级管理建设，完善实训体系制度

学院大力倡导分级管理，加强实训基地工作人员自身素质建设，逐步引进高学历、高层次的人才，提高试验技术队伍素质。试验实训室的建设与管理中起重要作用的是试验实训室的工作人员，因而，必须重视试验实训室工作人员的自身素质培养，充分发挥其主观能动性，增强部门宏观管理能力。针对于此，学院分级管理专门增设实训管理中心岗位，优化管理模式，保障实训环节正常运行，并制定以专业团队为主体的分级管理实训教学运行体系。

3. 在分级改革模式下增加投入，加大实训基地的建设与管理

（1）以示范特色专业建设和"双高"建设为契机，在合理的基础上增加设备投入，加大实训基地的建设。学院通过严密安排、科学论证，制定了实训基地建设经费项目预算，各项经费预算安排科学、合理。实训基地建设资金的途径通过政府投入、学校筹集配套、企业捐赠和社会服务专项资金使用等来不断补充和完善，大胆改革创新，已起到引领示范作用。

（2）学院在分级管理过程中针对各专业具体情况，实训中心在完成试验教学计划内教学任务的前提下，充分利用现有教学资源、试验仪器设备、实验室场所等资源，开展"实训周""实训月"等教学模式，并根据学科和专业的差异性建设了一批全天开放、设备相对先进的实验室，为进一步提升实践操作能力，以各种形式面向校内外开放，实现实验室资源互助共享，以增加试验教学资源的效益，并形成规范而有效的开放共享管理制度。通过开放共享，逐渐改变了落后的专业教学模式，综合高效地利用了现有实验室条件，大大提高了学生的学习积极性，保证实训设备及实训室利用率逐年稳步增长，并将教学与实践相结合、与学生创新创业相结合，解决了学生试验空间少、试验操作的时间少和学生动手能力弱的问题，为高职院校试验教学中心的建设提供了有益的实践经验和参考。

参考文献

[1] 李亚林. 示范性高职院校实训基地建设与运行机制管理研究[J]. 成人教育，2011(02)：75－76.
[2] 谢明，邹敏，黎鹰. 产学研示范基地建设探索与思考[J]. 中国高校科技，2011(08)：48－49.
[3] 中华人民共和国教育部.《教育部关于全面提高高等教育质量的若干意见》(教高〔2012〕4号)，2012—03—16.

第 13 章　高职院校专业教学团队建设转型对策研究

专业教学团队建设计划作为教育部"教育教学质量"的一项重要内容,是在专业作为依托平台,以团队协作的形式推进专业教学改革、推动教师队伍建设、提高高职院校教学质量的一项重要举措。在实施至今,专业教学团队备受学术界和高职院校的重视。经过实践的探索,专业教学团队建设已经突破我国高职院校基层教学组织管理体制弊端,有效地整合了校内外的教学资源,并且推动了以专业为核心的教学质量,实现了教师成长、学生受惠的目标。

本章阐释高职院校专业教学团队的发展脉络,以此阐述专业教学团队在发展过程中的转型,并且在此基础上提出了,高职院校专业教学团队建设升级的策略。

13.1　高职院校专业教学团队的发展脉络

高职院校专业教学团队的产生和发展是伴随着教育教学改革的不断推进而实施的,经过 9 年多来的不断实践和探索,现已基本形成了以学院(系)为单位,以专业教学团队为核心的教学单位。

13.1.1　追本溯源:高职院校专业教学团队的萌芽

从发展的脉络来看,教学团队是源于教育部提出"质量工程"建设方针而来的,并且随着这一工程的不断推进而逐步形成、发展、成熟的。在 2006 年,教育部便下发了《关于全面提高高等职业教育教学质量的若干意见》(教高函〔2006〕116 号)(以下简称《意见》)中提出,要加强专兼结合的专业教学团队建设作为高职院校人才培养工作水平评估的重要考核指标。《意见》将高职院校教学专兼结合的教学团队建设作为专业建设的一个重要指标来衡量,就是给现有高职院校教学单位的组织管理体系改革指引了方向。实质上教学团队建设是突破我国高职院校现行基层教学组织管理体制弊端,整合教学资源,推进教学改革的有效形式。这在体制上为教学团队的存在提供了存在的合理性。

13.1.2　规范推进:高职院校专业教学团队的普及

2007 年年初,教育部和财政部联合发布的《关于实施高等学校本科教学质量与教学改革工程的意见》中把教学团队建设作为质量工程建设的重要内容之一。这也是源于我国在高等教育发展方向不断转移后的迫切选择,同时是教学质量成为高等教育发展瓶颈后的路径抉择。这也为高职院校专业教学团队的发展方向和内容提供了一定的要求和思考。

同时,教育部和财政部又联合发布了《关于立项建设 2007 年国家级教学团队的通知》(教高函〔2007〕23 号)(以下简称《通知》),致力打造一大批能够提升教育教学质量的团队。虽然公布的 100 所立项建设的国家级教学团队中只有 6 所高职院校的教学团队,但是也在政策层面上规定了教学团队的职责及任务。《通知》规定了要通过国家级教学团队的建设……探索教学团队在组织架构、运行机制、监督约束机制等方面的运行模式，为兄弟院校培训教师提供可推广、借鉴的示范性经验。特别提出了积极鼓励高校和地方教育行政部门建设校级、省级教学团队，随后各省陆续建设了省级的高职院校教学团队及校级的教学团队。

13.1.3　特色发展：高职院校专业教学团队内涵充实

早在2007年的《通知》中便对国家级教学团队的任务和组织做了方向性的规定，但是基于各省、各校的差异性的存在，各高职院校对教学团队如何建设、如何运行及如何构建还存在着不同的理解和各自的内涵。特别是在高等职业教育比较研究及本土特色发展的不断交替发展过程中，虽然高职院校专业教学团队的使命日益明晰，但是如何构建适应职业教育发展和改革的教学团队还在探索之中，其构成结构、内部属性、发展逻辑等问题还在不断徘徊中前进。

13.2　高职院校专业教学团队的转型

13.2.1　任务转型：由教学型队伍走向教研型团队

长期以来，高职院校教学的开展沿用教研室的组织形式，这是一种沿袭本科院校教学体系的教学构成方式，与本科教研室以研究的功能为主不同在于高职院校往往是教学为主。教研室的教学功能日益突出，教学研究能力、专业发展能力、教师协作能力却日益弱化。而单一的教学功能将教师的职业角色固着在教书育人的层面，又忽视了教师的研究职能、协作能力等，导致教师专业化发展方面出现了形式化和功利化的价值导向，甚至导致教师队伍的畸形蜕变。因此，高职院校专业教学团队要改变以往教研室的生存格局，在适应现在职业教育的发展背景下适时从教学型队伍走向教研型团队。教研型团队强调高职院校专业教学团队是集科学研究与教育教学为一体的教学队伍，教师的科学研究为教育教学提供教改思路，为技术创新提供高校的研发中心，为服务社会提供技术支持；而教育教学的职能为学生整个生命的职业规划提供知识资源。

13.2.2　结构转型：由专职教师队伍走向专兼结合

高职院校优化专业教学团队的人才结构，加强"双师型"师资队伍建设是教学团队建设的主要方面之一。由于教学内容与岗位技能存在着天然性的距离，这无疑导致了人才需求与人才供给之间的矛盾，而解决这一困境的办法便是建设一支结构合理的教师队伍。特别是高职院校实施教学团队制度以来，教师队伍的构成发生了一系列的变化。一方面，结构组合由专职教师逐步转变为专职教师与兼职教师相结合的结构，更为重视教师的企业工作经验和高技能水平；另一方面，结构内容由专职理论性教师向高技能水平型教师结合，更加重视教师专业专长的优势互补，实现理论性教师和技能型教师的内容互补。

13.2.3　资源转型：由校本资源开发走向社会资源拓展

高职院校与社会产业存在着先天的联系，其中服务社会是高职院校三大职能之一，同时，充分依靠社会办学的思路也为高职院校发展提供了必要的契机，以往高校被视为学术的象牙塔，高高置于社会的顶层，视为学术领域的"阳春白雪"，与社会保持着一定的距离和空间，两者的互动性较弱。高校教学团队则要求高职院校的专业办学和人才培养要符合地方社会经济产业的需求，与产业经济实现无缝连接。特别是需要专业办学要充分地依托社会行业的资源，引入行业最先进的技术、理念和人才，以改革现有高职教育教学存在与行业脱轨的问题，同时要求在原有重视校本资源对专业教学提供理论和技术的支撑外，更加重视社会资源的介入和参与学校的专业建设，使专业办学的资源得到了更为切合人才市场的物质支持和智力助力。

13.2.4　组织转型：由单兵作战走向团队协同合作

从教师的组织结构来看，相对于中小学来说，高校教师自由时间更多，这往往就铸造了高校教师"独行侠"的形象，教师之间在教学、科研、管理等方面的合作便更加松散，势必会影响二级学院教学队伍的长久发展。而教学团队则是以教学作为合作的纽带，将单兵作战式的教学单位转变为协同合作式的教学团队，并以此全面推进教师之间的合作。

13.3　转型后高职院校专业教学团队升级策略

教育部在颁布实施教师团队以来，高职院校以提升教学质量和能力为核心内容，着力打造适用于现代高职院校需要的专业教学团队。

13.3.1　任务驱动为导向，加强教师合作的深度

教师团队需要教师之间充分地发挥各自的专业优势开展全方位的合作，特别要加强教师之间在教学、课程、专业等领域建设上的对话、沟通、协作，并且通过教师之间的互动来实现教师团队的构建，以减少教师由于孤立而导致的自发行为。采用教学团队进行教学以来，高职院校教学型队伍向教研型团队转变，改变了教师以往单纯的教学职能，逐渐地加强教师之间的合作，特别是教师所属的二级学院在其中起到积极的作用，以任务驱动作为合作的导向，组建一支专兼结合、专长各异、技能互补的教学团队。二级学院发挥行政资源，将教学难题、学术课题、校企科研等项目委托给教学团队来实施、完成，在项目的形式加强教学团队的战斗力和凝聚力。尤其是加强教师之间的合作精神和团队意识更需要在合作中求团结。

13.3.2　校企合作为抓手，建设一支专兼结合的教师团队

现代职业教育的发展离不开行业协会、知名企业的合作，以实现人才培养与行业企业对接、课程体系与岗位标准对接、师资队伍与行业技能技术对接，共建适应区域经济发展的人才培养基地。高职教育的实践证明，职业教育的发展离不开校企合作，校企合作的深度和广度往往在客观上决定着人才培养的质量，校企合作不单单为高职院校提供了设备和技术，同时，为高职院校提供的师资培养基地和师资供给基地的角色。一方面，高职院校通过校企合作，聘请企业高技能的员工作为授课教师，实现了结构上的专兼结合；另一方面，高职院校将校内的教师以顶岗锻炼、跟班学习的形式输送到企业一线，使教师的重新回炉学习一线的技术、积累技术经验，这实现了内容上的专兼结合。通过专业教师下企业，能工巧匠进课堂的双向互动，实现了高职院校教师队伍的专兼结合，加强了教学团队的教学能力。

13.3.3　校内外资源共享，构建大社会资源培养教师的思路

高职院校的发展是以政府办学为主导，同时鼓励、引入大量的社会资源来办学，以增强学

校办学的实力，培养一支能适应社会经济发展、产业行业技术革新的教师团队。以往的教师队伍成长单纯地依托学校力量，而学校培养师资力量往往力不从心，无法培养实质性的"双师型"教师队伍。在这一背景下，社会办学理念逐步成为职业教育发展的必要条件，广泛地引进社会资金、技术、师资等，已经成为培养教学队伍的一个重要的手段。因此，高职院校要改变以往政府办学、学校资源建设师资培养思路，要树立大社会资源的概念，以社会办学为主导来培养"双师型"的教师队伍。无疑构建大社会资源培养师资的思路可以为教师提供行业、岗位最新的技术标准和实践经验，这也是适应现代职业教育发展所必需的保障。

13.3.4 团队协作为主体，实现教学团队的协同发展

倡导教学团队的实质性在于，一方面强调教师教学质量的提升；另一方面强调教学之间的团队合作能力和团队发展能力。高职院校教师队伍是建立在教师个体为基础上的教学纽带共同体，以往的教学队伍各自为政，呈现出分散性的沙状结构，无法实现团队的协同合力。在实施教学团队之后，高职院校更为强调团队的组织性和协同性，不仅主张在组织形式上的协同统一，同时更主张在教学研究、课程改革、课题研究、专业建设、教材研修、社会服务等方面实现实际上的团队合作、协同发展。

参考文献

[1] 中华人民共和国教育部、财政部.《教育部、财政部关于立项建设2007年国家级教学团队的通知》（教高函〔2007〕23号），2007-12-28.

[2] 丁钢. 教师的专业领导：专业团队计划[J]. 教育发展研究，2004(10)：5-10.

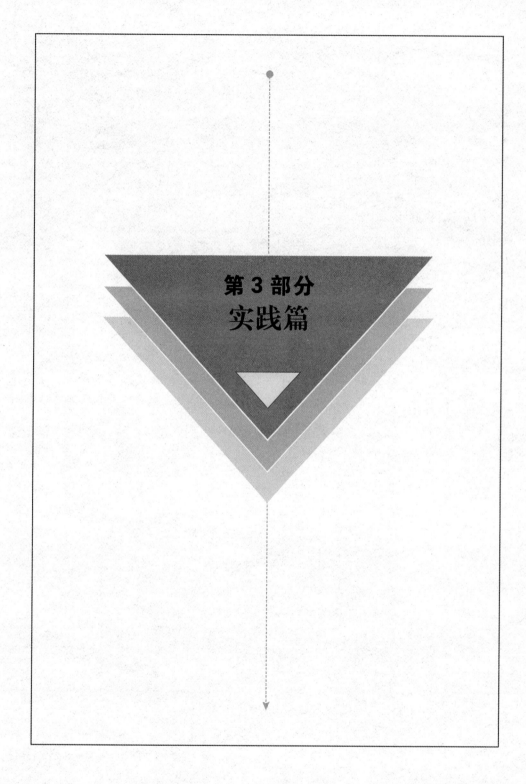

第 3 部分
实践篇

第14章　南宁职业技术学院建筑工程学院分级管理改革试点实施方案

为进一步激发办学活力，提升办学质量，根据《南宁职业技术学院建立分级管理体制的总体方案》（南职院字〔2013〕144号）和学校关于二级学院分级管理改革试点的重要部署，结合我校建筑工程学院的实际情况，制定本方案。

14.1　指导思想

高举中国特色社会主义伟大旗帜，以马克思主义、毛泽东思想、邓小平理论、"三个代表"重要思想和科学发展观为指导，紧紧围绕建设"区域性高职名校"的战略目标，贯彻落实学校分级管理的部署和要求，优化人、财、物等要素资源配置，按照"稳规模、提质量、求特色、创品牌"的工作思路和目标定位，不断开拓进取，深化改革创新，强化内涵建设，提升办学质量，逐步建立现代高职二级学院分级管理的良好机制。

14.2　改革目标

建筑工程学院分级管理改革重点突出于人、财、物和教学、科技、学生等方面。通过改革，调适学院内部组织和人事架构，改革薪酬分配制度，推进创新驱动发展，提高工作管理和服务效率，提升办学质量和办学效益，提升建筑工程学院建筑类高等职业教育专业办学的首位度。

14.3　改革试点的基本内容

14.3.1　组织机构设置

建筑工程学院按现有五个内设机构设置不变，对机构名称和主要职能进行完善、拓展或适当调整。改革后五个内设机构名称及主要职能如下：

(1)教务管理服务中心。教务管理服务中心包含常规教学、校企合作等业务工作和服务职能。

(2)学生管理服务中心。学生管理服务中心包含学生工作、招生就业、学生创业、辅导员（班主任）队伍、校友联络等业务工作与服务职能。

(3)综合服务办公室。综合服务办公室包含综合协调、常规党建、日常行政、组织人事、财务管理、社会服务、职业培训、考证管理、绩效管理、后勤安保等综合业务与服务职能。

(4)团学组织服务中心。团学组织服务中心包含共青团、学生会、学生社团等业务工作与服务职能。

(5)专业团队。专业团队包含现有7个专业教学团队和生产实训中心、科技竞赛部2个教辅工作机构。其中,专业教学团队主要负责日常教学,教改教研;生产实训中心包含教学实训、生产检测等业务工作和服务职能;科技竞赛部包含科技科研、职业竞赛的组织与服务职能。

14.3.2 人事制度

(1)用人机制调整。学院实行在职在编用工和非编用工相结合的用人机制。在职在编编制数由学校核定;在积极使用在职编制引进专业人才的同时,聘用少量非编工作人员担任辅助性岗位工作。非编用工控制数原则上不超过在职在编编制数的10%。

(2)岗位设置改革。学院内设机构岗位设置分为行政管理服务和专业团队两个类别。根据核定编制数及非编用工控制数,结合现有人员实际情况,学院按行政管理服务人员"精简够用"、专业团队"专兼结合"的基本原则进行定编定岗,其中,学院非编用工控制数为学院编制数的10%。岗位设置总体方案见附件1、附件2。

(3)试点全职辅导员制度。试点"全职辅导员+专业导师+学生助理"制度。全职辅导员制度从2015级新生开始试点,试点成功后推广到2016级及以后年级学生实施。

(4)试点双带头人制度。选择1~2个专业,试行专业团队双带头人(双负责人)工作制度,其中一位带头人(负责人)来自企业、行业有校企合作、学生就业、科技项目资源优势的外聘专家。两位带头人(负责人)的岗位职责各有侧重,分工合作。从有合适外聘专家人选的专业先行实施。

(5)人才培养制度改革。加大对员工的人才培训培养力度。培养对象为学院在职在编人员及在建筑工程学院工作满一年以上的非编工作人员;培养目的是学习、提升专业知识和专业能力、教学能力;培养方式以中长期的"企业锻炼"和"转岗学习"为主;支持教师队伍能力提升工程、中青年骨干教师培养工程、名师工程、青蓝工程等专项培养。

14.3.3 聘用制度

在定编定岗的基础上,学院试点分类区别聘用制度,由建筑工程学院另行制定《建筑工程学院岗位聘用和薪酬改革实施方案(试行)》并具体实施,报学校财务管理和人力资源管理部门备案。其中:

(1)学院负责人的聘任。学院负责人由学校聘任,任期按学校现有规定执行。

(2)学院内设机构负责人的聘用。根据学校核准的学院内设机构,由学院自主选聘内设机构(含专业团队)负责人,报学校人力资源管理部门备案。内设机构负责人的聘用期一般为3年。

(3)学院其他在职在编人员的聘用。在学校核定编制范围内,由学院自主选聘其他在职在编人员,根据学院的实际需要核定各聘任岗位比例及人数,聘任结果报学校人力资源管理部门备案。在职在编人员的聘任期一般为3年。

(4)学院非编人员的聘用。

①辅助性岗位人员的聘用。学院在职在编管理服务岗位人员或辅导员数量不足的,由学院面向社会自主选拔聘用辅助性岗位人员予以补充,报学校人力资源管理部门备案。学院配合学校人力资源管理部门办理辅助性岗位人员的聘用合同。辅助性岗位人员执行管理服务人员工作制度,首期聘任期一般为1年。

②退休人员的聘用。根据工作需要和学院经费支付能力,适当返聘退休人员担任学院教学督导、专项业务等辅助性岗位工作。退休返聘人员实行弹性工作制度,一般为一年一聘。

③外聘专家的聘用。学院根据专业建设与发展需要,自主聘请部分行业企业专家、中高级

管理人员担任建筑工程学院客座讲师、客座教授、专业发展委员会委员、专业指导委员会委员等兼职职务,为师生做专题报告或专题讲座,部分参与建筑工程学院发展、专业建设与发展重大问题的研讨与决策工作。外聘专家聘任期为1~3年。

④外聘教师的聘用。学院在职在编专任教师数量不足或结构不符的,由学院向社会自主选聘外聘教师,兼职担任建筑工程学院课程教学、毕业设计、实训实习指导、专业讲座或专项项目等工作。外聘教师根据课程和教改需要进行聘任,按学期或学年聘用。

14.3.4 财务制度

1. 学院经费的构成和额度

学院经费收入包括行政事业性切块经费、行政事业性专项经费、社会服务经费和其他经费等。

(1)切块经费。切块经费是指学校按学费比例切块划拨给学院的行政事业性经费,其可分为人员经费和公用经费两部分。人员经费和公用经费的比例,按照"严格控制人员经费,适当增加公用经费"的基本原则,结合建筑工程学院具体情况,预算后报学校财务管理部门备案。

(2)专项经费。专项经费是指校外单位、上级或学校及学校职能部门等按相关项目划拨给学院的行政事业性专项费用。专项经费额度由学校相关职能部门和学校财务管理部门按项目核定。

(3)社会服务经费。社会服务经费是指学院开展社会服务项目的经费收入,含成人学历教育、专本衔接学历教育、校际合作办学、建筑行业关键岗位人员培训、建筑行业三类人员考试、建筑行业农民技能工培训、其他技能培训项目、学院创新创业等社会服务性经费收入。社会服务经费额度由学校财务管理部门按项目划拨。

(4)其他经费。其他经费是指切块经费、专项经费、社会服务经费以外学院获得的其他经费收入。其他经费的额度和属性由学校财务管理部门核定。

2. 学院经费的收支制度

学院所有经费(切块经费、专项经费、社会服务经费、其他经费),必须严格按照"收支两条线"的原则由学校统一收取,严禁学院自收自支等违反财经纪律行为。学院各类经费的预算、管理、使用等,建筑工程学院无相关细则的,按学校相关规定实施;建筑工程学院制定相关细则并经学校财务管理部门核准的,按建筑工程学院相关细则实施。

3. 学院经费的使用管理

(1)切块经费的使用管理。学院切块经费分为人员经费和公用经费两部分。人员经费按在职在编人员经费和非编人员经费严格区分并分类使用;公用经费包括日常办公经费、教学运行经费、教研教改经费、招生就业经费、业务交通费、业务接待费等。切块经费的审批、使用、报账和管理,按学校切块经费管理使用办法执行,由学院报账员专账管理,学院院长对切块经费使用的审批权限按学校规定执行。

(2)专项经费的使用管理。校外单位、上级或学校及学校职能部门按相关项目划拨给学院的专项经费,按学校专项经费管理办法进行记账、审批、使用、报账和管理。

(3)社会服务经费的开支管理。

①院内开支管理。学院的社会服务收入经费,除用于弥补教学运行、日常管理的经费不足外,可部分用于发放在职在编人员、在职非编人员、外聘人员、返聘人员、在校学生等相关人员的人员经费(含社会服务项目引进奖、生源推荐奖、项目管理费、教师课酬;技能竞赛教师指导费;教职工论文发表及科研专利资助费;学生奖励;招生就业、教学管理、学生管理、科研

教改二级学院配套奖等)。其中,用于建筑工程学院在职在编人员的人员经费总额不得超过学校规定的额度。

②院外开支管理。在支付能力许可范围内,学院的社会服务收入经费可部分用于院外开支(含对学院改革发展有帮助的中等职业学校(2+3)合作项目的奖补;对合作开展科技研发、教改教研、技能竞赛取得重要成果的院外人员的奖补等)。

③社会服务经费的审批与管理。社会服务经费由学院报账员专账管理,学院院长对社会服务经费使用的审批权限按学校规定执行。

(4)其他经费的开支管理。学院其他经费,经学校财务管理部门界定为切块经费的,按切块经费的规定进行开支管理;界定为专项经费的,按专项经费的规定进行开支管理;界定为社会服务收入经费的,按社会服务收入经费的规定进行开支管理。

14.3.5 薪酬制度

在学校核定的经费预算范围内,根据国家和学校相关政策,结合学院机构和岗位设置情况,建筑工程学院另行制定《建筑工程学院岗位聘用和薪酬改革实施方案(试行)》并具体实施,报学校财务管理和人力资源管理部门备案。

1. 绩效工资

(1)在职在编人员的绩效工资。在职在编人员的绩效工资由基础性绩效性绩效工资和奖励性绩效工资两部分组成。基础性绩效性绩效工资按学校的规定执行;奖励性绩效性绩效工资由业绩奖、超工作量奖、奖励奖三部分组成,按《建筑工程学院薪酬改革试点实施方案(试行)》的规定执行。在职在编人员的薪酬从学院切块经费中的人员经费开支,不得超过学校核定的总额。

(2)非编工作人员的绩效工资。非编工作人员的绩效工资由基础性绩效工资和奖励性绩效工资两部分组成。基础性绩效工资执行南宁市最低工资标准;奖励性绩效工资按《建筑工程学院薪酬改革试点实施方案(试行)》的规定执行。非编工作人员的薪酬从学院切块经费中的人员经费开支,不得超过学校核定的总额。

(3)外聘返聘人员的绩效工资。外聘专家、外聘教师及退休返聘人员的绩效工资按实际工作量支付,从学院切块经费中的人员经费开支,不得超过学校核定的总额。

2. 其他奖补

(1)社会服务经费。学院获得的社会服务收入经费除用于弥补教学运行和日常管理经费不足外,可部分用于发放在职在编人员、非编工作人员、外聘返聘人员、在校学生等相关人员的人员经费,包括:社会服务项目引进奖、生源推荐奖、教师课酬、项目管理费;技能竞赛教师指导费、成果奖补资助费;招生就业、教学管理、学生管理、科研教改二级学院配套奖励费;学生奖励费等。社会服务收入经费用于奖补的总额不得超过学校规定的额度。

(2)专项经费。学院相关项目获得的专项经费按学校规定管理和使用。未经批准,专项经费不得用于任何形式的人员经费开支。

(3)其他经费。学院其他经费收入经学校财务管理部门界定为行政事业性收费(切块经费)的,按切块经费的规定进行管理,不能用于奖补;界定为专项经费的,按专项经费的规定进行管理,不能用于奖补;界定为社会服务收入经费的,按社会服务收入经费进行管理,可以用于奖补,但不得超过学校规定的开支额度。

14.3.6 资产与招标采购改革

(1)公用资产管理。公用资产的管理,按照学校公用资产管理规定执行。

(2)教室的使用与管理。按照相对集中原则和集中分散原则进行分类管理,专业机房等专属性教室由学院负责日常管理;公用性教室由学院向学校教务处申报,按照教务处的分配或批复进行使用和管理。

(3)实训室的建设与管理。按照学校实训基地(室)分级管理的规定,实训室的建设根据学校的总体规划由学院制定实训室建设方案,报学校评审并经批准后实施。实训室的日常管理由学院负责,实训室的日常管理主要是指安全管理、卫生保洁、日常运行、设备维保等。

(4)招标采购管理。适当放宽利用学院社会服务收入经费开展的项目招标采购,提高工作效率和经费使用效益。具体项目报学校招标办公室、学校现代教育技术中心、学校审计室和主管采购招标校领导审批后实施。

14.3.7 专业建设与教学改革

(1)完善专业建设组织构架。成立覆盖全部专业,由学院领导、专任教师、行业专家、企业高管、优秀校友等组成的专业发展指导委员会,部分专业建立校企合作办学委员会,完善专业建设与发展的组织构架。

(2)提升师资队伍整体水平。根据建筑行业发展变化和学院专业发展规划,制定、实施学院五年师资结构调整及优化规划,提升师资队伍整体水平:一是引进企业中高层技术管理人才,提升实践教学技能水平;二是积极引进学术型高层次人才,提升学院科研水平;三是按照专业及课程建设发展需要,每年选派1~3名专任教师到行业龙头企业等大中型企业进行一个月以上的岗位锻炼,确保学院师资专业知识和水平与行业一线接轨;四是选派具有培养潜力的专任教师到具有成功实践的同类院校跟班学习或转岗学习,提升教师专业水平;五是逐步扩大依托学生创业真实项目平台,教师全程参与实践指导,提升理论实践转换立交互通能力。

(3)试点按生源分班制度。根据高等职业教育考试招生和选拔录取机制改革引起的生源变化,试点按生源的分班制度:一是统考招生为主的学生班级;二是单独(对口)招生为主的学生班级。2015年在建筑工程技术专业试点,2016年或2017年扩大试点范围。

(4)试点双培养方案制度。适应高等职业教育考试招生和选拔录取机制改革引起的生源变化,试点双培养方案制度,同一专业制定和实施两套专业培养方案:一是面向统考招生为主的专业培养方案;二是面向单独(对口)招生为主的专业培养方案。2015年在建筑工程技术专业新生试点,2016年或2017年扩大试点范围。其中,面向单独(对口)招生的专业培养方案涉及公共基础课程调整的试点改革,需报学校教务处和学校领导审批。

(5)试点专业课程体系改革。适应生源结构变化,推进因材施教改革,对单独(对口)招生专业培养方案的专业课程体系做适当调整,报学校教务处备案。2015年在建筑工程技术专业新生试点,2016年或2017年扩大试点范围。

(6)试点毕业生三证书制度。紧跟建筑行业的发展形势,适应建筑行业对中高级技术、技能、技艺型人才的变化需求,自2015级学生开始,建筑工程技术、建筑工程管理、建筑装饰工程技术、工程造价专业试点毕业生三证书制度(毕业证、岗位证、技能证)。2017年后推广到建筑工程学院全部专业。

(7)成立创新创业教师指导团队。成立创新创业教师指导团队,寻求1~2项目作为突破点,在资金、管理、技术、技能等方面找到一套运作方法,以点带面提升学生综合能力。通过成立创新创业教师指导团队,提升学生就业质量,学生创新创业工作取得突破。

(8)实训基地建设。按照建筑工程学院各专业团队专业发展规划要求、在校生人数及专业培养目标,在现有五个实训基地基础上,按照实训指导书、产品式实操改革等进行实训室仪器设备的完善，工位配置及实践教学改革，提升学生实践教学质量，提高实训室的使用率。

(9)明确专业团队的地位和职能。明确专业团队在专业建设与教学改革中的地位和职能，赋予专业团队更大的自主权，学院制定建设与发展总体规划，指导专业团队制定专业发展规划，专业团队负责具体推进和落实专业建设及教学改革。

(10)提升校企合作水平。实施更加深入切实的校企合作办学理念，每年推进1~2个校企深度合作项目；启动引企入校工程；通过技术服务、学生创业精英人才培养、建筑职业技能培训与鉴定三大渠道，加强与行业企业的对接，提升学院在行业企业的认可度、知名度和影响力。

14.3.8 管理制度建设与改革

按照学校分级管理的相关要求，修订或完善覆盖党政联席会议等议事决策、院务公开、教师评聘及考核、薪酬分配等规章制度，确保分级管理改革试点工作落实到位、推进平稳。

14.4 保障机制

14.4.1 组织及人员保障

(1)领导班子团结进取，凝聚力强。学院新一任领导班子团结和谐，凝聚力强，开拓进取，对学院建设发展的方向、目标和思路有明确而统一的认识，有信心和能力带领学院广大教职工推动学院发展迈上新的台阶。

(2)教职工思想统一，目标明确。自新一任领导班子开展工作以来，扭转了人心涣散、情绪低落、效能不高的不利情况，树立了班子亲民、无私、团结的形象，使学院回到团结协作、积极奋进的良好轨道，目前学院全体教职工精神振奋，团结一心，目标统一和明确，支持学院进行分级管理试点改革。

14.4.2 经费保障

(1)学院发展规模稳定，学校切块管理的经费划拨政策好。学院目前为学校规模最大的二级学院，当前建筑行业发展势头好，确保学院将稳定在2 200~2 400名学生的规模，按照学校经费切块管理的政策，可为学院的改革和发展提供可持续的经费保障。

(2)社会服务收入经费渠道可进一步挖掘。学院目前开展的"八大员"培训、专本衔接合作项目，以及可进一步开发的培训及社会服务项目，预计每年可为学院带来×××万元以上的社会服务收入经费，为学院的改革及发展提供一定的辅助经费支持。

14.4.3 政策和制度保障

(1)学校将分级管理作为改革和发展的重点方向，从学校层面为学院实施分级管理提供了政策依据，同时，各职能部门不断出台和完善分级管理的各项制度，为学院工作的开展提供了制度保障。

(2)学院新任领导班子管理经验丰富，善于总结学习，已经指导学院各科室和专业团队逐步建立和完善了部分管理运行制度，也为学院工作的开展提供了保障。

14.5 附则

(1)本方案未涉及的内容,按学校已有相关规定执行。
(2)本方案自 2015 年 7 月 1 日起实施。
附件 1:建筑工程学院基本现状
附件 2:建筑工程学院机构与岗位设置方案(2015 年度)

附件1

建筑工程学院基本现状

建筑工程学院现有建筑工程技术、建筑工程管理、建筑设计技术、建筑装饰工程技术、工程造价、房地产经营与估价、物业管理、楼宇智能化工程技术8个普通高等教育专业，内设学院办公室、教务科、学生科、团委、实训部等7个专业教学团队，2015年全日制专科在校生2 200多人。学校核定2015年建筑工程学院在职编制73人，现有在职在编教职工65人，其中专任教师(含专职辅导员、实训管理员)53人，行政管理人员12人，生师比42∶1，学生与管理人员比180∶1，2015年计划新增在职在编专业教师及实训管理员5人。

附件2

建筑工程学院机构与岗位设置方案（2015年度）

序号	类别	名称	在职在编负责人	在职在编职员	在职在编人员合计	辅助性岗位聘用人员	备注
1	管理服务岗位	学院领导	3		3		
2		教务管理服务中心	1	3	4		
3		学生管理服务中心	1	3	4	1	
4		综合管理服务中心	1	2	3		
5		团学组织服务中心	1		1	1	
6		行政岗位小计	7	8	15		
7	专业与教辅岗位	工程造价专业团队	1	7	8		
8		建筑工程技术专业团队	1	7(含2015年新增计划1)	8		
9		建筑工程管理专业团队	1	6(含2015年新增计划1)	7		
10		建筑装饰工程技术专业团队	1	6(含2015年新增计划1)	7		
11		房地产经营与估价专业团队	1	6	7		
12		物业管理专业团队	1	3	4		
13		建筑设计技术专业团队	1	3(含2015年新增计划1)	4		
14		生产实训中心	1	1	2		
15		科技竞赛部		3(含2015年新增计划1)	3	2~4	
16		辅导员(归口学生中心管理)		49	49	2~4	
17		专业岗位小计	9	57(含2015年新增计划5)	58	3~5	
18		在职在编人员合计	16	49	73		

说明：1. 在职在编人员应聘总数经学院考核的拟聘总数如未达73人(含2015年新增计划5人)，按精简够用的原则优先聘满行政岗位。专业岗位通过外聘兼职的形式予以补充。
2. 非编职人员最高聘用数原则上不超过建筑工程学院编制总数的10%，即7人。其中2015年不超过6人，2016年以后不超过7人，可以缺聘。
3. 在职在编人员及非编职工人员均按岗聘用，岗位设置及聘用结果由建筑工程学院另行制定并实施，报学校人力资源管理部门及财务管理部门备案。

第 15 章　建筑工程学院分级管理岗位聘任和薪酬改革实施方案(2015—2016 年)

为进一步激发办学活力,提升办学质量,根据《南宁职业技术学院建立分级管理体制的总体方案》(南职院字〔2013〕144 号)和南宁职业技术学院关于印发《建筑工程学院分级管理改革实施方案(试行)》的通知(南职院字[2015]60 号)文件,制定本方案。

15.1　改革目标

建筑工程学院分级管理岗位聘任和薪酬分配改革突出体现岗位责任任务和绩效激励导向。通过改革,调适学院内部组织人事架构,改革薪酬分配制度,推进创新驱动发展,提高工作管理和服务效率,提升办学质量和办学效益,提升建筑工程学院建筑类高等职业教育专业办学的首位度。

15.2　岗位聘用

根据《建筑工程学院分级管理改革试点实施方案(试行)》,结合学院对岗位人员的任职要求,明细建筑工程学院分级管理的机构设置、岗位设置及任职条件,见附件 1。

15.2.1　机构设置

建筑工程学院按现有五个内设机构设置不变,对机构名称和主要职能进行完善、拓展或适当调整。改革后五个内设机构名称及主要职能如下:

(1)教务管理服务中心。含常规教学、校企合作等业务工作和服务职能。

(2)学生管理服务中心。含学生工作、招生就业、学生创业、辅导员(班主任)队伍、校友联络等业务工作与服务职能。

(3)综合服务中心。含综合协调、常规党建、日常行政、组织人事、财务管理、社会服务、职业培训、考证管理、绩效管理、后勤安保等综合业务与服务职能。

(4)团学组织服务中心。含共青团、学生会、学生社团等业务工作与服务职能。

(5)专业团队。含现有 7 个专业教学团队和科技竞赛部、生产实训中心 2 个教辅工作机构。其中,专业教学团队主要负责日常教学,教改教研;生产实训中心包含教学实训、生产检测等业务工作和服务职能;科技竞赛部包括科技科研、职业竞赛的组织与服务及学院和专业的发展规划等职能。

15.2.2　岗位设置与任职条件

建筑工程学院的岗位设置分为"管理服务岗位""专业岗位与教辅岗位"两类 20 种,见附件 2。

15.2.3 人员聘用

(1)学院负责人的聘任。学院负责人由学校聘任,任期按学校现有规定执行。

(2)内设机构负责人的聘用。学院内设机构负责人由学院自主选聘,报学校人力资源管理部门备案。内设机构负责人聘用期一般为三年。

(3)其他在编在岗人员的聘用。在编制范围内,由学院自主选聘其他在编在岗人员,根据学院的实际需要核定岗位比例及人数,聘任结果报学校人力资源管理部门备案。在编在岗人员的聘任期一般为三年。

(4)非编人员的聘用。

①辅助性岗位人员的聘用。学院在编在岗管理服务岗位人员或辅导员数量不足的,由学院面向社会自主选拔聘用辅助性岗位人员予以补充,报学校人力资源管理部门备案。学院配合学校人力资源管理部门办理辅助性岗位人员的聘用合同。辅助性岗位人员执行管理服务人员工作制度,首期聘任期一般为一年。

②退休人员的聘用。根据工作需要和经费支付能力,学院适当聘用退休人员担任学院教学督导、专项业务等辅助性岗位工作。退休人员实行弹性工作制度,一般为一年一聘。

③外聘专家的聘用。学院根据专业建设与发展需要,自主聘请部分行业企业专家、中高级管理人员担任建筑工程学院客座讲师、客座教授、专业发展委员会委员、专业指导委员会委员、专业带头人等兼职职务。为师生做专题报告或专题讲座,部分参与建筑工程学院发展、专业建设与发展重大问题的研讨与决策等弹性工作。外聘专家聘任期为一至三年。

④外聘教师的聘用。学院在编在岗专任教师数量不足或结构不符的,由学院向社会自主选聘外聘教师,兼职担任建筑工程学院课程教学、毕业设计、实训实习指导、专业讲座或专项项目等弹性工作。外聘教师根据课程和教改需要进行选聘,按学期或学年聘用。

15.3 在编在岗人员的薪酬

建筑工程学院在编在岗人员的薪酬收入由绩效工资和其他奖补两部分组成。绩效工资又分为基础性绩效工资和奖励性绩效工资两项。其中,基础性绩效工资由南宁市财政按月发放至在编在岗教职工个人;奖励性绩效工资总额为学校核定给建筑工程学院的预算内人员经费总额,由学院进行内部二次分配。其他奖补根据学院社会服务经费收入及学校关于社会服务收入经费中的人员经费开支政策,由学院以收定支,多劳多得。

在编在岗人员薪酬=绩效工资(基础性绩效工资+奖励性绩效工资)+其他奖补

15.3.1 绩效工资

建筑工程学院在编在岗人员的绩效工资由两部分组成,即

绩效工资=基础性绩效工资+奖励性绩效工资

1. 基础性绩效工资

基础性绩效工资主要体现地区经济发展、物价水平、单位类别、岗位职责和经费来源等因素,由南宁市财政局逐月直接发放。

2. 奖励性绩效工资

建筑工程学院奖励性绩效工资由三部分构成,即

奖励性绩效工资=业绩奖+积分奖+项目奖

(1) 业绩奖。

①业绩奖的额度。建筑工程学院教职员工在完成规定的基本工作量后领取与个人实际所聘岗位相对应的业绩奖。各岗位业绩奖的实际数额视学院经费预算情况按系数推算。建筑工程学院在编在岗人员职务名称、任职条件及业绩奖系数见附件2，建筑工程学院在编在岗人员基本工作量一览表见附件3。

②业绩奖的发放。建筑工程学院根据各类人员履职情况、出勤情况等作为发放业绩奖的依据。业绩奖按一年12个月发放。

(2) 积分奖。

①积分奖的计算。建筑工程学院在编在岗人员在完成本岗基本工作量后完成的工作，记为积分。积分的折算计算办法详见附件4。

②积分奖的奖励。建筑工程学院在编在岗人员获得的积分，视学院经费情况和学院总积分数，折算计发积分奖励。

(3) 项目奖。项目奖主要包含引进项目奖和重大项目奖两项。

①引进项目奖。引进有经费收入的社会服务项目，计发课酬、考务费、项目管理费，以及2.0%的项目津贴等必要开支后仍有结余的，按学院留成经费的5%~6%计发项目引进奖。无结余的计积分奖，不计项目引进奖。

②重大项目奖。对学院质量提升和特色品牌建设影响较大的重大项目，按积分计奖后，如学院经费许可，增设重大项目奖。

同时符合引进项目奖和重大项目奖的项目，可以二选其一，不能同时兼奖。奖励的经费来源，一是预算内人员经费；二是学院社会服务经费，以社会服务经费为主。

(4) 奖励性绩效工资发放的其他规定。

①教职工工伤假、住院病假、婚假、产假等，休假期间基础性绩效工资按学校最新政策执行。

②教职工受党纪、政纪处分或刑事处罚，奖励性绩效工资政策由学院另行规定或按学校有关规定执行。

15.3.2 其他奖补

其他奖补是指绩效工资以外的其他奖励或补贴。其他奖补的经费主要源于建筑工程学院社会服务经费，按人员经费归类，在学校关于社会服务经费政策规定比例或额度范围内开支。

15.4 非编人员的薪酬

15.4.1 辅助性岗位人员的薪酬

建筑工程学院辅助性岗位人员的薪酬由绩效工资、其他奖补、社保基金三部分组成，即

$$辅助性岗位人员薪酬＝绩效工资＋其他奖补＋社保基金$$

1. 辅助性岗位人员的绩效工资

辅助性岗位人员的绩效工资可按两种方式计发。

方式一：绩效工资＝基础性绩效工资＋奖励性绩效工资。

(1) 基础性绩效工资。学院聘用的辅助性岗位全职人员，基础性绩效工资为每月××××元（未含社保基金，下同），一年按12个月计发。

(2)奖励性绩效工资。学院聘用的辅助性岗位全职人员，专科学历聘用第一年、第二年、第三年奖励性绩效工资分别不低于每月××××元、××××元、××××元；本科学历聘用第一年、第二年、第三年奖励性绩效工资分别不低于每月××××元、××××元、××××元；硕士研究生以上学历聘用第一年、第二年、第三年奖励性绩效工资分别不低于每月××××元、××××元、××××元；一年按12个月计发。缺勤或未完成岗位职责工作任务，减发奖励性绩效工资。

方式二：不区分基础性绩效工资和奖励性绩效工资，统称绩效工资。

学院聘用的辅助性岗位全职人员，专科学历聘用第一年、第二年、第三年绩效工资分别不低于每月××××元(未含社保基金，下同)、××××元、××××元；本科学历聘用第一年、第二年、第三年绩效工资分别不低于每月××××元、××××元、××××元；硕士研究生以上学历聘用第一年、第二年、第三年绩效工资分别不低于每月××××元、××××元、××××元；一年按12个月计发。缺勤或未完成岗位职责工作任务，减发绩效工资。

2. 辅助性岗位人员的其他奖补

如学院经费许可，辅助性岗位全职人员可享受绩效工资以外的其他奖补。

3. 辅助性岗位人员的社保基金

学院聘用的辅助性岗位全职人员，学校按政策规定的比例和额度缴纳社保基金。

15.4.2 外聘人员的薪酬

建筑工程学院外聘专家、外聘教师及退休聘用人员的薪酬，按实际工作量或约定标准支付。

15.5 方案的实施

15.5.1 实施时间

《建筑工程学院分级管理岗位聘用和薪酬改革实施方案(试行)》试行时间为2015年8月1日至2016年12月31日。试行结束后视实际情况继续执行或修订后执行。

15.5.2 其他说明

建筑工程学院现有规定与《建筑工程学院分级管理岗位聘用和薪酬改革实施方案(试行)》不一致的，按《建筑工程学院分级管理岗位聘用和薪酬改革实施方案(试行)》执行；无不一致的，按现有规定执行。

附件1：建筑工程学院机构岗位设置总体方案(2015—2016年)
附件2：建筑工程学院在编在岗人员职务名称、任职条件及业绩奖系数(2015—2016年)
附件3：建筑工程学院在编在岗人员基本工作量一览表(2015—2016年)
附件4：建筑工程学院在编在岗人员积分工作量计算表(2015—2016年)
附件5：建筑工程学院分级管理改革试点积分工作量申请表(2015—2016年)
附件6：建筑工程学院分级管理改革试点岗位应聘申请表(2015—2016年)

附件1

建筑工程学院机构岗位设置总体方案（2015—2016年）

序号	类别	机构名称	在编在岗负责人定员	在编在岗人员定员	辅助性岗位聘用人员定员	备注
1		学院领导	3			
2	管理服务岗位	教务管理服务中心	1	3	1	（未含2015年新增计划1）
3		学生管理服务中心	1	3	1	增加0.5个就业干事岗位
4		综合服务中心	1	3	1	
5		团学组织服务中心	1			
6		工程造价专业团队	1	7		
7		建筑工程技术专业团队	1	7		
8		建筑工程管理专业团队	1	6		
9	专业与教辅岗位	建筑装饰工程技术专业团队	1	5		（未含2015年新增计划1）
10		房地产经营与估价专业团队	1	5		（未含2015年新增计划1）
11		物业管理专业团队	1	5		
12		建筑设计技术专业团队	1	3		
13		科技竞赛部	1	1		
14		生产实训中心	1	2		（未含2015年新增计划1）
15		专职辅导员（归口学生中心管理）		2	1~3	（未含2015年新增计划1）
16	合计		16	52	3~5	（未含2015年新增计划5）

说明：1. 根据工作需要聘任到管理服务岗位的在编在岗专业教师，履行管理服务岗位工作职责，按管理服务岗位定责定薪和考核；参与专业团队的部分业务活动、享受专业团队教师的送培学习。

2. 聘任期内由于职称等变化达到建筑工程学院高一级别岗位条件的，可申请高一岗位级别。学院每年6月受理一次岗位级别调整申请，经批准的，当年8月起执行。

附件2 建筑工程学院在编在岗人员职务名称、任职条件及业绩奖系数（2015—2016年）

序号	类别	职务名称	所有岗位	任职条件	业绩奖系数
0				热爱祖国、拥护中国共产党，遵纪守法，勤岗敬业	
1	管理服务岗位	学院书记、院长		符合南宁职业技术学院二级学院书记、院长任职条件，由学校任命	4.20
2		学院副书记、副院长		符合南宁职业技术学院二级学院副书记、副院长任职条件，由学校任命	3.60
3		教学管理服务中心负责人		副高以上职称；或本科以上学历+硕士毕业三年+中级以上职称；或现任教务科负责人	3.20
4		学生管理服务中心负责人		中共党员+硕士以上学历+硕士毕业三年+中级以上职称；或本科以上学历+中共党员+本科毕业三年+中级以上职称；或现任学生负责人	3.20
5		综合服务中心负责人		中共党员+硕士以上学历+硕士毕业一年+中级以上职称；或本科以上学历+中共党员+本科毕业三年+中级以上职称；或现任办公室负责人	3.20
6		团学组织服务中心负责人		中共党员+硕士以上学历+硕士毕业三年+中级以上职称；或本科以上学历+中共党员+本科毕业三年+中级以上职称；或现任团委负责人	2.90
7		主管		硕士以上学历+中级以上职称；或本科毕业现任带头人	2.50
8		干事一		硕士毕业人职院校满一年；或本科毕业+本科毕业三年以上；或现聘干事一岗位	2.30
9		干事二		硕士毕业人职院校未满三年	2.00
10	专业岗位	专业带头人		副高职称；或该专业现任带头人	3.40
11		专业负责人		硕士以上学历+中级以上职称三年以上；或本科以上学历+中级职称五年以上；或该专业现任负责人	3.20
12		科技竞赛部负责人		硕士以上学历+中级以上职称三年以上；或本科以上学历+中级职称五年以上；或该专业现任负责人	3.20
13		实训中心负责人		硕士以上学历+中级以上职称三年以上；或本科以上学历+中级职称三年以上；或现任优秀教师	3.20
14		骨干教师		副高职称+硕士+教师；或现聘骨干教师岗位；或本科毕业人负责带头，经学院领导班子研究同意的	2.70
15	教辅岗位	教师一		硕士以上学历+硕士毕业一年+中级以上职称；或本科以上学历+本科毕业三年以上；或现聘教师一岗位	2.30
16		教师二		硕士毕业人职院校未满一年；或本科毕业人职院校未满三年	2.00
17		主管辅导员		硕士以上学历+硕士毕业一年+中级以上职称；或本科以上学历+本科毕业三年以上	2.50
18		专职辅导员一		硕士以上学历+硕士毕业一年+中级以上职称；或本科以上学历+本科毕业三年以上	2.30
19		专职辅导员二		硕士毕业人职院校未满一年；或本科毕业人职院校工作未满三年	2.00
20		工勤人员		本科以下学历、初级技术职称的建筑工程学院在编在岗现岗人员	1.90

续表

序号	类别	职务名称	任职条件	业绩奖系数
说明			1. 本科以下学历、初级技术职称的建筑工程学院在编在岗现岗人员，按自身能力和特长申请相应岗位。 2. 业绩奖每年12个月，按月预发，按年度结算。	

附件3　　建筑工程学院在编在岗人员基本工作量一览表（2015—2016年）

序号	类别	职务名称	基本工作量（业绩奖计奖依据）	备注
1		学院书记、院长	1. 带领学院做好各项工作，完成学院年度总体工作目标任务。 2. 完成学校交办的其他工作	
2		学院副书记、副院长	1. 带领学院分管部门做好分管工作，完成年度重点工作任务和年度总体工作目标任务。 2. 完成学校领导交办和院长商办的其他工作	
3		教学管理服务中心负责人	1. 带领本部门做好各项工作，完成岗位职责工作任务、重点工作任务和年度总体工作目标任务。 2. 完成学校和部门领导交办的其他工作任务	
4		学生管理服务中心负责人	1. 带领本部门做好各项工作，完成岗位职责工作任务、重点工作任务和年度总体工作目标任务。 2. 完成学校和部门领导交办的其他工作任务	
5	管理服务岗位	综合服务中心负责人	1. 带领本部门做好各项工作，完成岗位职责工作任务、重点工作任务和年度总体工作目标任务。 2. 完成学校和部门领导交办的其他工作任务	
6		团学组织服务中心负责人	1. 带领本部门做好各项工作，完成岗位职责工作任务、重点工作任务和年度总体工作目标任务。 2. 完成学校和部门领导交办的其他工作任务	
7		主管	1. 完成岗位职责工作任务。 2. 完成学院和部门领导交办的其他工作	
8		干事一	1. 完成岗位职责工作任务。 2. 完成学院和部门领导交办的其他工作	
9		干事二	1. 完成岗位职责工作任务。 2. 完成学院和部门领导交办的其他工作	

续表

序号	类别	职务名称	基本工作量（业绩奖计奖依据）	备注
10	专业与教辅岗位	专业带头人	1. 履行岗位工作职责，带领本专业团队完成年度重点工作等各项工作目标任务。 2. 每学期授课工作量 144 课时（含实训指导、实习指导、毕业设计毕业论文指导的折算课时等）。课时不满的，用积分工作量折算课时补满。 3. 完成学校和学院领导交办的其他工作。	
11		专业负责人	1. 履行岗位工作职责，带领本专业团队完成年度重点工作等各项工作目标任务。 2. 每学期授课工作量 144 课时（含实训指导、实习指导、毕业设计毕业论文指导的折算课时等）。课时不满的，用积分工作量折算课时补满。 3. 完成学校和学院领导交办的其他工作。	
12		科技竞赛部负责人	1. 履行岗位工作职责，带领本专业团队完成年度重点工作等各项工作目标任务。 2. 每学期授课工作量 144 课时（含实训指导、实习指导、毕业设计毕业论文指导的折算课时等）。课时不满的，用积分工作量折算课时补满。 3. 完成学校和学院领导交办的其他工作。	
13		实训中心负责人	1. 履行岗位工作职责，带领本专业团队完成年度重点工作等各项工作目标任务。 2. 每学期授课工作量 72 课时（含实训指导、实习指导、毕业设计毕业论文指导的折算课时等）。课时不满的，用积分工作量折算课时补满。 3. 完成学校和学院领导交办的其他工作。	
14		骨干教师	1. 每学期完成专业培养方案规定课程授课工作量 216 课时（含实习指导、实训指导、毕业论文毕业设计指导折算课时）。课时不满的，用积分工作量折算课时补满。 2. 完成岗位职责工作任务和学院交办的其他工作	
15		教师一	1. 每学期完成专业培养方案规定课程授课工作量 216 课时（含实习指导、实训指导、毕业论文毕业设计指导折算课时）。课时不满的，用积分工作量折算课时补满。 2. 完成岗位职责工作任务和学院交办的其他工作	
16		教师二	1. 每学期完成专业培养方案规定课程授课工作量 216 课时（含实习指导、实训指导、毕业论文毕业设计指导折算课时）。课时不满的，用积分工作量折算课时补满。 2. 完成岗位职责工作任务和学院交办的其他工作	

续表

序号	类别	职务名称	基本工作量（业绩奖计奖依据）	备注
17	专业与教辅岗位	主管辅导员	1. 每学期带班学生 200 人。 2. 完成岗位职责工作任务和学院交办的其他工作	
18		专职辅导员一	1. 每学期带班学生 200 人。 2. 完成岗位职责工作任务和学院交办的其他工作	
19		专职辅导员二	1. 每学期带班学生 200 人。 2. 完成岗位职责工作任务和学院交办的其他工作	
20		工勤人员	1. 履行岗位职责。 2. 完成学院和部门领导交办的其他工作	

说明：
1. 科技竞赛部教师每学期授课工作量任务为 144 课时。
2. 有授课任务的教职工，学期课时未满，用积分工作量补足的，2 积分计 1 授课课时。
3. 毕业设计。指导毕业设计的按方案课时总课时、毕业答辩原则上安排一天完成，另计工作量。
4. 顶岗实习。原则上按培养方案课时乘以 15～20 计指导教师授课课时。
5. 认识实习。原则上按课程停课的认识实习，原则上按培养方案学分数乘以 15～16 计指导教师授课课时。
6. 综合实训、专项实训（其他课题停课的综合实训、专项实训），该教师岗位按教师岗位聘任，每学期课堂工作量任务为 108 学时。
7. 兼任工作。根据工作需要，抽调一名专任教师兼任学院工会、每学期授课工作量任务为 108 学时。

附件 4

建筑工程学院在编在岗人员积分工作量计算表（2015—2016 年）

序号	项目	积分项目	单位	积分工作量（业绩奖、积分奖、项目奖以及其他奖补的计奖依据）	申请人	审核人
	一、积分项目					
1		指导学生技能竞赛	项	指导学生参加专业技术类技能竞赛获奖，国家一等奖 25 积分，二等奖 15 积分，三等奖 10 积分；省级校级一等奖 15 积分，二等奖 10 积分，三等奖 6 积分	专业团队	副院长
2		指导学生其他竞赛	项	指导学生参加公共类技术类技能竞赛获奖，国家一等奖 20 积分，二等奖 12 积分，三等奖 8 积分；省级校级一等奖 12 积分，二等奖 8 积分，三等奖 5 积分	专业团队	副院长
3		指导师生文体比赛	项	指导师生教职工参加校级以上文体类集体活动 10 积分，表第一名加 2 积分；指导学生校级以上参赛 8 积分，获第一名加 2 积分	学院工会	副书记

续表

序号	项目	单位	积分工作量（业绩奖、积分奖、项目奖以及其他奖补的计奖依据）	申请人	审核人
4	指导学生创业公司	个	指导成立学生创业公司 10 积分；担任学生创业指导教师对业务予以指导，一学期 5 积分	创业导师教师	副院长
5	教职工参加技能竞赛	项	教职工本人参加专业技术技能竞赛获奖：国家一等奖 15 积分、二等奖 12 积分、三等奖 10 积分；省级校级一等奖 10 积分，二等奖 7 积分，三等奖 5 积分	个人	副院长
6	教职工参加其他竞赛	项	教职工本人参加非专业技术竞赛获奖：国家一等奖 10 积分、二等奖、三等奖 8 积分；省级校级一等奖 8 积分，二等奖、三等奖 4 积分	个人	副院长
7	教职工参加文体活动	项	教职工参加校级以上文体类集体比赛活动或比赛，2 积分	部门或工会	副书记
8	教职工指导社团活动	个	经团学中心确认的社团指导教师，开展社团指导活动，每学期 5 积分	团学中心	副书记
9	组织师生公益活动	次	组织师生开展校园内外集体公益活动并完成活动总结 2 积分。仅组织活动无活动总结 1 积分	项目组织者	副书记
10	教职工参加社会服务	次	教职工参加学校、学院组织的校园内外社会服务集体活动以及公益活动、劳动等，非周末半天 1 积分；周末一天按一次积计，一天按 2 积分	项目组织者	副书记
11	工作调研交流	项	非寒暑假到南宁市辖范围（不含市辖县）的企业、行业管理部门做工作调研交流，谈等，无交通及误餐补贴的，每半天计 1 积分	个人或牵头人	分管领导
12	企业学习锻炼	项	寒暑假到企业顶岗、挂职、学习、锻炼 7 天以上，提交 1 500 字以上总结 7 积分，分，7 天以下不计分。经批准到南宁市辖区外的企业顶岗、挂职、学习、锻炼等，无总结 3 积分，按公务出差报账，不计积分	个人	副院长
13	课题或项目获得立项	门	科技或教改教研专项课题或项目获得立项：国家级 25 积分，省级 20 积分，校级 5 积分	项目负责人	副院长
14	课题或项目通过鉴定	项	科技或教改教研专项课题或项目通过鉴定：国家级 25 积分，省级 20 积分，院级 5 积分	项目负责人	副院长
15	出版专著	本	出版个人专著，25 积分	个人	副院长
16	获得专利	项	获得发明类专利 20 积分，应用类专利 15 积分	个人	副院长
17	发表论文	篇	北大中文核心以上刊物发表论文 15 积分，其他核心刊物发表论文 10 积分，一般刊物发表论文 5 积分	个人	副院长
18	编写教材	本	编写专业教材，主编 8 积分，副主编并编写一章节以上 6 积分，参编并编写一章节以上 3 积分，参编并编写一章节以下 2 积分	个人	副院长
19	评审获奖	项	已结题项目或已发表论文参加评优获奖，省级以上奖 3 积分，校级 2 积分，未结题项目、未发表论文参加评奖以上评奖获奖 2 积分	个人或主持人	分管院领导

续表

序号	项目	单位	积分工作量（业绩奖、积分奖、项目奖以及其他奖补的计算依据）	申请人	审核人
20	撰写发布宣传稿件	篇	撰写报道学院办学活动、教改教研等新闻稿件。每篇在校外媒体发表 2 积分，学校官网发布 1 积分、学院网页发布 0.5 积分	个人	分管院领导
21	专任教师行政上班	项	专任教师基本工作量未达标，经学院主管领导同意可以行政上班的方式上班补满工作量，以周为计算单位，行政上班一周 5 积分	上班所在部门	分管院领导
22	个人获评优先表彰	项	获得年度考核优秀 5 积分；获得省级以上个人先进 5 积分，校级 3 积分，院级 2 积分	个人	副书记
23	班级获评优先表彰	项	学生班级获评先进或优秀班集体、班主任（辅导员）获奖励积分，省级 5 积分，校级 3 积分，院级 2 积分	学生中心	副书记
24	学院完成重点任务	项	学院完成与学校签订的重点工作任务，院领导每人 5 积分	综合中心	分管院领导
25	承担学院重点任务	项	部门或专业团队承担学院的年度重点工作任务，完成任务 10 积分	部门	分管院领导
26	学院就业率高	项	学院毕业生初次就业率高于 93%，院领导、主管院领导、学生科长每人 5 积分，就业干事 3 积分	学生中心	副书记
27	专业就业率高	项	专业毕业生初次就业率高于 93%，专业负责人、辅导员（班主任）每人 5 积分，团队教师每人 3 积分	学生中心	副书记
28	兼职党支部委员	项	兼任学院党支部书记、兼任支部委员，每学期 5 积分，每学期 3 积分	综合中心	副书记
29	党员培养发展	项	当年培养并发展 1 名师生入党 1 积分	综合中心	副书记
30	完成部门重点任务	项	部门团队完成专业建设与学院签订的重点工作任务 10 积分	任职部门	分管院领导
31	专项工作评验收	项	学校专项工作评评验收、学校定结果为优秀、主管部门或党支部相关部门员为表彰、部门员工或党支部党员每项每人 3 积分	工作归口部门	分管院领导
32	部门或党支部获表彰	项	院内部门或党支部获校级以上评先表彰、或成绩 90 分以上且二级学院排名前五，院领导或党委员每人 3 积分，部门员工或党支部党员每人 1 积分	部门或支部	分管院领导
33	学院或党委获表彰	项	学院或党委获学校以上表彰、院领导或党委员每人 3 积分，学院员工或党员每人 1 积分	综合中心	副书记
34	组织公益募捐活动	项	组织社会、校校对建筑工程学院公益募捐、捐赠活动，按捐赠额或捐赠物品价值，每万元 2 积分	学院工会	副书记
35	引进合作项目	项	引进校企、校校合作办学项目、学校协议 5~20 积分，院级协议 3 积分	部门或个人	副院长

续表

序号	项目	单位	积分工作量（业绩奖、积分奖、项目奖以及其他奖补的计奖依据）	申请人	审核人
36	引进高水平师资	人	推荐引进博士一人，30积分，推荐引进一级企业副总经理或二级企业总经理以上人员，且具有高级职称的，20积分，推荐并成功引进其他高水平师资2~5积分	部门或个人	院长
37	网络课程建设	门	完成一门网络课程建设3积分（如有资金奖励，则为0积分）	个人或多人	副院长
38	实训室建设	项	新增完成一项专业实训室的建设12积分（实训室建设方案5积分，完整的实训室管理制度制定或细则1积分，实训室氛围营造设计1积分，完整的实训指导书5积分）	专业团队	副院长
39	实训指导书编写	门	能够很好地依据行业最新标准，编写完整的实训指导书并通过学院组织验收的，8积分（原有的不在列，如有资金奖励，则为0积分）	团队或个人	副院长
40	校企合作共建出版服务实课程	门	根据行业最新人才需求导向，按照3年发展规划组织开发管理务实课程，并在教学中使用，每门10积分	团队或个人	副院长
41	建设创新工作室	项	包括建设方案5积分，建设内涵5积分，氛围营造2积分，共12积分（如有资金支持或奖励，则为0积分）	团队或个人	副院长
42	优秀教学标兵	人	每年学院组织专门评出10~15名教学出色的优秀教学标兵（包括教学计划、教学日记、教案、学生评价、综合评定等）2积分	个人	副院长
43	承担公开课任务	人	参加公开课评课，获1个积分。评定为一等奖加1.5积分，二等奖的加1积分，三等奖的加0.5积分	个人	副院长
44	公开课评课	人	参加公开课评课，每人一次0.5积分	个人	副院长
45	承担生产性实训任务	人	开展生产性实训技术负责人或质量责任人并签字的，每年度10积分（如有经费补贴或奖励，则为0积分）	个人	副院长
46	课程改革	门	按课程改革设置要求，完成一门课程改革。根据质量评定小组评定后，可获3~10积分（如有资金支持或奖励，则为0积分）	个人或团队	副院长
47	兼职教学督导	项	兼任学院教学督导，每学期5积分	教务中心	副院长
48	组织教学评优活动	项	每学期根据教学评价等评选出教学优秀奖励，教务中心每学期每人2积分	教务中心	副院长
49	补考及重修监考等	项	补考、重修监考及改试卷，每门按一项1积分	教务中心	副院长
50	学院非教学常规考试	次	学院非教学常规考试考前准备工作，每次5积分	教务中心	副院长

续表

序号	项目	单位	积分工作量（业绩奖、积分奖、项目奖以及其他奖补助的计奖依据）	申请人	审核人
51	暑假期间就业工作	项	每年7~8月份暑假期间，学院各专业应届毕业生就业数据收集统计上报等，学生中心及辅导员合计35积分，如学校已有补贴，不计积分	学生中心	副书记
52	开学前教学准备工作	项	每学期开学前，教务中心及实训中心提前做好设备检修调试、排课、教材、教学区域卫生等工作，确保顺利开学。教学中心及实训中心每学期合计35积分	教务中心	副院长
53	学生回访和材料收集	项	非寒暑假期间到南宁市管县（不含市管区）用人单位开展毕业生、顶岗实习学生回访、收集就业相关资料等，无差旅补贴的，每半天1积分	学生中心	副书记
54	教师竞聘行政岗位	人	现任教师岗位竞聘管理服务岗位成功的，5积分	用人部门	分管院领导
55	专业培养方案审印	专业	建筑工程学院专业培养方案排版、审定、交印成册等，一专业8积分	专业团队	副院长
56	临时重大任务项目	项	完成学校或学院布置的临时重大任务项目，报经学院党政联席会议研究同意，按会议决定计积分	任务牵头部门	分管院领导
57	其他积分项目	项	严格控制其他工作积分。经当事人申请，所在部门集体讨论，学院党政联席会议研究同意，列入积分的，方予计分	项目部门	分管院领导
二、负积分项目					
58	缺席重要活动	次	除公务外出、住院、婚假、产假和重大事假外，缺席学院每周例行教职工会议、专业团队行业务会议、院级其他会议或活动安排，负5积分；缺席学院组织的社会服务或公益性集体活动、劳动等，每次负3积分	综合中心	
59	缺席安稳值班	次	认定缺席学校安排值班，负20积分	综合中心	副书记
60	发生教学事故	次	认定二级以上教学事故，负10积分；认定三级教学事故，负5积分	教务中心	副院长
61	授课效果不好	项	培养方案内的课程授课，50%以上学生期评成绩不合格，负5积分	教务中心	副院长
62	学院未完成重点任务	项	学院未完成与学校签订的重点工作任务，院领导每人负10积分	综合中心	分管院领导
63	部门未完成重点任务	项	部门（团队）未完成与学院签订的重点任务，部门（团队）负责人负8积分，部门（团队）人员负5积分	综合中心	分管院领导

续表

序号	项目	单位	积分工作量（业绩奖、积分奖、项目奖以及其他奖补的计奖依据）	申请人	审核人
64	学院就业率低	项	学院毕业生初次就业率低于90%，院长、主管院领导、学生科长每人负10积分；就业干事负5积分	学生中心	副书记
65	专业就业率低	项	专业毕业生初次就业率低于90%，专业负责人、辅导员班主任每人负5积分	学生中心	副书记
66	其他负积分项目	项	院内部门不服从分管院领导工作安排造成严重后果，经学院党政联席会议讨论责任部门负责人负10~20积分；个人不服从部门领导工作安排造成严重后果，报经学院党政联席会议讨论同意，个人负5~10积分	综合中心或部门	分管院领导
三、无积分项目					
67	兼职班主任	项	兼职班主任工作考核合格，按每学期5个月，每生每月补贴10元，不另计积分	学生中心	副书记
68	专职辅导员	项	专职辅导员带班超过定额人数以上且工作考核合格，按每学期5个月，每超1人每月补贴10元，不另计积分	学生中心	副书记
69	专业导师	项	任实行专职辅导员的年级、班级，专任教师兼任专业导师的，按学生人数，每生每月补贴2元，不另计积分	学生中心	副书记
70	安稳值班	项	参加学校安全稳定值班，按非法定节假日每天×××元，法定节假日每天×××元的标准给予补贴，不另计积分	综合中心	副书记
71	全日制授课超课时	项	担任全日制专业课程授课，超课时授课部分计发课酬的，不另计积分	教学中心	副院长
72	社会服务项目授课	项	社会服务项目的课程授课，计发课酬的，不另计积分	综合中心	副院长
73	社会服务项目管理	项	社会服务项目的日常管理，计发项目管理费的，不另计积分	综合中心	分管院领导
74	制定专业培养方案	专业	制定建筑工程学院专业培养方案，按单独项目计算工作量和经费开支，不另计积分	专业团队	副院长
75	引进社会服务项目	项	1. 引进有成经费收入的社会服务项目，开支课酬、考务费、日常管理费以及2.0%项目引进奖，按学院留成经费的5%~6%计发项目引进奖，不计积分。 2. 引进有成经费收入的社会服务项目，开支课酬、考务费、日常管理费以及2.0%项目引进奖，按×××元成经费留学院经费计1积分	综合中心	副院长

续表

序号	项目	单位	积分工作量（业绩奖、积分奖、项目奖以及其他奖补的计奖依据）	申请人	审核人
76	课程见习	次	课任教师联系、落实、带队授课班级学生到企业进行课程见习，"企业人员＋课任教师"按××元补贴包干，不另计积分		
说明			1. 积分奖。完成基本工作量后获得的积分。每1积分奖励额视学院经费情况计发奖励。 2. 引进项目奖。引进有经费收入的社会服务项目、计发课酬、考务费、项目管理费以及2.0%项目津贴等必要支出后仍有结余的，按学院留成经费的5%~6%计发项目引进奖。无结余的不计发项目引进奖。 3. 重大项目奖。对学院品牌建设影响较大的重大项目，如学院经费许可，另外增设重大项目奖。具体方案按项目另行制定。 4. 二选一奖励原则。同时符合引进项目奖和重大项目奖的项目，可以二选其一，不能同时兼奖。 5. 岗位职责工作加班。学院教职工岗位职责工作，需在工作时间内完成或利用加班费自行加班完成，此类工作的加班申请不予批准，不计加班费、不计积分		

附件5

建筑工程学院分级管理改革试点积分工作量申请表(2015—2016年)

积分编号(由积分管理员按序编号)：　　　年建工积分第　　　号

申请时间	年　　月　　日
申请部门(申请人)	
项目序号	积分序号第　　　号。
项目名称	
项目内容简述	
项目开展或实施时间	
项目参与人及申请积分	
项目申请总积分	该项目合计申请积分共　　　分。
项目支撑材料	
填表人签名	以上填报内容属实。 签名：　　　　　年　月　日
审核意见	经审核，拟同意该项目合计积分：　　　分。 签名：　　　　　年　月　日
审批意见	同意该项目合计积分：　　　分。 签名：　　　　　年　月　日
其他说明	

备注：1. 积分工作量申请表由学院综合服务中心设积分管理员专人建档管理。
　　　2. 积分工作量原则上每周收集报审，每年6月、12月各汇总一次。

附件6

建筑工程学院分级管理改革试点岗位应聘申请表(2015—2016年)

适用人员：建筑工程学院在编在岗人员

姓名		性别		出生年月	年　　月
政治面貌				加入时间	年　　月
专科毕业学校及专业				毕业时间	年　　月
本科毕业学校及专业				毕业时间	年　　月
硕士取得学校及专业				取得时间	年　　月
最高专业技术职务				取得时间	年　　月
参加工作时间			年　　月		
入职南职工作时间			年　　月		
入职南职前单位名称					
近三年考核结果	2014年：		2013年：		2012年：
现任部门及职务	部门（团队）		职务	岗位	
应聘部门及职务	部门（团队）		职务		
是否服从职务调剂	如无法满足个人应聘职务，是否服从调剂：			是/否	
应聘陈述	学院分级管理改革试点工作领导小组： 　　我符合建筑工程学院　　　　　　　（部门）　　　　　　（职务）的任职条件，现应聘该职务。如获批准，我将认真履行岗位职责，努力完成各项任务。 　　　　　　　　　　　应聘人签名：　　　　　年　　月　　日				
部门意见	拟聘任该同志为　　　　　　　（部门）　　　　　　（职务）。 　　　　　　　　　　　部门负责人签名：　　　　　年　　月　　日				
学院意见	经研究同意，聘任该同志为　　　　　　　（部门）　　　　　　（职务）。 　　学院分级管理改革试点工作领导小组组长签名：　　　　　年　　月　　日				
备注					

说明：本申请表提交一式二份。

第 16 章　建筑工程学院分级管理综合改革实施方案(2017—2018 年)

为进一步激发办学活力，提升办学质量，根据《南宁职业技术学院建立分级管理体制的总体方案》(南职院字〔2013〕144 号)，南宁职业技术学院关于印发《建筑工程学院分级管理改革试点实施方案(试行)》的通知(南职院字〔2015〕60 号)文件精神，制定本方案。

16.1　改革目标

建筑工程学院分级管理综合改革突出体现岗位责任任务和绩效激励导向。通过改革，调适学院内部组织人事架构，改革薪酬分配制度，推进创新驱动发展，提高工作管理和服务效率，提升办学质量和办学效益，提升建筑工程学院建筑类高等职业教育专业办学的首位度。

16.2　岗位聘用

根据《建筑工程学院分级管理改革试点实施方案(试行)》(南职院字〔2015〕60 号)文件，结合学院对岗位人员的任职要求，明细建筑工程学院分级管理的机构设置、岗位设置、任职基本条件等，见附件1、附件2。

16.2.1　机构设置

建筑工程学院按现有五个内设机构设置数量不变，对机构名称和主要职能进行完善、拓展或适当调整。改革后五个内设机构名称及主要职能如下：

(1)教务管理服务中心。含常规教学、学籍管理、师资管理、教材管理、教学督导、教师课酬、中高职衔接等业务工作和服务职能。

(2)学生管理服务中心。含学生工作、招生就业、学生创业、辅导员(班主任)队伍、校友联络等业务工作与服务职能。

(3)综合管理服务中心。含综合协调、常规党建、日常行政、组织人事、职称服务、社会服务、培训考证、绩效管理、后勤服务、安全维稳、财务报账等综合业务与服务职能。

(4)团学组织服务中心。含共青团、学生会、学生社团等业务工作与服务职能。

(5)专业团队。含现有各专业教学团队和科技竞赛部、实训中心两个教辅工作机构。

①专业教学团队主要负责专业教学(含实训教学、顶岗实习)，开展科技科研、教改教研、校企合作、专业竞赛等工作。

②实训中心主要负责实训场地(含建筑工程实训中心、各实训室和机房)及实训工具设备日常管理、维护和报修，实训材料采购，对外生产检测等工作。

③科技竞赛部主要负责科技科研、教改教研、专业竞赛、校企合作管理等工作。

16.2.2 岗位设置与任职条件

建筑工程学院的岗位设置分为"管理服务岗位""专业岗位""工勤岗位"三类,见附件2。

16.2.3 人员聘用

1. 学院正副职领导岗位的聘任

学院正副职领导由学校聘任,任期按学校现有规定执行。若学校对学院正副职领导的任用有新规定,按学校新规定执行。

2. 内设机构负责人的聘用

学院内设机构负责人由学院自主选聘,聘任结果报学校人力资源管理部门备案。内设机构负责人每期聘任期一般为两年。其间如遇学校新一轮全校性全员竞聘,学院按学校方案同步进行新一轮选聘。

3. 其他在职在编人员的聘用

在学校核定的编制范围内,由学院自主选聘其他在职在编人员。聘任结果报学校人力资源管理部门备案。在职在编人员每期聘任期一般为两年,其间如遇学校新一轮全校性全员竞聘,学院按学校方案同步进行新一轮选聘。

4. 非编人员的聘用

(1)非编辅助性岗位人员的聘用。学院在职在编管理服务岗位人员或辅导员数量不足的,由学院面向社会自主选拔聘用辅助性岗位人员(含退休人员、学生助理)予以补充,报学校人力资源管理部门备案,并配合学校人力资源管理部门办理辅助性岗位人员的聘用合同。辅助性岗位人员执行管理服务人员工作制度,首期聘任一般为一年。

(2)非编专家的聘用。学院根据科技工作、专业建设与发展需要,自主选聘非编(含退休)专家教授、行业企业中高级管理人员担任建筑工程学院客座讲师、客座教授、专业发展委员会委员、专业指导委员会委员、学术委员会委员、科技顾问等专兼职职务,部分参与建筑工程学院发展、科技工作、专业建设等重大问题的指导研讨决策等弹性工作。非编专家一般一至两年一聘。

(3)非编兼课教师的聘用。学院在职在编专任教师数量不足或结构不符的,由学院向社会自主选聘兼职教师,兼职担任建筑工程学院课程教学、毕业设计、实训实习指导、专业讲座或专项项目等弹性工作。兼聘教师根据课程教学的需要进行选聘,按学期或学年聘用。

16.3 在职在编人员的薪酬

建筑工程学院在职在编人员的薪酬由基础性绩效工资、奖励性岗位绩效工资和奖励性其他绩效工资三部分组成,简称基础工资、岗位工资、其他奖励性工资,即

在职在编人员薪酬=基础工资+岗位工资+其他奖励性工资

在职在编人员薪酬经费源于南宁市财政拨款、横向纵向的外来项目经费、建筑工程学院社会服务留成经费等,经费额度在学校核定的人员经费范围之内。

16.3.1 基础工资

基础工资由南宁市财政局按国家相关政策逐月直接发放。

16.3.2 岗位工资

岗位工资是指建筑工程学院教职工在完成所聘岗位规定的基本工作量后领取的奖励性绩效工资。

1. 岗位工资的系数

岗位工资按系数发放,其系数视所聘岗位、工作量等因素确定。建筑工程学院在职在编人员的岗位名称、任职基本条件及岗位工资系数见附件2,各岗位的基本工作量一览表见附件3。

2. 岗位工资的发放

岗位工资的实际数额视学院经费预算情况按系数进行推算,按一年10个月发放。

16.3.3 其他奖励性绩效工资

其他奖励性绩效工资包括"积分奖、项目奖、其他奖"三个分项,主要是对基本工作量以后完成其他工作的肯定、激励和奖励。

1. 积分奖

(1)积分的计算。建筑工程学院在职在编人员在完成本岗位基本工作量后完成的工作计算积分。积分的计算办法详见附件4。

(2)积分奖的发放。建筑工程学院在职在编人员获得的积分,视学院经费情况和教职工的总积分数,折算计发积分奖励。每积分的奖励上限为100元,不设下限。积分奖原则上按月发放,每积分的奖励一般经学院党政联席会议审议后执行。

2. 项目奖

项目奖主要包含引进项目奖、重大项目奖两项。

(1)引进项目奖。引进有经费收入的社会服务项目,计发课酬、考务费、项目管理费等必要开支后结余大于一定数额的,计发引进项目奖;结余小于一定数额的,计算积分,不计引进项目奖。

(2)重大项目奖。对学院质量提升和特色品牌建设影响较大的重大重要项目(含科技项目),按积分计奖后,如学院经费许可,增设重大项目奖。

(3)二选一原则。同时符合引进项目奖和重大项目奖的项目,可以二选其一,不能同时兼奖。

3. 其他奖

上述所指未包含的其他项目,如全日制教育的超课时工作量;社会服务项目的授课课酬、项目管理费、考务费、监考费、奖励费,科技专项中的人员经费等,视学院经费情况发放一定的人员经费。其中课酬类标准如下:

(1)全日制教育类超课时的课酬标准。初级和未定级、中级、副高级、正高级职称课时标准分别为××元、××元、××元、××元。

(2)社会服务项目授课的课酬标准。初级和未定级×××~×××元,中级×××~×××元,副高级×××~×××元,正高级×××~×××元。

16.3.4 工资发放的其他规定

(1)教职工工伤假、住院病假和国家规定的婚假、产假、计划生育假等,休假期间的工资政策按学校最新政策执行。

(2)教职工受党纪、政纪处分或刑事处罚,工资政策由学院另行规定或按学校有关规定执行。

16.4 非编人员的薪酬

学院聘用、聘请的非编人员,按岗位类型、工作特点、工作完成量等计发薪酬。非编人员薪酬经费限制在学校核定的非编人员经费范围之内,按年度核算。执行过程中若经费有余,原则上不调整薪酬标准;若经费不足,则相应下调薪酬标准。

16.4.1 非编教师的课酬

非南宁职业技术学院编制教师承担建筑工程学院课程授课,按时按要求正确完成"备课、授课、批改作业、课堂登记、考核命题、成绩评定、成绩录入"等课程授课所有环节的工作,按在编教师超课时标准的150%左右的标准计发税前课酬。

1. 技术人员

(1)初级职称×××~×××元/课时。

(2)中级职称×××~×××元/课时。

(3)副高职称×××~×××元/课时。

(4)正高职称×××~×××元/课时。

兼课教师按建筑工程学院教务中心规定的时间完成成绩评定和成绩录入的,每门课程每个班级另外奖励300元。不按建筑工程学院教务中心规定完成成绩评定和成绩录入的,不予奖励,并适当减发课酬。

2. 工匠人员

(1)技术工人×××~×××元/课时。

(2)技师×××~×××元/课时。

(3)高级技师×××~×××元/课时。

(4)省级以上工匠名师×××~×××元/课时。

兼课教师按建筑工程学院教务中心规定的时间完成成绩评定和成绩录入的,每门课程每个班级另外奖励300元。不按建筑工程学院教务中心规定完成成绩评定和成绩录入的,不予奖励,并适当减发课酬。

3. 企业人员

无具体职称的行业企业人员,按以下标准计发税前课酬:

(1)小型企业业务主管×××~×××元/课时。

(2)小型企业中层人员×××~×××元/课时。

(3)小型企业领导×××~×××元/课时。

(4)大中型企业业务主管×××~×××元/课时。

(5)大中型企业中层人员×××~×××元/课时。

(6)大中型企业领导×××~×××元/课时。

兼课教师按建筑工程学院教务中心规定的时间完成成绩评定和成绩录入的,每门课程每个班级另外奖励300元。不按建筑工程学院教务中心规定完成成绩评定和成绩录入的,不予奖励,并适当减发课酬。

16.4.2 非编专家的薪酬(劳务费)

学院聘用、聘请高等院校、科技院所、行业企业、科技管理部门、教育管理部门的退休专家、兼职专家担任专职或兼职工作,按实际工作量或约定标准支付薪酬(咨询费、劳务费等)。

1. 专题讲座、专题报告

(1)面向教师为主的专题讲座、专题报告。

①中级职称(或相当于):2课时以内×××~×××元/次。
　　　　　　　　　　　2课时以上×××~××××元/次。
②副高职称(或相当于):2课时以内×××~×××元/次。
　　　　　　　　　　　2课时以上×××~××××元/次。
③正高职称(或相当于):2课时以内×××~×××元/次。
　　　　　　　　　　　2课时以上×××~××××元/次。
④省级专家、省级名师:2课时以内×××~×××元/次。
　　　　　　　　　　　2课时以上×××~××××元/次。
⑤国家级专家、国家级名师:2课时以内××××~××××元/次。
　　　　　　　　　　　　　2课时以上××××~××××元/次。

区外专家原则上按中上限标准计发。

(2)面向学生为主的专题讲座、专题报告,按以上标准的60%~80%计发。

2. 评议评审

参加建筑工程学院科技项目、人才培养、专业技术职务、专业教师引进等学术方面的评议评审,薪酬(劳务费)标准如下:

(1)以集中会议形式进行评议评审,半天400~600(×××~×××)元,一天×××~××××元。

(2)以网上分组、分工进行评议评审,视工作量和技术难度折算为时长,折算时长半天×××~×××元,一天×××~××××元。

3. 教学督导、党务专员、行政专员、培训专员

聘请具有较丰富高等院校教学管理经验的退休专家及其他人员担任建筑工程学院教学督导、党务专员、行政专员、培训专员等工作,完成工作职责,税前薪酬为××××~××××元/月,一年计12个月,不另负担社保。

4. 科技顾问

聘请非学院在职在编的高等院校、科研院所具有丰富科研经验、科技能力较强、博士学位或正高职称以上人员,或科技管理、教育管理行政职能部门退休专家担任建筑工程学院科技顾问,完成工作职责,薪酬标准如下:

(1)博士或教授(兼任):××××~××××元/月,一年按12个月计发,不另负担社保。

(2)博士或教授(专任):××××~××××元/月,一年按12个月计发,不另负担社保。

5. 专业带头人

聘请副高级职称以上的院外教师担任建筑工程学院专业带头人。

(1)专职任职,薪酬标准为"专业带头人岗位工资+按兼职教师标准计发的课酬"。其中,岗位工资一年按10个月计发,不另负担社保。

(2)兼职任职,薪酬为"专业带头人岗位工资的30%~50%+按兼职教师标准计发的课酬"。

其中，岗位工资一年按 10 个月计发，不另负担社保。

6. 其他

除以上情形外，根据工作需要聘任、聘请的其他兼职专家，视工作性质、工作时间、工作内容、工作业绩等适当付酬。

16.4.3 非编辅助性岗位人员的薪酬

1. 非编辅助性岗位人员的绩效工资

经南宁职业技术学院批准聘用的建筑工程学院非编辅助性岗位全职人员，绩效工资原则上按以下方式计发：

(1)本科学历聘用第一年、第二年、第三年及三年以上绩效工资分别为不低于每月××××元、××××元、××××元；社保基金和住房公积金非个人缴纳部分，由学校按国家和学校相关规定另行缴纳。绩效工资一年按 12 个月计发。缺勤或未完成岗位职责任务，减发绩效工资。

(2)硕士研究生以上学历聘用第一年、第二年、第三年及三年以上绩效工资分别为不低于每月××××元、××××元、××××元；社保基金和住房公积金非个人缴纳部分，由学校按国家和学校相关规定另行缴纳。绩效工资一年按 12 个月计发。缺勤或未完成岗位职责任务，减发绩效工资。

2. 非编辅助性岗位全职人员的其他奖补

如学院经费许可，非编辅助性岗位全职人员可享受积分工作量等绩效工资以外的其他奖补。

3. 非编辅助性岗位全职人员的社保待遇

学院聘用的非编辅助性岗位全职人员，由学校缴纳规定比例和额度的社保基金和住房公积金，个人支付部分在其绩效工资中扣减。

16.5　附则

(1)《建筑工程学院分级管理综合改革实施方案》(2017—2018 年)实施起启时间为 2017 年 1 月 1 日。实施期 2 年，自 2017 年 1 月 1 日起至 2018 年 12 月 31 日止。

(2)实施期间，建筑工程学院现有规定与《建筑工程学院分级管理综合改革实施方案》(2017—2018 年)不一致的，按《建筑工程学院分级管理综合改革实施方案》(2017—2018 年)执行。

(3)实施期间，如学校人事聘用制度或二级学院分级管理政策有重大调整，建筑工程学院经学院党政联席会议讨论，《建筑工程学院分级管理综合改革实施方案》(2017—2018 年)可重新修订或停止执行。

附件 1：建筑工程学院机构岗位设置总体方案(2017—2018 年)

附件 2：建筑工程学院在职在编人员岗位名称、任职基本条件及岗位工资系数表(2017—2018 年)

附件 3：建筑工程学院在职在编人员基本工作量(2017—2018 年)

附件 4：建筑工程学院在职在编人员积分工作量计算表(2017—2018 年)

附件 5：建筑工程学院分级管理改革试点积分工作量申请表(2017—2018 年)

附件 6：建筑工程学院分级管理改革岗位应聘申请表(2017—2018 年)

南宁职业技术学院建筑工程学院
2016 年 12 月 1 日

附件 1

建筑工程学院机构岗位设置总体方案(2017—2018 年)

序号	类别	机构名称	在职在编负责人	在职在编人员(含经学校批准的聘用人员)	非编辅助性岗位全职人员(含全职学生助理)	备注
1	管理服务岗位	学院领导(全职领导)	3			
2		教务管理服务中心	1	4	≤2	
3		学生管理服务中心	1	3	≤2	
4		综合服务中心	1	3	≤2	
5		团学组织服务中心	1			
6	专业与教辅岗位	工程造价专业团队	1	6		骨干教师原则上按不超过专任教师总数 35% 的比例选聘
7		建筑工程技术与工程管理专业团队	1	12		
8		建筑装饰工程技术专业团队	1	3		
9		房地产经营与估价专业团队	1	4		
10		物业管理专业团队	1	4		
11		建筑设计技术专业团队	1	2		
12		科技竞赛部	1	1		
13		生产实训中心	1	2	≤1	
14		专职辅导员(归口学生中心管理)		≥3		
15	合计		15	47		未含经学校批准脱产学习一年以上人员
说明	根据工作需要聘用到管理服务岗位的专业教师,履行管理服务岗位工作职责,按管理服务岗位定责定薪和考核,参与专业团队部分业务活动,享受专业教师的培训学习					

附件2

建筑工程学院在职在编人员岗位名称、任职基本条件及岗位工资系数表（2017—2018年）

序号	类别	岗位名称	所有岗位	任职基本条件	岗位工资系数
0		所有岗位		热爱祖国，拥护中国共产党，遵纪守法，勤岗敬业	
1		学院书记、院长		符合南宁职业技术学院二级学院书记、院长任职条件，由学校任命	2.50
2		学院副书记、副院长		符合南宁职业技术学院二级学院副书记、副院长任职条件，由学校任命	2.15
3	管理服务岗	教学管理服务中心负责人		副高以上职称；或硕士以上学历+中级以上职称，或现任教务中心负责人	1.90
4		学生管理服务中心负责人		中共党员+硕士以上学历+本科毕业三年以上；或中共党员+本科以上学历+中级以上职称；或现任学生管理服务中心负责人	1.90
5		综合管理服务中心负责人		中共党员+硕士以上学历+本科毕业三年以上；或中共党员+本科以上学历+中级以上职称；或现任综合办公室负责人	1.90
6		团学组织服务中心负责人		中共党员+硕士以上学历+本科毕业一年以上；或中共党员+本科毕业三年以上；或现任团学中心负责人	1.70
7		主管		硕士以上学历+中级以上职称	1.50
8		专员一		硕士毕业两年以上或人编院校一年以上	1.35
9		专员二		硕士毕业两年以下或人编院校未满一年	1.00
10	专业岗位	专业带头人		副高以上职称；或现任专业团队带头人	2.00
11		专业负责人		硕士以上学历+中级职称三年以上，或本科以上学历+中级职称五年以上；或现任专业团队负责人	1.90
12		科技竞赛部负责人		硕士以上学历+中级职称三年以上，或本科毕业四年以上或人编院校五年以上；或现任专业团队负责人	1.90
13		实训中心负责人		硕士以上学历+中级职称三年以上，或本科以上学历+中级职称四年以下或人编院校未满一年以上；或现任专业团队负责人	1.90
14	教辅岗位	骨干教师		副高以上职称；或现任聘骨干教师岗位，或现聘骨干教师岗位有缺额时，从绩效考核优秀的教师—中递补	1.60
15		教师一		人编院校两年以上，且硕士毕业三年以上或本科毕业五年以上	1.35
16		教师二		人编院校未满两年，且人编前硕士毕业未满三年或本科毕业未满一年的教师	1.20
17		见习教师		人编院校未满一年，且人编前硕士毕业未满一年或本科毕业未满一年的教师	1.00
18		主管辅导员		硕士以上学历+中级职称两年以上；或本科以上学历+中级职称三年以上	1.50

续表

序号	类别	岗位名称	任职基本条件	岗位工资系数
19	专业岗位	专职辅导员一	硕士毕业两年以上或本科毕业四年以上入编院校一年以上	1.35
20	教辅岗位	专职辅导员二	硕士毕业两年以下或本科毕业四年以下入编院校未满一年	1.00
21		工勤人员	本科以下学历或初级以下技术职称的建筑工程学院在职在编现岗人员	1.00
说明			1. 两个专业合并按一个团队进行管理，设一个专业带头人（负责人）的，专业带头人（负责人）岗位工资系数在原有基础上增加10%。 2. 三个专业合并按一个团队进行管理，设一个专业带头人（负责人）的，专业带头人（负责人）岗位工资系数在原有基础上增加15%	

附件3

建筑工程学院在职在编人员基本工作量（2017—2018年）

序号	类别	岗位名称	基本工作量	备注
1	管理服务岗位	学院书记、院长	1. 带领学院做好各项工作，完成学院年度重点工作任务和年度总体工作目标任务。 2. 完成A类科技工作任务量，按年度考核。 3. 完成学院年度重点工作任务和年度总体工作目标任务。	
2		学院副书记	1. 带领学院分管部门做好分管工作，按年度考核。 2. 完成C类科技工作任务量，院长商办的其他工作。 3. 完成学校领导交办和学院领导交办的其他工作	
3		学院副院长	1. 带领学院分管部门做好分管工作，按年度考核。 2. 完成A类科技工作任务量，院长商办的其他工作。 3. 完成学校领导交办和学院领导交办的其他工作	
4		教学管理服务中心负责人	1. 带领本部门做好各项工作，完成岗位职责工作任务、重点工作任务和年度总体工作目标任务。 2. 完成C类科技工作任务量，按年度考核。 3. 完成学校领导和学院领导交办的其他工作	
5		学生管理服务中心负责人	1. 带领本部门做好各项工作，完成岗位职责工作任务、重点工作任务和年度总体工作目标任务。 2. 完成C类科技工作任务量，按年度考核。 3. 完成学校领导和学院领导交办的其他工作	

续表

序号	类别	岗位名称	基本工作量	备注
6	管理服务岗位	综合服务中心负责人	1. 带领本部门做好各项工作，完成岗位职责工作任务，重点工作任务和年度总体工作目标任务。 2. 完成C类科技工作任务量，按年度考核。 3. 完成学校和学院领导交办的其他工作	
7		团学组织服务中心负责人	1. 带领本部门做好各项工作，完成岗位职责工作任务，重点工作任务和年度总体工作目标任务。 2. 完成C类科技工作任务量，按年度考核。 3. 完成学校和学院领导交办的其他工作	
8		实训中心负责人	1. 履行岗位工作职责，带领本专业团队完成年度重点工作等各项工作目标任务。 2. 完成C类科技工作任务量，按年度考核。 3. 完成学校和学院领导交办的其他工作	
9		主管	1. 完成岗位工作任务。 2. 完成C类科技工作任务量，按年度考核。 3. 完成学院领导交办和部门领导安排的其他工作	
10		专员一	1. 完成岗位工作任务。 2. 完成学院领导交办和部门领导安排的其他工作	
11		专员二	1. 完成岗位职责工作任务。 2. 完成学院领导交办和部门领导安排的其他工作	
12		主管辅导员	1. 每学期全职带班学生216人（经学院同意兼任学生中心部分专职工作的，带班学生标准适当降低，但不低于160人）。 2. 完成C类科技工作任务量，按年度考核。 3. 完成学院领导交办和部门领导安排的其他工作	

续表

序号	类别	岗位名称	基本工作量	备注
13	管理服务岗位	专职辅导员（一）	1. 每学期全职带班学生 216 人（经学院同意兼任学生中心部分专职工作的，带班学生标准适当降低，但不低于 160 人）。 2. 完成 C 类科技工作任务量，按年度考核。 3. 完成学院领导交办和部门领导安排的其他工作	
14		专职辅导员（二）	1. 每学期全职带班学生 216 人（经学院同意兼任学生中心部分专职工作的，带班学生标准适当降低，但不低于 160 人）。 2. 完成学院领导交办和部门领导安排的其他工作	
15	专业岗位	专业带头人（负责人）	1. 履行岗位工作职责，带领本专业团队完成年度重点工作各项工作目标任务。 2. 完成 A 类科技工作任务量，按年度考核。 3. 每学期完成课时 144 课时（含实习实训指导、毕业论文毕业设计指导、兼职班主任的折算课时），按学期考核。 4. 完成学院领导交办和部门领导安排的其他工作	
16		科技竞赛部负责人	1. 履行岗位工作职责，带领本专业团队完成年度重点工作各项工作目标任务。 2. 完成 A 类科技工作任务量，按年度考核。 3. 每学期完成课时任务量 108 课时（含实习实训指导、毕业论文毕业设计指导、兼职班主任的折算课时），按学期考核。 4. 完成学院领导交办和部门领导安排的其他工作	
17		专业骨干教师	1. 每学期完成课时任务量 216 课时（含实习实训指导、毕业论文毕业设计指导、兼职班主任的折算课时），按学期考核。 2. 完成 A 类科技工作任务量，按年度考核。 3. 完成学院领导交办和部门领导安排的其他工作	
18		专业团队教师一	1. 每学期完成课时任务量 216 课时（含实习实训指导、毕业论文毕业设计指导、兼职班主任的折算课时）。 2. 完成 B 类科技工作任务量，按学期考核。 3. 完成学院领导交办和部门领导安排的其他工作	

续表

序号	类别	岗位名称	基本工作量	备注
19	专业岗位	专业团队教师二及见习教师	1. 每学期完成课时任务量216课时(含实习实训指导的折算课时)，按学期考核。 2. 完成学院领导和部门领导安排的其他工作	毕业论文毕业设计指导、兼职班主任
20		科技竞赛部专员	1. 每学期完成课时任务量108课时(含实习实训指导的折算课时)，按学期考核。 2. 完成聘任岗位对应的科技工作任务量(骨干教师A类、教师一B类、教师二C类)，按年度考核。 3. 完成岗位职责其他工作任务。 4. 完成学院领导和部门领导安排的其他工作	毕业论文毕业设计指导、兼职班主任
21	教辅岗位	工勤人员	1. 履行岗位职责，完成岗位职责工作内容。 2. 完成学院和部门领导交办的其他工作	

折算课时说明

1. 综合实训折算课时。指导综合实训及专项实习的课时，2016级按培养方案执行，2015级、2014级、2015级无明确规定的，原则上参照2016级培养方案执行。
2. 认识实习折算课时。指导认识实习的课时，2016级按培养方案执行，2014级、2015级无明确规定的，原则上参照2016级培养方案执行。
3. 顶岗实习折算课时。指导顶岗实习的课时，2016级按培养方案执行，2014级、2015级无明确规定的，原则上参照2016级培养方案执行。

科技工作说明

一、科技工作设14项如下：
1. 项目立项。课题或项目获得立项，学校级排名前二，市厅级排名前三，省部级排名前四，国家级排名前五。
2. 项目结题。课题或项目通过结题，学校级排名前二，市厅级排名前三，省部级排名前四，国家级排名前五。
3. 出版著作。出版专著类、著作类书籍，署名前三。
4. 出版教材。出版专业教材或实训指导书，任主编或副主编。
5. 发表论文。公开发表论文，北大中文核心期刊以上刊物署名前二，其他刊物署名第一。
6. 取得专利。发明专利署名前三，实用新型、外观设计、计算机软件著作权等其他专利署名第一。
7. 技能证书。获得建筑相关行业中级以上技能等级证书。
8. 指导竞赛。任第一指导教师指导1个学生团队或2名以上学生个人参加技术技能类竞赛，学校职能部门及建筑工程学院级获二等奖以上，学校级市厅级三等奖以上，省部级国家级优秀奖以上。
9. 教师参赛。教师本人参加业务类竞赛，学校职能部门及建筑工程学院级获二等奖以上，学校级市厅级三等奖以上，省部级国家级优秀奖以上。
10. 科技成果获奖。获得科技成果奖，学校级排名前二，市厅级排名前三，省部级国家级排名前五

续表

序号	类别	岗位名称	基本工作量	备注
		11. 教学成果获奖。	获得教学成果奖，学校级排名前三，市厅级排名前二，省部级国家排名前五。	
		12. 论文论著获奖。	除教学成果及科技成果奖外，学校级市厅三等奖以上、省部级国家级优秀以上。	
		13. 学术报告或讲座。	举办三个专业以上全体教师参加的学术报告或科技讲座。第一署名的专著、著作、教材、论文、专利等科技成果送评参评，讲座时长1课时以上。	
		14. 科技立项课题。	部门立项及学校职能部门及建工学院级的立项课程或立项课题项目，排名第一。	
科技工作说明		二、科技工作任务量	根据聘任岗位，设A、B、C三个类别的科技工作任务量。	
		1. A类：一年内完成科技工作量3项次以上(含3项次)，其中1～6至少1项次。		按年度考核
		2. B类：一年内完成科技成果工作量2项次以上(含2项次)，其中1～6至少1项次。		按年度考核
		3. C类：一年内完成科技工作量1项次(含1项次)。		按年度考核
其他说明		1. 大班授课课酬。	班级实际学生数51～55人，课酬标准增加××元；班级实际学生数56～60人，课酬标准增加××元。校内及外聘兼职教师同等，按学期结算。	
		2. 超课或缺课时。	有授课任务的教师超课时或缺课时，按每一课时初级或未定级××元，中级××元，副高级××元，正高级××元的标准计发超课时奖或减发岗位工资。大班授课则按大班授课课酬的相应标准执行。	
		(1) 有授课任务的教师一学期缺课时数大于54课时的，除按课酬标准减发相应的岗位工资外，再另减发一个月岗位工资。按学期结算。		
		(2) 如学校有新的教师当学期缺课时标准的，超课时或缺课时的调课情况，按公布结果，在职在编教师除公务差旅、法定节假日，非周末的国家级考试，非周末的学校级停课外，均按以下标准执行：		
		3. 课主教师调课。	学院教务中心每学期通报1次课主教师调课1次。同时，骨干教师一次年改聘为教师一或改为兼聘教职，教师二次年继续聘为教职工除外。	
		(1) 经学院教务中心批准的调课。	一学期3次、4次、5次及5次以上，分别减发一个月的四分之一、半个月、一个月岗位工资。	
		(2) 未经学院教务中心批准自行调课，调课后与其他课程无时间冲突。	一学期2次、3次、4次及4次以上，分别减发一个月的四分之一、半个月、一个月岗位工资。	
		(3) 未经学院教务中心批准自行调课，调课后与其他课程有时间冲突。	一学期1次、2次、3次及3次以上，分别减发一个月的四分之一、半个月、一个月岗位工资。	
		4. 未完成科技工作量。		
		(1) 专任教师未完成当年科技工作量，教师二次年继续聘为教师一或改聘为兼职教职工，教师一次年改聘为教师二或改为兼聘教职，当年退休的专任教师，按年度结算。		
		(2) 其他教职工未完成年度科技工作量，每缺一项，减发一个月岗位工资。当年度退休的教职工除外。		

附件4

建筑工程学院在职在编人员积分工作量计算表（2017—2018年）

序号	项目			单位	积分工作量	申请人	审核人
	一、正积分						
		1. 科技积分					
01			项目立项	项	科技科研项目或教研教改项目表种得立项，按建筑工程学院员工在其中的排名（署名计积分： A. 国家级项目，署名第一合计50积分，第二合计30积分，第三合计15积分，第四、五分别合计10积分，5积分。 B. 省部级项目，署名第一合计30积分，第二合计15积分，第三合计8积分。 C. 市厅级项目，署名第一合计15积分，第二合计8积分，第三合计5积分。 D. 学校级项目，署名第一合计5积分，第二合计3积分，第三及第三以后不计分。	靠前署名人	科技专员
02			项目结题	项	科技科研项目或教研教改项目通过评审获得结题： A. 国家级项目，署名第一合计80积分，第二合计50积分，第三合计30积分，第四、五分别合计20积分，10积分。 B. 省部级项目，署名第一合计50积分，第二合计20积分，第三合计10积分，第四、五分别合计5积分，3积分。 C. 市厅级项目，署名第一合计30积分，第二合计10积分，第三合计5积分。 D. 学校级项目，署名第一合计10积分，第二合计5积分，第三及第三以后不计分。	靠前署名人	科技专员
03			出版著作	部	公开出版专著类、著作权类书籍，署名第一合计20积分，第二合计10积分，第三合计5积分	靠前署名人	科技专员
04			出版教材	本	公开出版专业类教材或实训指导书，任主编10积分，前一的副主编5积分，编写章节2积分	靠前署名人	科技专员
05			发表论文	篇	公开发表论文。北大中文核心期刊署名第一10积分，第二5积分；其他刊物署名第一5积分，第二合计5积分，第三及以后不计分	靠前署名人	科技专员
06			获得专利	项	获得专利或计算机软件著作权证书。发明专利署名第一合计20积分，第二合计10积分，第三合计5积分，实用新型、外观设计、计算机软件著作权等其他专利署名第一合计10积分，第二合计5积分，第三合计2积分	靠前署名人	科技专员
07			技能证书	项	教师本人获得建筑相关行业技能等级证书，技师8积分，高级5积分，高级技师及以上10积分	教师本人	科技专员

续表

序号	项目	单位	积分工作量	申请人	审核人
08	指导竞赛	项	1. 指导学生参加专业类竞赛获奖（含院内教师和院外教师指导竞赛）。 （1）院内教师独立指导1个团体赛或指导2~3名学生个人赛，合计积分如下： 国家级一等奖50积分，二等奖40积分，三等奖30积分，优秀奖20积分，二等奖30积分，三等奖15积分，优秀奖10积分；省部级一等奖40积分，二等奖20积分，三等奖15积分；市厅级一等奖20积分，二等奖10积分，三等奖5积分；学院级和学校职能部门级一等奖10积分，二等奖3积分，三等奖1积分。团体赛除设团体奖外再设个人奖的，再按个人奖的20%累计积分。 （2）院内教师与院外教师共同指导1个团体赛或2~3名学生个人赛，合计积分如下： ①院内教师任第一指导教师的，院内教师按上述（1）标准按70%计积分，院外教师则按不超过院内教师积分折算金额的150%计积分。团体赛事除设团体奖外再设个人奖的，除计团体奖积分外，再按个人奖的20%累计积分。 ②院内教师任第二指导教师的，院内教师按上述（1）标准按40%计积分，院外教师则按不超过院内教师积分折算金额的300%计算劳务费。团体赛事除设团体奖外再设个人奖的，除计团体奖积分外，再按个人奖的20%累计积分。 2. 指导学生参加公共类竞赛获奖，按专业类竞赛的60%计积分（积分计算保留1位小数点）	指导教师	科技专员
09	教师参赛	项	1. 教师本人参加专业类竞赛获奖：国家级一等奖30积分，二等奖20积分，三等奖15积分，优秀奖15积分；省部级一等奖20积分，二等奖15积分，三等奖10积分，优秀奖5积分；市厅级一等奖10积分，二等奖5积分，三等奖3积分；学院级一等奖5积分，二等奖3积分，三等奖1积分。 2. 教师本人参加公共类竞赛获奖，按专业类技术技能竞赛的60%计积分（积分计算保留1位小数点）	教师本人	科技专员
10	科技成果奖	项	科技科研项目经评审获三等以上成果奖： 1. 国家级奖，署名第一合计100积分，署名第二合计60积分，署名第三合计50积分，第四、五分别合计30积分，20积分。 2. 省部级奖，署名第一合计60积分，署名第二合计40积分，署名第三合计30积分，第四、五分别合计20积分，10积分。 3. 市厅级奖，署名第一合计40积分，署名第二合计30积分，署名第三合计20积分，第四、五分别合计10积分，5积分。 4. 学校奖，署名第一合计20积分，署名第二合计10积分，第三及第三以后不计分	署前署名人	科技专员

续表

序号	项目	单位	积分工作量	申请人	审核人
11	教学成果获奖	项	教学教改项目经评审获三等以上教学成果奖： 1. 国家级奖，署名第一合计100 积分，第二合计60 积分，第三合计50 积分、第四、五分别合计30积分、20 积分。 2. 省部级奖，署名第一合计60 积分，第二合计40 积分，第三合计30 积分、第四、五分别合计20 积分、10 积分。 3. 市厅级奖，署名第一合计40 积分，第二合计30 积分，第三合计20 积分、第四、五分别合计10 积分、5 积分。 4. 学校级奖，署名第一合计20 积分，第二合计10 积分，第三及第三以后不计分	靠前署名人	科技专员
12	论文论著获奖	项	署名第一作者的论文、论著、专利或担任主编的教材，送评参评获得三等以上奖项的： 国家部级一等奖10 积分，二等奖8 积分，三等奖5 积分。 省部级一等奖8 积分，二等奖5 积分，三等奖3 积分。 市厅级一等奖6 积分，二等奖3 积分，三等奖2 积分。 学校级一等奖4 积分，二等奖2 积分，三等奖1 积分	靠前署名人	科技专员
13	学院级项目立项或结题	项	学校职能部门或建筑工程学院级别的项目立项或项目结题；本人署名第一合计3 积分；署名第二及第二之后不计分	靠前署名人	科技专员
14	报告和讲座	次	建筑工程学院院内教职工举办各类报告、专项培训或讲座： 1. 面向全校师生的报告或讲座，1～1.5 课时5 积分，2～3 课时8 积分，或由学校付酬。 2. 面向建筑工程学院的报告或讲座，1 课时以内2 积分，1～1.5 课时4 积分，2～3 课时6 积分。 3. 正高级职称人员做报告或讲座按1.5 系数计	综合中心专员或承办人	综合中心主任
15	学术评议评审	项	学院科研项目、人才培养、专业技术职务、专业教师方面的评议评审。 1. 以集中会议形式进行评议评审的，按评议评审时间计，一课时1.5 积分，不满一课时按一课时计。 2. 以网上分组、分工进行评议评审的，视任务工作量和科技难度折算为课时计积分 注：其他科室、行政人员开展，参加以下项目或类似项目的，可申请对应的积分	科技专员	科技部主任
16	2. 教学积分 主讲公开课	次	主讲公开课评课，每次3 积分	教务专员	教务专员
17	评讲公开课	次	参加公开课评课，每人一次1 积分	教务专员	教务专员

续表

序号	项目	单位	积分工作量	申请人	审核人
18	企业锻炼	项	1. 寒暑假到南宁市辖区内的企业顶岗、挂职、学习、锻炼，提交企业证明及1 500字以上总结：10天以下不计分，10天以上5积分，30天以上10积分，提交企业证明及1 500字以上总结；仅提交企业证明3积分，不提交企业证明不计分。 2. 非寒暑假到南宁市辖区内企业顶岗、挂职、学习、锻炼，提交企业证明及1 500字以上总结：按全勤上班处理，全额发放顶岗工资。 3. 到南宁市辖区外的企业顶岗、挂职、学习、锻炼等，提交企业证明和1 000字以上总结：按公务出差报账	教职工本人	教务专员
19	教学评价优秀	人	教师在学期教学评价中获得优秀，按学院文件所列名单，每人1积分	教务专员	教务中心主任
20	教学评优获奖	人	教师在学院年度教学评优评活动中获胜，按学院文件所列名单，一等奖每人2积分，二等奖每人1积分	教务专员	教务中心主任
21	监考	项	全日制教育考试每监考一次1积分。补考监视考考人数等因素适当计酬	教务专员	教务中心主任
22	非教学常规考试	次	学院非教学常规考试考前准备工作，无专项经费支持的，教务中心每次10积分	教务专员	教务中心主任
23	开学前教学准备	项	每学期开学前，提前做好会议组织安排、人员培训、设备检修调试、排课、教材、教学区域卫生、老生注册等工作，确保顺利开学。教务中心25积分，生产实训部10积分，综合中心10积分，学生中心10积分，老生辅导员每人1积分	教务员	教务中心主任
24	校企合作工作	人	担任学院校企合作项目联络员，按照学院工作要求做好工作联络并提交工作证明材料的，除每次到企业走访所计积分外，每学期再另计3积分	项目联络员	科技部主任
25	引进高水平师资	人	推荐引进博士一人，20积分，推荐引进一级企业副总经理或二级企业总经理以上人员，且具有高级职称的，10积分，推荐并成功引进其他高水平师资3～5积分	博士推荐人	综合中心主任
26	兼职教学督导	项	兼任学院教学督导，每学期5积分	教师本人	分管院领导
27	培养方案审印	专业	教务中心负责建筑工程学院专业培养方案的最终排版、审定、交印成册等，一专业计教务中心5积分	教务专员	分管院领导
28	专业团队教学工作	项	专业团队教学评价（是指教学任务完成量、教学质量评价等指标，不含科技工作量）排名学院专业团队前三，团队按发负责人每人3积分，教师平均每人2积分，由团队负责人进行分发总积分。一学期或一学年评价一次	专业负责人	分管院领导

续表

序号	项目	单位	积分工作量	申请人	审核人
29	专业团队科技工作	项	专业团队85%以上人员完成科技工作年度任务，且年度科技工作人员均积分排名学院专业团队前三，团队负责人5积分，团队教师每人3积分（人数按四舍五入单双计算）	专业负责人	分管院领导
30	教师成立公司	家	专业教师新成立的公司与本专业领域相关的公司负责人3积分、公司股东每人1.5积分	公司负责人	分管院领导
31	工作调研交流	项	到南宁市辖范围（不含市管县）的企业、行业工作调研交流、校企合作洽谈等，无差旅补贴的，半天1.0积分	调研组代表	分管院领导
3. 党学团积分					
32	学院就业率高	项	学院毕业生初次就业率高于93%，院长、主管领导、学生中心主任每人4积分，就业专员3积分	学生专员	学生中心主任
33	专业就业率高	项	专业毕业生初次就业率高于93%，专业负责人、毕业班辅导员（班主任）每人3积分；团队教师按平均人1.5积分，由团队负责人进行分配	专业负责人	学生中心主任
34	学院招生	项	学院招生录取完成率大于98%且新生报到率大于86%，院长、主管领导、学生中心主任每人3积分，招生专员2积分	学生专员	学生中心主任
35	专业招生	项	专业招生录取完成率大于98%且新生报到率大于86%，团队负责人3积分，由团队负责人进行分配	专业负责人	学生中心主任
36	学生回访	项	到南宁市辖区（不含市管县）用人单位开展毕业生、顶岗实习学生回访、收集就业相关资料等，无差旅补贴的，半天1.0积分	回访组代表	学生中心主任
37	学生评优评先表奖	项	学生班级获先进班集体、辅导员（班主任）获奖励积分，省级5积分，校级3积分，院级2积分	辅导员本人	学生中心主任
38	团支部评优评先表奖	项	学生团支部获先进或优秀团支部、辅导员（班主任）获奖励积分，省级5积分，校级3积分，院级2积分	辅导员本人	团学中心主任
39	党员培养及发展	项	教职工党员作为入党介绍人培养并发展1名师生加入中国共产党，2积分；担任培养联系人并完成培养联系工作要求的，一学期2积分	支部委员	综合中心专员
40	暑假就业工作	项	每年7~8月份暑假期间，学院应届毕业生就业数据收集统计上报等，全部参与本工作的在职在编人员合计≤150积分（另外，学生助理协助工作，按合计≤100积分的总量标准，发放工作补助费）	学生中心主任	分管院领导
41	指导学生成立公司	个	教师指导学生并联合成立本专业领域相关的公司负责人3积分，学生任公司法人、指导教师3积分；教师任公司股东每人1.5积分	指导教师	分管院领导

续表

序号	项目	单位	积分工作量	申请人	审核人
42	党校培训班	期	组织学院党校培训班、完成党校培训工作、授课及考核工作，组织单位每次合计6积分	组织人	综合中心主任
43	辅导员专项监考	人	辅导员参加入学教育、军事理论等考试的监考及阅卷工作的，每人计2积分	学生中心专员	学生中心主任
4. 综合积分					
44	宣传工作	篇	1. 传统媒体宣传。撰写报道学院办学活动的新闻稿件，校外媒体发布3积分，学校官网发布2积分，学校办公网新闻中心发布1.5积分，学校网站学院网发布1积分，学院网以发布，不同层级媒体同一事件均以发布按最高者计分，不重复计分。审稿人（学院中层负责人以上）按撰稿人的三分之一计分，学校办公网传阅及建筑工程学院本部门发布，不计分。2. 新媒体宣传。撰写报道学院办学活动的新闻稿件，学校微信公众号、建筑工程学院微信公众号推文一篇2分，学校招生就业处等职能部门以上层次的微信公众号发布推文一篇1分，在其他新媒体外媒发布，每篇1.5分。审稿人（学院中层负责人以上）按撰稿人的三分之一计积分	撰稿人	综合中心专员
45	组织师生社会服务活动	次	组织全院教职工开展校园内外集体活动并提交文字总结、新闻稿件4~6积分，仅组织活动无总结2~3积分	活动组织者	综合中心主任
46	学院完成重点工作任务	项	学院完成与学校签订的重点工作任务，院领导每人3积分	综合办专员	综合中心主任
47	组织公益募捐	项	组织社会、校友对建筑工程学院公益募捐、捐赠活动，按捐款额或捐赠物品价值，每万元2积分	活动组织者	综合中心主任
48	学院获得表彰	项	学院或学院党委获市级以上表彰，院领导或党委委员每人3积分，申报材料主笔人员、学院工或学院党委获学校以上表彰，院领导或党委委员每人2积分，申报材料主笔人员、学院工或党委员每人0.5积分	综合办专员	综合中心主任
49	引进合作项目	项	成功引进校企、校校合作办学项目并考察实签订合作协议，经学校会议讨论通过的学校级协议15积分，不经学校会议讨论通过的学校级协议8分，学院签订的协议5积分	项目引进人	综合中心主任
50	兼职党支部委员	项	兼任学院党支部支部书记并列席学院党政联席扩大会议，每月1~4积分，兼任支部委员的1~3积分，按照每个月工作量或成绩申报，由学院进行综合评定	各支部委员	综合中心主任
51	教职工指导社团活动	个	经团学中心确认的社团指导教师，开展社团指导活动，每学期一次计2~3积分。成效突出的，再按专项目适当计积分或奖励	团学中心主任	分管院领导

续表

序号	项目	单位	积分工作量	申请人	审核人
52	教职工参加文体活动	项	教职工本人参加校级以上（含校级）文体活动（比赛）、娱活动（比赛）次数，获奖档次等，一人1~3积分	学院工会委员	分管院领导
53	个人获评优评选先进表彰	项	获得省级以上个人先进4积分；市、一级先进5积分；学校党委、行政、学校其他职能部门发文2积分；建筑工程学院发文3积分；纪委发文2积分	综合中心专员	分管院领导
54	部门或支部获评优评选先进表彰	项	院内部门或党支部获校级以上评优评选先进表彰，部门员工或党支部党员每人1积分；获校院级年度考核优秀2积分；获院级评优评先表彰，部门员工或党支部党员每人2积分	部门或党支部负责人	分管院领导
55	承担学院重点工作任务	项	院内部门（专业团队）承担学院的年度重点工作任务、完成任务的，部门或团队负责人4积分，其他人员每人2积分	综合中心专员	分管院领导
56	部门完成重点工作任务	项	院内部门（专业团队）完成与学院签订的重点工作任务，部门或团队负责人4积分，其他人员每人2积分	本部门负责人	分管院领导
57	专项工作考评验收	项	学院专项工作考评验收、学校定性结果为优秀，或成绩90分以上且二级学院排名前五，主管院领导及责任部门每项相关人员每项3积分（不含已列奖项的招生就业工作）	本部门负责人	分管院领导
58	学院经费预算专项工作	项	每年学院预算编制、调整、再报工作，全体参与人员合计35积分	综合中心专员	综合中心主任
59	专业团队承办学生技能竞赛	项	1. 专业团队主办覆盖本专业全体学生以上规模的学院级专业技能竞赛，分管院领导1.5积分，团队负责人及竞赛教师各4积分，团队其他教师每人1.5积分。一年最多主办两项。 2. 承办省级学生专业技能竞赛，计组织赛事的专业团队合计30~40积分，专业团队以外的其他人员共20~30积分。 3. 承办全国级学生专业技能竞赛，计组织赛事的专业团队合计50~60积分，专业团队以外的其他人员40~50积分	专业负责人	科技部主任
60	科技部主办学生技能竞赛	项	科技部协调并主办学生以上学生的学院级专业技能竞赛，科技部负责人及科技专员各5积分，参与竞赛的专业团队每人1.5积分，院长1积分，分管院领导1.5积分，科技部其他人员每人1积分。一年最多主办两项	科技专员	科技部主任
61	开展教学评价和评优评先活动	项	教务中心组织开展学院级教务教学类评价和评优类评先活动，每开展一项，院长1积分，分管院领导1.5积分，教务中心主任4积分，教务中心专员1.5积分，教务中心成员每人1.5积分。一年最多举办两项	教务中心专员	教务中心主任

续表

序号	项目	单位	积分工作量	申请人	审核人
62	开展科技评优评先活动	项	科技竞赛部组织开展学院级科技工作评优评先活动,科技党支部主任4积分,科技专员、院长和分管院领导各1.5积分。一年最多举办两项	科技部专员	科技部主任
63	开展行政及党务评优评先活动	项	综合中心组织开展学院级行政或党务类评优评先活动,综合中心主任4积分,综合中心成员、院长和分管院领导各1.5积分。一年最多举办两项	综合中心专员	综合中心主任
64	开展学生工作评优评先活动	项	学生中心组织开展学院级招生就业管理或辅导员队伍等职工类评优评先活动,书记1积分,分管院领导各1.5积分,学生中心主任4积分,学生中心成员每人1.5积分。一年最多举办三项	学生中心专员	学生中心主任
65	开展团学评优评先活动	项	团中心组织举办全院覆盖性的团学工作竞赛或评优评先活动,书记1积分,分管院领导1.5积分,团中心主任4积分,团中心成员每人1.5积分。一年最多举办三项	团中心专员	分管院领导
66	开展实训评优评先活动	项	实训部主办全院性的实训类竞赛或评优评先活动,院长1积分,分管院领导1.5积分,实训部主任4积分,实训部成员每人1.5积分。一年最多举办两项	实训专员	实训部主任
67	开展工会文体活动	项	学院工会组织开展全院性的文体活动或社会公益活动,工会主席和工会委员合计7~10积分。一年最多办三项	工会委员	分管院领导
68	开展支部活动	次	党支部组织开展全体党支部党员参与的志愿类、公益类、爱国主义教育类活动,支部书记和支部委员合计5~6积分。一年一般不超过三次	党支部书记	党委副书记
69	承接考试或技能竞赛项目	次	1. 承接校外单位一次性笔试考试项目(公务员考试、建筑行业考证考试等),除正常考务费外:考场10个以上或考生规模300人以上的,计1积分;考场20个以上或考生规模500人以上的,计1积分;考场50个以上或考生规模1 000人以上的,计3积分。 2. 承接校外单位一次性操作类考试或竞赛项目(广西区市建筑行业职业技能竞赛等),视竞赛规模和竞赛持续时间,除正常组织劳务费外,计1~3积分	承接项目的部门负责人	分管院领导
70	邀请专家讲座评先报告	次	邀请校外专家,企业负责人到学校学院做讲座或报告,且时长在1课时以上的:邀请南宁市辖区内专家2~3积分,邀请南宁市辖区外专家4~5积分	邀请部门负责人	分管院领导
71	积分管理员工作	月	学院全体教职工当月积分达400分、600分、800分、1 000分及1 000分以上的,分别计积分管理员1、2、3、4积分	积分管理员	综合中心主任
72	完成其他重要工作任务	项	完成学校或学院领导布置的其他临时、紧急的重要工作任务,经分管领导与院长沟通同意后,适当计积分	任务完成人或部门负责人	分管院领导

续表

序号	项目	单立	积分工作量	申请人	审核人
	二、负积分				
73	缺席重要会议或重要活动	次	除国家规定和经批准的公务外出、住院、婚假、产假、计划生育假外： (1) 缺席周二下午学院党政联席会议，负 1 积分； (2) 缺席周二下午班主任会议，负 1 积分； (3) 缺席周二下午辅导员班主任固定时间的党支部会议，负 1 积分； (4) 缺席周二下午或非固定时间的党支部会议，负 5 积分； (5) 缺席周二下午专业团队例行会议，负 2 积分； (6) 未经批准无故缺席以上(1)~(5)项会议或活动，按 2 倍标准计负积分。 注：周二下午的请假按无假多用，不需按每一时段分别请假	会议组织部门专员	会议组织部门负责人
74	缺席安稳值班	次	认定缺席学校安稳值班，负 20 积分	综合中心主任	分管院领导
75	发生教学事故	次	认定二级以上教学事故负 10 积分；认定三级教学事故负 5 积分	教务中心主任	分管院领导
76	学院未完成重点任务	项	学院未完成与学校签订的重点工作任务，学院领导每人负 5 积分	综合中心主任	分管院领导
77	部门未完成重点任务	项	部门未完成与学院签订的重点任务，学院分管领导、部门负责人每人负 5 积分，部门人员负 3 积分	综合中心专员	分管院领导
78	学院就业率低	项	学院毕业生初次就业率低于 90%，院长、分管领导、学生科长每人负 5 积分，辅导员班主任每人负 5 积分，就业专员负 3 积分	学生中心主任	分管院领导
79	专业就业率低	项	专业毕业生初次就业率低于 90%，专业带头人、专业负责人、专业团队教师每人负 3 积分	专业负责人	分管院领导
80	专业报到率低	项	专业新生报到率低于 65%，专业带头人(负责人)负 5 积分，专业团队人员每人负 2 积分。	专业负责人	分管院领导
81	学院报到率低	项	学院新生报到率低于 70%，院长、分管领导、学生科每人负 5 积分，招生专员负 3 积分 学院新生报到率低于 80%，院长、分管领导、学生科长每人负 3 积分，招生专员负 2 积分 学院新生报到率低于 85%，院长、学生科长每人负 2 积分，招生专员负 2 积分	学生中心主任	分管院领导
82	未开展教学评价和评优评先活动	项	教务中心一年内不组织开展任何学院级教务教学类评价和评优评先活动，分管院领导负 3 积分，教务中心成员每人负 3 积分	教务中心主任	分管院领导

续表

序号	项目	单位	积分工作量	申请人	审核人
83	学生中心未开展学生工作评优评先活动	项	学生中心一年内未组织开展任何学院级招生就业或学生管理或辅导员队伍等职工类评优评先活动，书记负2积分，分管院领导负3积分，学生中心主任负5积分，学生中心成员每人负3积分	学生中心主任	分管院领导
84	综合中心未开展行政及党务评优评先活动	项	综合中心一年内未组织开展任何学院级行政或党务类评优评先活动，院长负2积分，分管院领导负3积分，综合中心主任负5积分，综合中心成员每人负3积分	综合中心主任	分管院领导
85	科技竞赛部未统计年度科技工作量并开展科技评优评先活动	项	科技竞赛部未统计学院年度科技工作完成量并在此基础上开展学院级科技评优评先活动，院长负2积分，分管院领导负3积分，科技竞赛部主任负5积分，科技专员每人负3积分	科技部主任	分管院领导
86	团学中心未举办全院性团学工作竞赛或评优评先活动	项	团学中心一年内未举办任何覆盖全院学生的团学工作竞赛或评优评先活动，书记负2积分，分管院领导负3积分，团学中心主任负5积分	团学中心主任	分管院领导
87	专业团队未举办学生技能竞赛	项	专业团队一年内未主办任何覆盖本专业全体学生以上规模的学院级专业技能竞赛，团队负责人负5积分，团队其他教师每人负3积分	专业负责人	科技部主任
88	教学质量监控	次	1. 未按时提交期初、期中、期末教学资料，延迟一天负1积分。 2. 未按时提交期末考核试卷、成绩录入、考核资料的，延迟一天负1积分，延迟超5天负6积分；影响正常考试按学校教学事故管理办法执行。 3. 未按时完成期末考核的成绩评定、成绩录入、考核资料，延迟一天负1积分	教务中心主任	分管院领导
89	重复申报积分	项	同一内容重复申报经查实确认的，除消重复积分外，多人项目计申请人负3积分，单人项目计申请人负3积分	学院纪委委员	学院党委书记
90	不申报负积分	项	存在负积分项目但不申报的，每缺报一项，除补扣负积分外，另计该项目所在的部门负责人负3积分	学院纪委委员	学院党委书记
91	兼职班主任	项	兼职班主任工作考核合格，按每学期五个月，每生每月补贴10元计发	学生中心专员	学生中心主任
92	专职辅导员	项	专职辅导员带班超过定额人数以上工作考核合格，按每学期五个月，每超1人每月补贴10元，不计积分	学生中心专员	学生中心主任

续表

序号	项目	单位	积分工作量	申请人	审核人
93	学校安稳值班	项	参加学校安全稳定值班，按非法定节假日每天×××元、法定节假日每天×××元的标准给予补贴，不计积分	学生中心专员	学生中心主任
94	全日制超课时授课	项	担任全日制专业课程授课，原则上超课时授课部分计发课酬，不计积分	教务中心专员	学生中心主任
95	社会服务项目授课或考务	项	承担社会服务项目的课程授课酬或考务工作，原则上单独计发课酬或考务费	综合中心专员	教务中心主任
96	社会服务管理	项	社会服务项目的日常管理，原则上计发项目管理费、项目奖励的，不计积分	综合中心专员	综合中心主任
97	专业培养方案	专业	制定建筑工程专业培养方案，按改革强调项目计工作量和经费开支，不计积分	教务中心专员	综合中心主任
98	参观见习	次	联系落实并带队一个班学生到企业进行参观、见习，企业安排人员讲解指导，原则上按每班每次≤××元的标准发放见习指导费，其中企业人员发放的学院联系人≤×××元～××× 元，不计积分	团队教师	专业带头人
99	课程重修	门	课程重修辅导、授课、监考、评卷、成绩录入等相关工作，原则上按重修办法执行，不计积分	教务中心专员	教务中心主任
100	补考评卷和成绩录入	份	学生补考，教师按学院教务中心要求完成评卷和成绩录入工作，原则上按每份 8 元计津贴，不计积分	教务中心专员	教务中心主任
101	其他无积分项目	项	已获学校、学院人员经费支持的其他项目，原则上不另计积分		
其他说明			1. 积分奖。完成基本工作量后获得的积分，视学院经费情况计发奖励。1 积分的奖励额实行"上设封顶下不保底"政策，上限××元，不设下限。 2. 引进项目奖。引进有经费收入的社会服务项目，计发课酬、考务费、项目管理费等必要开支后人员经费结余大于××元的，按人员留成经费的 6%计发引进项目奖。人员经费结余小于××元的不计发引进项目奖。 3. 重大项目奖。对学院质量提升和特色品牌建设影响较大的重大项目，如学院经费许可，可以另外增设重大项目奖。具体方案按项目另行申报和评议。 4. 二选一奖励原则。同时符合引进项目奖和重大项目奖的项目，计积分后，可以二选其一，不能同时兼奖		

附件5

建筑工程学院分级管理改革试点积分工作量申请表(2017—2018年)

积分编号(由积分管理员按序编号):　　　年建工积分第　　号

申请时间	年　月　日
申请部门(申请人)	
项目序号	积分序号第　　号
项目名称	
项目内容简述	
结果性支撑材料	
项目参与人及积分分配	
申请总积分	该项目合计申请积分共　　　分。
积分申请人签名	以上内容全部属实,无重复申报。 签名:　　　　年　月　日
积分审核人签名	拟同意该项目合计积分:　　　分。 签名:　　　　年　月　日
院长审批意见	同意该项目合计积分:　　　分。 签名:　　　　年　月　日
其他说明	

备注:1. 积分工作量申请表由学院综合服务中心设积分管理员专人建档管理。
　　　2. 积分工作量原则上每月下旬组织申报,每学期汇总两次。

附件 6

建筑工程学院分级管理改革岗位应聘申请表（2017—2018 年）

适用人员：建筑工程学院在职在编人员

姓名		性别		出生年月		年　月
政治面貌				加入时间		年　月
专科毕业学校及专业				毕业时间		年　月
本科毕业学校及专业				毕业时间		年　月
硕士取得学校及专业				取得时间		年　月
最高专业技术职务				取得时间		年　月
参加工作时间					年　月	
入职南职工作时间					年　月	
入南职前单位名称						
近三年考核结果		2015 年：		2014 年：		2013 年：
现任部门及职务	部门（专业团队）			职务		岗位
应聘部门及职务	部门（专业团队）			职务		

应聘陈述	学院领导： 　　对照《建筑工程学院分级管理综合改革实施方案（2016 年修订）》文件，我符合学院　　　　（部门）　　　　（岗位）的任职基本条件，现应聘该岗位。如获批准，我将认真履行岗位职责，完成基本工作量等各项任务。 　　　　　　　　　　　　应聘人签名：　　　　　　　　　　年　　月　　日
部门意见	拟聘任该同志为　　　　　　　（部门）　　　　　　（岗位）。 　　　　　　　　　　　部门负责人签名：　　　　　　　　　年　　月　　日
学院意见	经研究同意，聘任该同志为　　　　　（部门）　　　　（岗位），聘期两年，自 2017 年 1 月 1 日起至 2018 年 12 月 31 日止。 　　　　　　　　　　　学院院长签名：　　　　　　　　　　年　　月　　日
备注	

说明：本申请表提交一式两份。

第 17 章　建筑工程学院分级管理综合改革实施方案(2019—2020 年)

为进一步激发办学活力,提升办学质量,根据《南宁职业技术学院绩效工资分配办法》(南职院字〔2018〕5 号)、《南宁职业技术学院建立分级管理体制的总体方案》(南职院字〔2013〕144 号)、《建筑工程学院分级管理改革试点实施方案(试行)》(南职院字〔2015〕60 号)等文件精神,结合新时期建筑工程学院实际情况,制定本方案。

17.1　改革目标

建筑工程学院分级管理综合改革突出体现岗位责任任务和绩效激励导向。通过改革,调适学院内部组织架构,改革薪酬分配制度,提高管理和服务效率,推进创新驱动发展,提升建筑类特色高水平专业和专业群建设成效。

17.2　机构设置

按照学校关于二级学院机构设置的有关规定,结合建筑工程学院的发展需要,学院设置六个内设机构。机构名称及主要职能如下:

(1)办公室。负责综合协调、行文发文、党的建设(基层党建、意识形态、党风廉政、安全稳定、宣传统战)、日常行政、人才引进、职称服务、绩效管理、后勤服务、培训考证、财务报账等业务工作和协调、管理、服务工作。

(2)教务中心。负责日常教学、学籍管理、师资管理、教材管理、教学督导、教师课酬等业务工作,以及教改教研、师生竞赛、校企合作、中高职衔接的协调、管理、服务工作。

(3)学生管理中心。负责学生管理服务、学生创新创业、招生就业、辅导员(班主任)队伍、共青团、学生会、校友联络等业务工作和协调、管理、服务工作。

(4)实训中心。负责实训场地(含建筑工程实训中心、各实训室和机房)及多媒体教室、实训工具设备日常管理、维护和报修,实训材料采购、资产管理、招标投标管理服务、生产检测等业务工作和协调、管理、服务工作。

(5)创新发展研究中心。负责科技科研工作;负责协同创新中心、创新工作室等院内创新机构的组织协调和管理服务工作;为学院综合改革、专业建设、课程改革提供智库咨询。

(6)专业教学团队。负责本团队专业教学(含课堂教学、实训教学、顶岗实习、毕业设计、毕业论文等)工作,组织开展科技科研、教改教研、校企合作、创业就业、师生竞赛等业务工作。

17.3 人员聘用

17.3.1 在职人员的聘任

(1)学院正副职领导由学校任命。

(2)学院办公室主任、教务中心主任、学生管理中心主任、实训中心主任由学校任命,学院聘任。

(3)学院专业团队带头人/负责人,创新发展研究中心主任/副主任由学院自主聘任,两年一聘,聘任结果报学校人事处备案。

(4)学院专任教师、工作人员、专职辅导员等由学院自主聘任,两年一聘,聘任结果报学校人事处备案。

(5)学院各岗位(除学院正副职领导、办公室主任、教务中心主任、学生管理中心主任、实训中心主任)聘任实行动态管理,在年度考核中完成工作任务、履行职责有较为严重失职行为,确实无法胜任所聘工作岗位的,实行重新聘任。

学院具体的机构岗位设置见附件1。学院在职实名编、非实名编人员(除学院正副职领导、办公室主任、教务中心主任、学生管理中心主任、实训中心主任外)应聘岗位,填报《建筑工程学院分级管理综合改革岗位应聘申请表》(见附件7)。

17.3.2 外聘人员的聘任

学院在职教师数量不足或结构不符的,在经费许可的范围下,由学院面向社会自主选聘外聘教师、技能工匠,兼职担任建筑工程学院课程教学、毕业设计、实训实习指导等教学工作。外聘教师、技能工匠原则上按学期聘任,报学校职能部门备案。

17.4 奖励性绩效工资的分配

建筑工程学院在职在编人员的绩效工资由基础性绩效工资和奖励性绩效工资两大部分组成。基础性绩效工资是指由上级财政部门按国家相关政策逐月直接发放的工资;奖励性绩效工资是指除基础性绩效工资外,由学校按照校级薪酬分配方案核拨到建筑工程学院,并由建筑工程学院进行再分配的奖励性工资。

17.4.1 在职在编人员奖励性绩效工资

建筑工程学院在职在编人员的奖励性绩效工资,可分为岗位绩效、兼职绩效和积分绩效三部分。

1. 岗位绩效

岗位绩效是指按实际聘任岗位发放的奖励性绩效工资,占学院奖励性绩效工资总额的82%~83%,逐月发放。岗位绩效聘任岗位包括以下几项:

(1)学院书记、院长、副书记、副院长。

(2)学院办公室、教务中心、学生管理中心、实训中心、创新发展研究中心负责人;专业带头人、骨干教师、业务教师、适岗教师、见习教师;主管干事、业务干事、见习干事、工勤员;

主管辅导员、辅导员，见习辅导员。其中见习教师、见习干事、见习辅导员统称为见习人员。

建筑工程学院在职人员任职条件及岗位绩效系数见附件 2，基本工作量见附件 3。

2. 兼职绩效

兼职绩效是指对部分兼职工作定量发放的奖励性绩效工资，占学院奖励性绩效工资总额的 7%～8%，按工作特点分别按学期、学年或月份发放。计发兼职绩效的工作如下：

兼职班主任，行政教师兼课，专任教师超课时，安全稳定值班，党支部书记和支部委员，团委副书记，社会培训管理员，专本衔接管理员，教学督导员，工会委员；课程重修再修费，建筑工程学院兼职绩效发放标准及办法详见附件 6。

3. 积分绩效

积分绩效是指未列入岗位绩效和兼职绩效的其他奖励性绩效。积分绩效按积分工作量进行计算，占学院奖励性绩效工资总额约 10%，原则上每年 4 月、10 月、11 月下旬各统计一次。积分工作量计算办法见附件 4。

4. 奖励性绩效工资发放的其他规定

(1)事假、住院病假、工伤病假及国家规定的婚假、产假、计划生育假等，奖励性绩效工资发放政策按学校最新政策执行。

(2)教职工受党纪政纪处分，奖励性绩效工资由学院另行规定或按学校有关规定执行。

17.4.2 非实名编制人员奖励性绩效工资

建筑工程学院在职的非实名制编制人员，按照学校关于非实名编制人员的待遇政策，其奖励性绩效工资参照在职在编同岗人员执行。

17.4.3 外聘教师课酬及其他外聘人员劳务费

学院聘用的外聘人员(含外聘课任教师，外聘非课任技术人员、管理人员、专家、工匠等)，按工作特点和工作完成量计发薪酬(劳务费)。薪酬(劳务费)总额限制在学校核定的额度之内，按年度核算。外聘教师课酬及其他外聘人员的薪酬(劳务费)发放标准详见附件 8。

17.5 附则

(1)《建筑工程学院分级管理综合改革实施方案》(2019—2020 年)自 2019 年 1 月 1 日起实施，实施期为 2019 年 1 月 1 日至 2020 年 12 月 31 日。

(2)学院印发的《建筑工程学院分级管理综合改革实施方案》(2017—2018 年)的通知(建工字〔2016〕82 号)、《建筑工程学院学生竞赛奖励管理办法(试行)》的通知(建工字〔2017〕25 号)、《关于补充完善〈建筑工程学院分级管理综合改革实施方案〉(2017—2018 年)"指导竞赛"积分工作量内容的通知》(建工字〔2017〕40 号)三个文件，自 2019 年 1 月 1 日起停止执行。

(3)《建筑工程学院分级管理综合改革实施方案》(2019—2020 年)实施期间，如学校人事聘用制度或二级学院分级管理综合改革政策有重大调整，经建筑工程学院党政联席会议提出，学院全体职工大会表决通过，《建筑工程学院分级管理综合改革实施方案》(2019—2020 年)可重新修订或停止执行。

附件 1：建筑工程学院机构岗位设置总体方案(2019—2020 年)

附件 2：建筑工程学院在职人员任职条件及岗位绩效系数表(2019—2020 年)

附件3：建筑工程学院在职人员基本工作量一览表(2019—2020年)
附件4：建筑工程学院在职人员积分工作量计算表(2019—2020年)
附件5：建筑工程学院在职人员积分工作量申请表(2019—2020年)
附件6：建筑工程学院在职人员兼职绩效标准及发放办法(2019—2020年)
附件7：建筑工程学院在职人员岗位应聘申请表(2019—2020年)
附件8：建筑工程学院外聘人员课酬(劳务费)标准及发放办法(2019—2020年)

附件1

建筑工程学院机构岗位设置总体方案（2019—2020年）

序号	类别	机构名称	2019年年初学院中层以上负责人	2019年年初岗位人员（实名+非实名）	2019年年初动态人员（实名+非实名）	2020年岗位人员	2020年动态人员
1		学院领导	4				
2	管理服务岗	办公室	1	3	1	3	0~2
3		教务中心	1	3	1	3	0~2
4		学生管理中心	2（含第一书记）	4	1	4	0~2
5		实训中心	1	3		3	0~1
6		专职辅导员（归口学生管理中心管理）		2		≥2	
7		创新发展研究中心	1				
8	教师岗	建筑工程技术专业团队	1	12（含第一书记或在读博士1）		≥14	
9		建设工程管理专业团队	1	7（含第一书记或在读博士1）		7~8	
10		建筑装饰工程技术专业团队	1	7		7~8	
11		工程造价专业团队	1	7		7~8	
12		房地产经营与管理专业团队	1	5		6~8	
13		物业管理专业团队	1	4		6~8	
14	合计		16	57	3		

说明：专业教师聘任到管理岗位，履行管理岗位工作职责，按管理岗位定责定薪和考核；享受专业教师的培训学习，参与专业团队教改科研部分活动，兼任少量课程授课

附件2

建筑工程学院在职人员任职条件及岗位绩效系数表（2019—2020年）

序号	类别	岗位名称	任职基本条件	岗位系数	备注
0		所有岗位	热爱祖国，拥护中国共产党，遵纪守法，勤岗敬业		
1		学院书记、院长	符合南宁职业技术学院二级学院书记、院长任职条件，由学校任命	2.15	
2		学院副书记	符合南宁职业技术学院二级学院副书记任职条件，由学校任命	1.85	
3		学院副院长	符合南宁职业技术学院二级学院副院长任职条件，由学校任命	1.85	
4		办公室主任	符合学校关于二级学院办公室主任的任职条件，由学校任命	1.55	
5		学生管理中心主任	符合学校关于二级学院学生管理中心主任的任职条件，由学校任命	1.55	
6	管理服务岗	教学口主任	符合学校关于二级学院教务中心主任的任职条件，由学校任命	1.55	
7		实训口主任	符合学校关于二级学院实训中心主任的任职条件，由学校任命	1.55	
8		业务三事（办公室/教务/学生/实训）	入职南职院校满1年以上的人员，或两年以上工作经历且入职南职院校人员	1.25	
9		见习人员（办公室/教务/学生/实训）	两年以下工作经历人员。6月30日前见习期满的自7月1日起调整至高一级	1.00	
10		主管辅导员（专职）	入职南职院校满2年以上+中级职称满2年以上	1.30	
11		辅导员（专职）	入职南职院校满1年以上的人员，或两年以上工作经历且入职南职院校人员	1.25	
12		见习辅导员（专职）	两年以下工作经历且入职南职院校未满1年以上人员。6月30日前见习期满的自7月1日起调整至高一级	1.00	
13		工勤人员	聘任为工勤岗位的人员	1.05	
14		专业带头人	入职南职院校满2年以上+副高职称满2年以上	1.65	5人
15		专业负责人	入职南职院校满3年以上+中级职称满3年以上	1.60	1人
16		创新中心主任兼专业团队骨干教师	入职南职院校满2年以上+副高职称满2年以上	1.55	1人
17	教师岗	创新中心副主任兼专业团队骨干教师	入职南职院校满2年以上+副高职称满2年以上	1.45	
18		骨干教师兼团队校企合作负责人	正高职称或博士研究生（含在读），本人提交申请的，全部聘任	1.45	共14人。其中，高级职称9人；
19		骨干教师	入职南职院校满1年以上+副高职称满1年以上，按名额择优聘任	1.45	中级职称5人

续表

序号	类别	岗位名称	任职基本条件	岗位系数	备注
19	教师岗	骨干教师	入职南职院校3年以上+中级职称满3年以上，按名额择优聘任。近3年年度考核（含2018年公示）曾获优秀按增加1分（百分制）后参与排序	1.45	
20		业务教师兼本团队校企合作负责人	入职南职院校满3年以上+中级职称满3年以上+企业工作挂职满半年以上	1.25	共14人，其中，高级职称9人，中级职称5人
21		业务教师	入职南职院校满3年以上的教师；或入职南职院校第2年的中级职称教师；或未聘为青干教师的副高职称教师	1.25	
22		适岗教师	入职南职院校1年未满3年的教师；或入职南职院校第1年的中级职称教师	1.10	

附件3

建筑工程学院在职人员基本工作量一览表（2019—2020年）

序号	类别	岗位名称	基本工作量	备注
1	管理服务岗位	学院书记、院长	1. 带领学院做好各项工作，完成学院党政年度重点工作任务和年度总体工作目标任务。 2. 完成A类科技科研/教改培训授课3次以上。 3. 举办专题讲座或培训授课3次以上。 4. 完成学校领导交办的其他工作	
2		学院副书记	1. 领导学院分管部门做好分管工作，完成年度重点工作任务和年度总体工作目标任务。 2. 完成C类科技科研/教改培训授课2次以上。 3. 举办专题讲座或培训授课2次以上。 4. 完成学校领导交办学院书记商办的其他工作	
3		学院副院长	1. 领导分管部门做好分管工作，完成年度重点工作任务和年度总体工作目标任务。 2. 完成A类科技科研/教改培训授课2次以上。 3. 举办专题讲座或培训授课2次以上。 4. 完成学校领导交办学院长商办的其他工作	

续表

序号	类别	岗位名称	基本工作量	备注
4	管理服务岗位	办公室主任	1. 带领部门做好各项工作，完成岗位职责工作任务、重点工作任务和年度总体工作目标任务。 2. 完成C类科技科研/教改专题讲座。 3. 举办1次专题讲座。 4. 完成学院领导交办的其他工作。	
5		学生管理中心主任/负责人	1. 带领部门做好各项工作，完成岗位职责工作任务、重点工作任务和年度总体工作目标任务。 2. 完成C类科技科研/教改专题讲座。 3. 举办1次专题讲座。 4. 完成学院领导交办的其他工作。	
6		教务中心主任	1. 带领部门做好各项工作，完成岗位职责工作任务、重点工作任务和年度总体工作目标任务。 2. 完成A类科技科研/教改专题讲座。 3. 举办1次专题讲座。 4. 完成学院领导交办的其他工作。	
7		实训中心主任	1. 带领本专业团队完成年度重点工作等各项工作目标任务。 2. 完成岗位职责工作任务。 3. 举办1次专题讲座。 4. 完成学院领导交办的其他工作。	
8		业务干事（办公室/教务中心/学生管理中心）	1. 完成岗位职责工作任务。 2. 完成部门领导安排的其他工作。	
9		见习干事（办公室/教务中心/学生管理中心）	1. 完成岗位职责工作任务。 2. 完成部门领导安排的其他工作。	
10		主管辅导员（专职）	1. 带班学生180人＋担任学生管理中心一项专职工作。 2. 完成C类科技科研/教改专题讲座。 3. 完成部门领导安排的其他工作。	

续表

序号	类别	岗位名称	基本工作量	备注
11	管理服务岗位	辅导员（专职）	1. 带班学生180人＋担任学生管理中心一项专职工作。 2. 完成C类科研/教改教研的其他工作量。 3. 完成部门领导安排的其他工作	
12		见习辅导员（专职）	1. 入职南职院校后第一个秋季学期起，带班学生180人＋担任部门领导安排的一项专职工作。 2. 完成部门领导安排的其他工作	
13		工勤人员	1. 完成岗位职责工作任务。 2. 完成部门领导安排的其他工作	
14	教学及教辅岗位	专业带头人	1. 带领专业团队完成年度重点工作等各项工作任务。 2. 春秋两学期共完成教学任务/教改教研工作量250课时（含实习实训指导、毕业论文指导、毕业设计指导）。 3. 完成C类科研/教改教研工作量。 4. 举办1次专题讲座。 5. 下半年11月、12月行政坐班。 6. 完成学院领导交办的其他工作。	
15		专业负责人	1. 带领专业团队完成年度重点工作等各项工作任务。 2. 春秋两学期共完成教学任务/教改教研工作量250课时（含实习实训指导、毕业论文指导、毕业设计指导）。 3. 完成A类科研/教改教研工作量。 4. 举办1次专题讲座。 5. 下半年11月、12月行政坐班。 6. 完成学院领导交办的其他工作。	
16		创新中心主任兼专业团队骨干教师	1. 完成部门年度重点工作等各项工作任务。 2. 春秋两学期共完成教学任务/教改教研工作量250课时（含实习实训指导、毕业论文指导、毕业设计指导）。 3. 完成A类科研/教改教研工作量。 4. 举办1次专题讲座。 5. 下半年11月、12月行政坐班。 6. 完成学院领导交办的其他工作。	

续表

序号	类别	岗位名称	基本工作量	备注
17	教学及教辅岗位	创新中心副主任兼专业团队骨干教师	1. 协助创新中心主任完成部门年度重点工作等各项工作目标任务。 2. 春秋两学期共完成教学任务量 300 课时（含实习实训指导、毕业论文指导、毕业设计指导）。 3. 完成 A 类科技科研/教改教研工作量。 4. 举办 1 次专题讲座。 5. 下半年 11 月、12 月行政坐班。 6. 完成学院领导交办的其他工作。	
18		骨干教师兼本团队校企合作负责人	1. 春秋两学期共完成教学任务量 400 课时（含实习实训指导、毕业论文指导、毕业设计指导）。 2. 协助团队带头人（负责人），负责本团队校企合作工作、每年组织开展产教融合校企合作专题活动 1 次以上，提交本团队校企合作年度总结或研究报告 1 份（3 000 字以上）。 3. 完成 A 类科技科研/教改教研工作量。 4. 完成部门领导安排的其他工作。	
19		骨干教师	1. 春秋两学期共完成教学任务量 450 课时（含实习实训指导、毕业论文指导、毕业设计指导）。 2. 完成 A 类科技科研/教改教研工作量。 3. 举办 1 次专题讲座。 4. 完成部门领导安排的其他工作。	
20		业务教师兼专业团队校企合作负责人	1. 春秋两学期共完成教学任务量 400 课时（含实习实训指导、毕业论文指导、毕业设计指导）。 2. 协助团队带头人（负责人），负责本团队校企合作工作、每年组织开展产教融合校企合作专题活动 1 次以上，提交本团队校企合作年度总结或研究报告 1 份（3 000 字以上）。 3. 完成 B 类科技科研/教改教研工作量。 4. 完成部门领导安排的其他工作。	
21		业务教师	1. 春秋两学期共完成教学任务量 450 课时（含实习实训指导、毕业论文指导、毕业设计指导）。 2. 完成 B 类科技科研/教改教研工作量。 3. 完成部门领导安排的其他工作。	

续表

序号	类别	岗位名称	基本工作量	备注
22	教学及教辅岗位	适岗教师	1. 春秋两学期共完成教学任务量450课时（含实习实训指导、毕业论文指导、毕业设计指导）。 2. 完成B类科技科研/教改教研工作量。 3. 完成部门领导安排的其他工作 一、科技科研/教改教研项目 定义为科技科研/教改教研的项目共11项，即01～11项，分别如下： 01. 项目立项。学校级以上科研项目立项、排名前五。 02. 项目结题。学校级以上课题或课题结题、排名前五。 03. 出版著作。公开出版专著类、著作类书籍、著作类书籍，署名前五。 04. 出版教材。公开出版教材或实训指导书，任主编/副主编/参编，或编委会主任委员/副主任委员。 05. 发表论文或研究报告。署名前三；公开发表研究报告、署名前五。 06. 取得专利。非发明专利、计算机软件著作权等发明创造成果。 07. 科技成果奖。取得学校级以上科技成果特等奖、一等奖、二等奖、三等奖，排名前十。 08. 教学成果奖。取得学校级以上教学成果特等奖、一等奖、二等奖、三等奖，排名前十。 09. 其他成果获奖。02 结题、03 著作、04 教材、05 论文、06 专利和五类已有成果再送评参赛、获学校级以上一等奖、二等奖、三等奖或优秀（排名要求同上）。 10. 指导竞赛。指导学生参加市厅级（全市性）以上专业技能竞赛、获团体、一等奖、二等奖、三等奖。 11. 教师参赛。教师本人参加学校级（全校性）以上专业类、业务类竞赛，按年度考核。 二、科技科研/教改教研年度任务 根据聘任岗位，设A、B、C三个类别的科技工作任务量。 A类：一年内完成科技科研/教改教研3项次以上（含3项次），按年度考核。 B类：一年内完成科技科研/教改教研2项次以上（含2项次），按年度考核。 C类：一年内完成科技科研/教改教研1项次以上（含1项次），按年度考核。 三、未完成科技科研/教改教研年度任务 1. 专任教师未完成科技科研/教改教研岗位任务，每缺一项次，减发半个月奖励性岗位绩效。其中1～6至少1项次。同时，适岗教师改年继续聘为适岗教师或改年竞聘行政岗位，骨干教师改年改聘为业务教师、业务教师改年改聘为适岗教师，当年退休的专业行政教师除外。当年退休结算，按年度结算。 2. 其他教职工未完成科技科研/教改教研岗位任务，每缺一项次，减发半个月奖励性岗位绩效。当年退休的教职工除外	
		科研教改项目说明		

续表

序号	类别	岗位名称	基本工作量	备注
	其他说明	一、兼职教师授课	管理服务岗位及教学辅助岗位教师兼职授课，春秋两学期授课量 50 课时以内，按课时量计发课酬。一课时的课酬标准：未定级××元，中级××元，副高级××元，正高级××元。50~54人班级增加××元；55人以上班级（含合班）增加××元。超过 50 课时部分按 50%的标准发放。	
		二、专任教师超课时	专任教师春秋两学期授课量合计超过基本课时量 50 课时以上，按超课量计发课酬。一课时的课酬标准：未定级××元，中级××元，副高级××元，正高级××元。50~54人班级增加××元；55人以上班级（含合班）增加××元。超过基本课时量 50 课时以上部分按 50%的标准发放。	
		三、专任教师缺课时	专任教师春秋两学期授课量合计缺 50 课时以内，按缺课量减发绩效。一课时的减酬标准：未定级××元，中级××元，副高级××元，正高级××元。春秋两学期合计缺课时 50 课时以上，除按缺课时量减发绩效外，下一年度按低一岗位聘任。	
		四、班主任带班绩效或带班奖励	1. 管理服务人员兼任班主任，按带班学生数每生每月××元，一年 10 个月计发带班奖励。 2. 专任教师兼任班主任，选择领取带班奖励的，按带班学生数每生每月××元，一年 10 个月计发带班奖励。 3. 专任教师兼任班主任，选择不领取带班奖励的，按带班学生数每生每学期折算每生每学期 1 个授课课时，折算基本的授课课时，计入专任教师的基本工作任务量。	

附件 4

建筑工程学院在职人员积分工作量计算表（2019—2020 年）

序号	项目名称	单位	积分工作量	申请人	审核人
	一、综合积分				
01	项目立项	项	科技科研/教研教改项目（课题）表得立项： 1. 学校级立项项目（课题）：建筑工程学院署名第一计 3 积分。 2. 市厅级立项项目（课题）：建筑工程学院署名第一计 5 积分，非署名第一计 1 积分。 3. 省区级一般项目（课题）：建筑工程学院署名第一计 10 积分，非署名第一计 2 积分。 4. 省区级重点项目（课题）：建筑工程学院署名第一计 20 积分，非署名第一计 4 积分。 5. 部委级一般项目（课题）：建筑工程学院署名第一计 20 积分，非署名第一计 4 积分。 6. 部委级重大项目（课题）：建筑工程学院署名第一计 40 积分，非署名第一计 8 积分。 7. 国家级一般项目（课题）：建筑工程学院署名第一计 80 积分，非署名第一计 16 积分。 8. 国家级重大项目（课题）：建筑工程学院署名第一计 200 积分，非署名第一计 40 积分。	署前署名人	分管院领导

续表

序号	项目名称	单位	积分工作量	申请人	审核人
02	项目结题	项	科技科研/教研教改项目结项结题： 1. 学校级立项项目（课题）：建筑工程学院署名第一10积分。 2. 市厅级立项项目（课题）：建筑工程学院署名第一15积分，非署名第一3积分。 3. 省区级一般项目（课题）：建筑工程学院署名第一30积分，非署名第一6积分。 4. 省区级重点项目（课题）：建筑工程学院署名第一60积分，非署名第一12积分。 5. 部委级一般项目（课题）：建筑工程学院署名第一60积分，非署名第一12积分。 6. 部委级重点项目（课题）：建筑工程学院署名第一120积分，非署名第一24积分。 7. 国家级一般项目（课题）：建筑工程学院署名第一250积分，非署名第一50积分。 8. 国家级重大项目（课题）：建筑工程学院署名第一500积分，非署名第一100积分。	靠前署名人	分管院领导
03	出版著作	部	公开出版专著类、著作权类书籍，建筑工程学院署名第一30积分，非署名第一6积分。	靠前署名人	创新中心主任
04	出版教材	本	公开出版专业教材或实训指导书，主编15积分、前二副主编10积分、参编章节5积分。编委会主任10积分，副主任5积分。	靠前署名人	创新中心主任
05	发表论文	篇	公开发表论文：(1)核心期刊，建筑工程学院署名第一15积分，非署名第一3积分。 (2)其他刊物，建筑工程学院署名第一5积分，非署名第一1积分。	靠前署名人	创新中心主任
06	取得专利	项	1. 发明专利，建筑工程学院署名第一30积分，非署名第一6积分。 2. 非发明专利，建筑工程学院署名第一10积分，非署名第一2积分。 3. 计算机软件著作权，建筑工程学院署名第一8积分，非署名第一2积分。	靠前署名人	创新中心主任
07	科技成果奖	项	建筑工程学院主持或参与的项目获科技成果奖： 1. 学校级：建筑工程学院署名第一的，三等奖25积分，二等奖50积分，一等奖100积分。建筑工程学院非署名第一的，按20%计。 2. 市厅级：建筑工程学院署名第一的，三等奖50积分，二等奖100积分，一等奖200积分。建筑工程学院非署名第一的，按20%计。 3. 省区级：建筑工程学院署名第一的，三等奖100积分，二等奖200积分，一等奖400积分。建筑工程学院非署名第一的，按20%计。 4. 国家级：建筑工程学院署名第一的，三等奖250积分，二等奖500积分，一等奖1 000积分。建筑工程学院非署名第一的，按20%计。	靠前署名人	分管院领导

续表

序号	项目名称	单位	积分工作量	申请人	审核人
08	教学成果奖	项	建筑工程学院主持或参与的项目获教学成果奖： 1. 学校级：建筑工程学院署名第一的，三等奖 25 积分，二等奖 50 积分，一等奖 100 积分。建筑工程学院非署名第一的，按 20%计。 2. 市厅级：建筑工程学院署名第一的，三等奖 50 积分，二等奖 100 积分，一等奖 200 积分。建筑工程学院非署名第一的，按 20%计。 3. 省区级：建筑工程学院署名第一的，三等奖 100 积分，二等奖 200 积分，一等奖 400 积分。建筑工程学院非署名第一的，按 20%计。 4. 国家级：建筑工程学院署名第一的，三等奖 250 积分，二等奖 500 积分，一等奖 1 000 积分。建筑工程学院非署名第一的，按 20%计	靠前署名人	分管院领导
09	其他成果奖	项	1. 建筑工程学院署名第一的结题、著作、教材、论文、专利五类已有成果再送评参评参赛： （1）学校级：三等奖 10 积分，二等奖 15 积分，一等奖 20 积分。不评等级只进行定性评价，表评优秀的，10 积分。 （2）市厅级：三等奖 20 积分，二等奖 30 积分，一等奖 40 积分。不评等级只进行定性评价，表评优秀的，20 积分。 （3）省区级：三等奖 40 积分，二等奖 60 积分，一等奖 80 积分。不评等级只进行定性评价，表评优秀的，40 积分。 （4）国家级：三等奖 100 积分，二等奖 150 积分，一等奖 200 积分。不评等级只进行定性评价，表评优秀的，100 积分。 2. 非建筑工程学院署名第一的结题、著作、教材、论文、专利五类已有成果参评参赛获奖，按 20%计分	靠前署名人	分管院领导

续表

序号	项目名称	单位	积分工作量	申请人	审核人
10	教师指导竞赛	项	1. 教师指导的专业竞赛，获奖文件（证书）落款部门能记两名以上指导教师的。 (1) 学校职性比赛：团体三等奖 20 积分，二等奖 30 积分，一等奖 30 积分。 (2) 全市性比赛：团体三等奖 30 积分，二等奖 40 积分，一等奖 40 积分。 (3) 全区性比赛：团体三等奖 50 积分，二等奖 70 积分，一等奖 50 积分。 (4) 全国性比赛：团体三等奖 20 积分，二等奖 30 积分，一等奖 100 积分。 (5) 学校级比赛：团体三等奖 30 积分，二等奖 40 积分，一等奖 40 积分。 (6) 市厅级比赛：团体三等奖 50 积分，二等奖 70 积分，一等奖 50 积分。 (7) 省区级比赛：团体三等奖 100 积分，二等奖 200 积分，一等奖 100 积分。 (8) 国家级比赛：团体三等奖 15 积分，二等奖 20 积分，一等奖 300 积分。 2. 对教师指导竞赛积分的补充说明。 (1) 教师指导的专业竞赛，除团体奖外再设个人或专项奖的，获得的个人或专项奖按团体奖标准的 10% 计算积分。 (2) 教师指导的专业竞赛，不设团体奖仅设个人奖的，按团体奖的 60% 计算积分。 (3) 教师指导的专业竞赛，获奖证书（获奖证书）只记一名指导教师的，按 60% 计算积分。 (4) 教师指导的公共类竞赛（演讲、书画、文娱、体育、党建团建、生涯规划等），按专业竞赛的 60% 计算积分。 3. 对参赛学生的奖励的补充说明。 (1) 学院级专业竞赛：实行奖励总额包干，参赛人数 50 人以下×××元，50 人以上××元，100 人以上××元。 (2) 全市性专业竞赛：团体三等奖×××元，二等奖×××元，一等奖×××元。 (3) 全区性专业竞赛：团体三等奖×××元，二等奖×××元，一等奖×××元。 (4) 全国性专业竞赛：团体三等奖×××元，二等奖×××元，一等奖×××元。	指导教师	教务中心主任

续表

序号	项目名称	单位	积分工作量	申请人	审核人
10	教师指导竞赛	项	(5)学校级专业竞赛：团体三等奖×××元，二等奖×××元，一等奖×××元。 (6)市厅级专业竞赛：团体三等奖×××元，二等奖×××元，一等奖×××元。 (7)省区级专业竞赛：团体三等奖×××元，二等奖×××元，一等奖×××元。 (8)国家级专业竞赛：团体三等奖×××元，二等奖×××元，一等奖×××元。 (9)补充说明： ①学生参加专业竞赛，除团体奖外再设个人奖的，获得的个人或专项奖按团体奖标准的10%计算奖励。 ②学生参加专业竞赛，不设团体奖仅设个人奖的，按团体奖标准的60%计算奖励。 ③学生参加公共类竞赛(演讲、书画、文娱、体育、党建团建、生涯规划等)，按专业竞赛的60%计算奖励	指导教师	教务中心主任
11	教师参加竞赛	项	1. 建筑工程学院教师个人或团队参加专业竞赛，我院署名第一： (1)学校职能部门落款文件(证书)的比赛：团队三等奖5积分，二等奖7积分，一等奖10积分。个人参赛按团队奖的60%计积分。 (2)学校级比赛：团队三等奖10积分，二等奖20积分，一等奖30积分。个人参赛按团队奖的60%计积分。 (3)市厅级比赛：团队三等奖20积分，二等奖30积分，一等奖50积分。个人参赛按团队奖的60%计积分。 (4)省区级比赛：团队三等奖50积分，二等奖70积分，一等奖100积分。个人参赛按团队奖的60%计积分。 (5)国家级比赛：团队三等奖100积分，二等奖150积分，一等奖250积分。个人参赛按团队奖的60%计积分。 2. 教师参加公共类竞赛(演讲、书画、文娱、体育、党建团建等)，按专业竞赛60%计积分	参赛教师	教务中心主任
12	教师晋升职称	项	2014年后(含2014年)获升副高级职称，一次性补计10积分，正高级职称20积分	教师本人	办公室主任
13	教师第二职称	项	2019年后(含2019年)按学校规定的政策和程序，申报同一级或低一级第二职称并提交申报材料，未获批准10积分，获批准20积分	教师本人	办公室主任

续表

序号	项目名称	单位	积分工作量	申请人	审核人
14	教师取得相关证书	项	1. 2014年后(含2014年)获得技术技能等级证书，每证一次性补计中级工3积分，高级工5积分，技师7积分，高级技师10积分。 2. 2014年后(含2014年)获得广西壮族自治区教育厅认定为"双师"教师，一次性补计10积分。 3. 2014年后(含2014年)获得不定等级的其他职业资格证书，每证一次性补计5积分。 4. 2019年后(含2019年)经建筑工程学院初核达到"双师"教师标准10积分，获得广西教育厅认定为"双师"教师再计10积分	教师本人	教务中心主任
15	报告讲座	次	举办30名以上教师参加或100名以上师生参加的科技讲座、专题报告等，专题报告等，时长1课时以上。 (1)讲座、报告时长1.0~1.5课时2积分。 (2)讲座、报告时长1.5~3.0课时3积分	报告人	分管领导
16	评议评审	项	参加学院组织的教改科研项目、人才培养方案、专业技术职务、人才招聘引进等评议评审： (1)以集中会议形式进行评议评审，评审人员一次2积分，工作人员一次1积分。 (2)以网上分组、分工进行评议评审的，视任务工作量和技术难度折算为时间，评审人员半天2积分，工作人员半天1积分	办公室	办公室主任
17	主讲公开课	次	主讲公开课，每次2积分	教务中心	教务中心主任
18	评讲公开课	次	参加公开课评课，每人一次0.5积分	教务中心	教务中心主任
19	参加培训	次	参加经学校批准学院的两天以上的专业培训、业务培训，一次1积分	归口部门	分管领导
20	培养方案修订	专业	1. 专业团队完成本团队各专业(专业方向)人才培养方案编写、定稿、排版，每专业(专业方向)20积分。 2. 学院领导指导学院各专业(专业方向)人才培养方案编写，合计20积分	专业团队	分管领导
21	培养方案审印	专业	教务中心完成专业(专业方向)人才培养方案的审定、交印成册等，每专业方向)5积分	教务中心	分管领导

续表

序号	项目名称	单位	积分工作量	申请人	审核人
22	外出考察调研	项	1. 到南宁市内考察调研交流、学生回访走访等，每人每天 0.5 积分。 2. 到南宁市外考察调研交流、学生回访走访等两天以上，每人每次 1 积分	归口部门	分管院领导
23	非常规性监考	项	学院安排的补考、重修再修等非常规性的监考，每次 0.5 积分	教务中心	教务中心主任
24	指导社团活动	个	经学院批准的社团指导教师，开展社团指导活动，每年 3 积分	学生管理中心	学生中心主任
25	参加文体活动	项	教职工本人参加学校级以上文体活动比赛，团体项目每人每项 1 积分，个人项目每人每项 2 积分	工会委员	分管院领导
26	培养发展党员	项	作为入党人介绍人培养发展师生成为中国共产党预备党员，1 名 2 积分	党支部	党支部书记
27	撰写新闻或微信推文	篇	1. 撰写新闻稿件在学院网发布 0.5 积分，学校官网发布另计 0.5 积分，校外媒体发布再计 0.5 积分。 2. 编辑微信推文在学院微信公众号推送 0.5 积分，在学校级以上推送另计 0.5 积分	办公室	办公室主任
28	获得先进表彰	项	省级以上个人先进 5 积分，市一级先进 3 积分；学校发文 2 积分；学校其他职能部门发文 1 积分；建筑工程学院发文 1 积分	办公室	学生中心主任
29	承办专业竞赛	项	1. 承办学院级专业竞赛 10 积分。 2. 承办学校级专业竞赛 20 积分。 3. 承办全市性专业竞赛 30 积分。 4. 承办全区级专业竞赛 40 积分。 5. 承办全省级专业竞赛 80 积分。 6. 承办全国性专业竞赛 100 积分。 7. 承办国家级专业竞赛 150 积分	承接牵头部门	教务中心主任
30	承接社会考试	项	承办校外单位一次性笔试类考试项目（公务员考试、建筑行业考证等），主办机构不发劳务补贴的，考场 10 个以上或考生规模 300 人以上 20 积分；考场 20 个以上或考生规模 500 人以上 30 积分；考场 50 个以上或考生规模 1 000 人以上 40 积分。有发放劳务补贴的，3 积分	承接牵头部门	办公室主任
31	承办社会比赛	项	承办广西区建筑行业职工职业技能竞赛等社会比赛项目，主办机构不发劳务补贴的，赛期 1 天合计 30 积分，2 天 30 积分；有发放劳务补贴的，3 积分	承接牵头部门	办公室主任

续表

序号	项目名称	单位	积分工作量	申请人	审核人
32	主办专业会议	次	1. 主办承办全市性专业会议，参会人员30人以下15积分，30人以上50积分。 2. 主办承办全区性专业会议，参会人员30人以下20积分，30人以上60积分。 3. 主办承办全国性专业会议，参会人员30人以下30积分，30人以上80积分。	承办牵头部门	办公室主任
33	假期招生就业	项	1. 暑假期间开展招生就业工作。 2. 暑假期间学生助理协助工作，发放生活补助费合计不超过5 000元学生管理中心10积分，教职工合计100积分。	学生管理中心	学生中心主任
34	开学准备工作	项	开学前工作安排、人员培训、设备检修调试、排课、教材、教学区域卫生、册等工作。确保顺利开学。每学期教务中心15积分，实训中心8积分，办公室8积分，学生管理中心10积分，每专业团队3积分	教务中心	教务中心主任
35	新生入学教育	项	组织实施新生入学教育。教务中心15积分，每专业10积分，学生管理中心、办公室、学生管理中心各10积分，创新中心2积分	教务中心	教务中心主任
36	学院经费预算	项	每年学院预算编制调整上报工作。参与人员合计20积分	办公室	办公室主任
37	基层党支部专项工作	次	基层党支部开展基层党组织"三会一课"等专项活动，按纪要或新闻稿或方案，2积分	党支部	党支部书记
38	基层党支部社会服务	次	基层党支部开展校外社会服务活动，按活动纪要或新闻稿或方案，一支部单独一次2积分，两支部联合4积分，三支部联合5积分	党支部	党支部书记
39	专业或部门社会服务	项	部门或专业团队开展校外社会服务，提供活动纪要或新闻稿或方案，一团队一次2积分，两团队联合一次4积分，三团队联合一次5积分	相关部门	分管院领导
40	学院招生	项	学院招生录取完成率大于98%＋新生报到率大于86%＋实际报到新生数排名部门前三、学院领导及学生管理中心20积分	学生管理中心	学生中心主任
41	专业招生	项	专业招生录取完成率大于98%＋新生报到率大于86%，专业团队10积分	专业团队	学生中心主任

续表

序号	项目名称	单位	积分工作量	申请人	审核人
42	学院就业	项	学院毕业生初次就业率高于92%且排名学校前三，奖励学院领导及学生管理服务部门合计20积分	学生管理中心	学生中心主任
43	专业就业	项	专业毕业生初次就业率高于92%且排名学院前三，奖励该专业团队（×班级数）的积分	专业团队	学生中心主任
44	专项考核	项	学校对二级学院党建、行政、教务、实训、专业、科技的年度工作有整体考核，考核评价获优秀的，奖励部门（团队）20积分	办公室	分管院领导
45	积分统计管理	月	学院全体教职工当次积分达2 000分、3 000分、5 000分以上的，分别计积分管理员3分、5分、7分	办公室	办公室主任
46	完成其他重要任务	项	完成学校或学院领导布置的其他临时紧急重要项目、重要任务，根据实际情况适当计积分。 (1)总分10分以下的申请，由学院中层负责人填写积分申请表，报分管院领导审核，院长审批。同一部门一年不得申请超过3项。 (2)总分10分以上的申请，由学院中层负责人专题请示，报分管院领导初审，经分管院领导与院长协商拟同意后，提交学院会议讨论	归口部门	分管院领导
	二、分类积分				
	（一）党建工作				
47	党的政治建设	项	党委、党支部开展以学习贯彻习近平新时代中国特色社会主义思想为主要内容的"不忘初心、牢记使命"主题教育，一次1积分	办公室	分管院领导

· 172 ·

续表

序号	项目名称	单位	积分工作量	申请人	审核人
48	党的思想建设	项	1. 制定学院党委中心组全年理论学习计划1积分。 2. 学院党委中心组（扩大）理论学习等专题学习、专题讲座、专题报告等，一次1积分。 3. 成立意识形态工作领导小组并建立意识形态工作机制1积分。 4. 制定意识形态工作突发事件应急预案1积分。 5. 召开2次会议专题研究师生意识形态工作，一次1积分。 6. 撰写1篇师生意识形态工作专项督查报告1积分。 7. 组织教师开展双周政治理论学习一学期7~10次，一次1积分。 8. 党委书记为师生做形势政策报告2次，一次1积分。 9. 组织开展师德培训不少于2次，一次1积分。 10. 新生易班注册认证率98%以上1积分。 11. 每年开展2次易班特色活动，一次1积分。 12. 开展大学生社会实践、志愿者服务和社团活动，1次1积分。 13. 大学生志愿者比例达20%，1积分。 14. 制定志愿服务激励机制1积分。 15. 建立在校生心理健康档案1积分； 16. 开展心理健康知识宣传教育达2次以上，一次1积分。 17. 开展校园文化主题活动，1次1积分。 18. 开展社会主义核心价值体系教育和实践活动1积分。 19. 开展文明班级、文明宿舍评比活动1积分。 20. 开展"青年大学习"相关活动，一次1积分。 21. 开展有学院特色的校园文化品牌活动且学生知晓率达90%，1积分。 22. 党的思想建设其他事项，一项0.5积分。	办公室	分管院领导

· 173 ·

续表

序号	项目名称	单位	积分工作量	申请人	审核人
49	党的组织建设	项	1. 年度党建工作计划1积分。 2. 年度党建工作总结1积分。 3. 开展"强基固本"工程1积分。 4. 开展评星定级工作1积分。 5. 开展"三会一课",一次1积分。 6. 学院党委召开民主生活会1积分。 7. 党支部召开组织生活会和民主评议党员1积分。 8. 听取党支部建设情况汇报1积分。 9. 研究学生党建工作1积分。 10. 有学院班子成员联系教师、学生党支部制度1积分。 11. 党支部书记年内讲党课一次1积分。 12. 开展统战工作宣传或开展相关统战活动1积分。 13. 学院党委每年召开1次专题会议研究团的工作1积分。 14. 开展党支部书记提升基层团支部活力的相关工作1积分。 15. 落实发展党员计划上下浮动超过5%以内1积分。 16. 开展新生入党启蒙教育、入党积极分子、预备党员集中培训1积分。 17. 党员按时足额缴纳党费,支部组织委员1积分。 18. 党支部书记、委员集中学习时间达到规定要求,每人1积分。 19. 开展党支部书记党建主体责任述职评议考核,每党支部1积分。 20. 把推进"两学一做"学习教育主体职化,制度化情况作为党委书记抓基层党建述职评议重要内容1积分。 21. 党委班子、党支部和个人没有日常学习计划的1积分。 22. 在组织信息和党建月报中及时报送典型经验一次以上1积分。 23. 党务活动场地党建建设达标1积分。 24. 按时完成党内统计1积分。 25. 有人负责全国党员信息系统管理工作1积分。 26. 绿城党旗红信息平台及时更新一学期一次以上1积分。 27. 党的组织建设其他事项,一项0.5积分。	办公室	分管院领导

· 174 ·

续表

序号	项目名称	单位	积分工作量	申请人	审核人
50	党风廉政建设	项	1. 学院年度党风廉政建设工作计划 1 积分。 2. 党委每年至少 2 次专题研究党风廉政建设和反腐败工作，每次 1 积分。 3. 党委负责人主讲 1 次廉政党课或反腐倡廉形势报告 1 积分。 4. 学院党政负责人向学校党委、纪委据交履行主体责任情况报告 1 积分。 5. 党委主要负责人约谈领导班子其他成员及学院中层干部至少 1 积分。 6. 领导班子成员党风廉政建设内容专题学习不少于 2 次，一次 1 积分。 7. 每年组织党风廉政建设内容专题学习不少于 2 次，一次 1 积分。 8. 党委主要负责人或纪检委员按要求参加学校纪委有关会议 1 积分。 9. 开展 1 次党员干部遵守纪律情况的专项检查 1 积分。 10. 主动根据权限报告并依法处理所管辖的党员、干部、职工违反纪律的问题 1 积分。 11. 全年至少 1 次集中组织党员干部教师学习《中国共产党廉洁自律准则》《中国共产党章程》《中国共产党纪律处分条例》《中国共产党党内监督条例》《中国共产党问责条例》和《中国共产党党内法规》等 1 积分。 12. 对教职工进行有关《中国共产党纪律处分条例》精神的教育提醒 1 积分。 13. 组织开展纠正"四风"、形式主义、官僚主义自查自纠活动，1 积分。 14. 对上级纪委、纪检组及学校纪委提出有关推进作风建设、落实中央八项规定精神的问题及建议意见，认真整改落实，1 积分。 15. 支持上级党委、学校党委、纪委开展的巡视巡查和督查工作，彻底整改巡视巡查反馈的问题，1 积分。	办公室	分管院领导

续表

序号	项目名称	单位	积分工作量	申请人	审核人
50	党风廉政建设	项	16. 配合学校纪检监察部门调查信访举报事件及查处违纪行为，1积分。 17. 及时办理、执行相关处分决定（含通报批评）及纪检监察意见建议，没有及时约谈提醒，1积分。 18. 对检查发现和群众反映的党员干部教师的苗头性、倾向性问题，1积分。 19. 支持纪检委员履行职责的，纪检检查员切实落实监督责任，1积分。 20. 学院无下列情况的计1积分： (1) 被学校党委、行政、纪委通报批评、责令检查、诫勉谈话等处理； (2) 被学校党委或行政给予严重警告及以下处分； (3) 被学校党委、行政给予记过及以上处分。 21. 学院不出现群众反映强烈的突出问题，1积分。 22. 开展扶贫工作情况、资金监管自查自纠工作，无问题线索的，1积分。 23. 按规定程序对"三重一大"事项进行集体研究的，1积分。 24. 开展廉政风险防控检查工作，进行廉政风险防控公示，1积分。 25. 至少组织党员干部观看警示教育片一次；组织干部职工、入党积极分子、新生参观学校警示教育基地1次，1积分。 26. 至少组织师生参加学校纪委组织的廉政文化作品征集、廉洁主题演讲比赛等1次，1积分。 27. 组织本学院开展廉政文化建设活动的，1积分。 28. 至少在学校纪委网站或本学院党风廉建设的新闻稿件2篇，1积分。 29. 党风廉建设其他事项，一项0.5积分。	办公室	分管院领导

续表

序号	项目名称	单位	积分工作量	申请人	审核人
51	党的制度建设	项	1. 严格按照要求实行党政共同负责，研究和讨论本学院重大事项，党政联席会每学期4次以上，1积分。 2. 领导班子团结，开展谈心谈话，1积分。 3. 严格落实2018年学校党建工作目标责任书。按时报送党建工作年度计划和总结，1积分。 4. 签订并落实2018年基层党组织党风廉政建设责任书，1积分。 5. 签订并严格落实2018年基层党组织全面从严治党工作责任书，1积分。 6. 按时上报党建工作月报的情况及按要求上报组织信息，1积分。 7. 执行并落实校园安全稳定工作制度，签订并落实安全稳定工作责任书，未发生重大安全稳定事件和安全稳定工作纪律现象，1积分。 8. 严格落实学校督查制度，按时完成党委、行政部署的重要工作任务，1积分。 9. 按要求完成对口扶贫工作任务的，1积分。 10. 建立学院党委书记、师生党支部书记联系班级制度，1积分。 11. 党的制度建设其他事项，一项0.5积分	办公室	分管院领导
52	三全育人工作	项	1. 课程育人工程。按《南宁职业技术学院"三全"育人示范校培育项目建设方案》要求开展并完成2019年度工作，3积分。 2. 科研育人工程。按《南宁职业技术学院"三全"育人示范校培育项目建设方案》要求开展并完成2019年度工作，3积分。 3. 实践育人工程。按《南宁职业技术学院"三全"育人示范校培育项目建设方案》要求开展并完成2019年度工作，3积分。	学生管理中心	分管院领导

续表

序号	项目名称	单位	积分工作量	申请人	审核人
52	三全育人工作	项	4. 文化育人工程。按《南宁职业技术学院"三全育人"示范校培育项目建设方案》要求开展并完成2019年度工作，3积分。 5. 网络育人工程。按《南宁职业技术学院"三全育人"示范校培育项目建设方案》要求开展并完成2019年度工作，3积分。 6. 心理育人工程。按《南宁职业技术学院"三全育人"示范校培育项目建设方案》要求开展并完成2019年度工作，3积分。 7. 管理育人工程。按《南宁职业技术学院"三全育人"示范校培育项目建设方案》要求开展并完成2019年度工作，3积分。 8. 服务育人工程。按《南宁职业技术学院"三全育人"示范校培育项目建设方案》要求开展并完成2019年度工作，3积分。 9. 资助育人工程。按《南宁职业技术学院"三全育人"示范校培育项目建设方案》要求开展并完成2019年度工作，3积分。 10. 组织育人工程。按《南宁职业技术学院"三全育人"示范校培育项目建设方案》要求开展并完成2019年度工作，3积分。 11. 三全育人工作其他事项，一项1积分。	学生管理中心	分管院领导
（二）专业建设					
53	专业布局与结构调整	项	1. 申报一个新专业或专业新方向。 2. 在现有专业基础上增设专业方向，单独制定人才培养方案，团队5积分。	专业团队	分管院领导
54	高水平专业建设	项	1. 申报一个自治区或国家高水平专业，团队20积分，获批立项再计20积分。 2. 申报一个校级高水平专业建设项目，团队10积分，获批立项再计10积分。	专业团队	分管院领导
55	特色优势专业群建设	项	按照学校专业群建设标准（指导意见），立项建设一个特色优势专业群，团队20积分。	专业团队	分管院领导
（三）师资队伍建设					
56	人才引进	项	1. 引进1名以上硕士学位以上副高职称以上人才，每引进1名，办公室5积分。 2. 引进2名以上非实名编专业教师充实到各学院的主体专业，每引进1名，办公室3积分。	办公室	分管院领导

续表

序号	项目名称	单位	积分工作量	申请人	审核人
57	教师培养	项	1. 根据教育厅"双师"标准，学院专任教师"双师"比例达到70%，办公室5积分，教务中心5积分。 2. 教师参加专项能力提升培养培训达5人以上，办公室5积分，教务中心5积分。 3. 参加海外培训教师达1人以上，办公室1积分，教务中心1积分	教务中心	分管院领导
58	教学团队建设	项	1. 学院教师荣获专业带头人培养计划1人以上，办公室1积分，教务中心1积分。 2. 专业团队获得一流教学团队建设，团队20积分	办公室；专业团队	分管院领导
59	机制建设	项		办公室	分管院领导
（四）课程改革与建设					
60	人才培养方案修订	项	视学院或第三方对各专业人才培养方案的总体评价，一个专业（专业方向）（序号20对培养方案已有计分）	专业团队	分管院领导
61	课程标准开发	项	1. 引入行业标准开发课程标准。2019年全新开发一门5~8积分，在2018年前已有基础上修改完善一门3~5积分。 2. 引入国际标准开发课程标准。2019年全新开发一门8~10积分，在2018年前已有基础上修改完善一门5~8积分	专业团队	分管院领导
62	课程开发	项	1. 校企共同开发课程。2019年全新开发15万字以上一门10~15积分，在2018年前已有基础上修改完善20万字以上一门8~10积分。 2. 引入企业标准或国际课程。2019年全新开发15万字以上一门15~20积分，在2018年前已有基础上修改完善20万字以上一门10~15积分	专业团队	分管院领导
63	课程资源建设	项	1. 专业团队组织开展教学资源库建设，视学院或第三方对各专业人才培养方案的总体评价，另行评分。 2. 教师完成1门课"互联网+"教学资源项目，视学院或第三方对各专业人才培养方案的总体评价，另行评分	专业团队或个人	分管院领导

续表

序号	项目名称	单位	积分工作量	申请人	审核人
64	教学竞赛	项	学院师生参加广西全区性以上教学竞赛，获奖总项数超过2018年，教务中心5积分	教务中心	分管院领导
65	实践课程	项	1. 制定本专业的专业顶岗实习课程标准，一专业3积分。 2. 制定本专业的专业毕业设计标准，一专业3积分	专业团队	分管院领导
（五）产教融合发展					
66	职教集团	项	学院组建1个职教集团或合作联盟，10积分	教务中心	分管院领导
67	现代学徒制	项	现代学徒制立项建设，视年度建设成效，10~15积分	教务中心	分管院领导
68	校企深度合作项目	项	1. 专业或专业群与一个行业龙头企业合作，视合作深度和年度成效，5~10积分；每新增一个签约合作企业，3积分。 2. 专业或专业群与一个行业龙头企业共建协同创新基地，视同创新年度成效，5~10积分。 3. 对校企合作工作实行全程管理、组织、协调、监控、归档等，视年度成效，教务中心5~10积分	教务中心	分管院领导
（六）实训体系建设					
69	实训基地拓展项目	项	专业实训基地拓展、提升，实训中心5~10积分	实训中心	分管院领导
70	先进科技基地项目	项	建设升级BIM中心、团队5~10积分	专业团队	分管院领导
（七）创新创业					
71	科技协同创新	项	1. 力争立项1项以上结合专业与课程改革的基于本土区域文化传承及创新发展项目，立项1项5积分。 2. 立项2项以上产业发展前沿和技术创新领域的研发项目，立项1项5积分。 3. 力争承揽1项以上企业产品与技术创新项目，承揽1项5积分	创新发展研究中心	分管院领导
72	创业发展	项	1. 推进1个以上新的创业项目入园，学生管理中心3积分。 2. 建立或完善建筑工程学院众创空间，学生管理中心3积分。 3. 建立有行业企业家为带队参与深度的创业导师团队，学生管理中心3积分	学生管理中心	分管院领导

续表

序号	项目名称	单位	积分工作量	申请人	审核人
73	创新创业大赛	项	组织参加大学生"互联网+"、挑战杯"彩虹人生"等校、区、国家级"创新创业"类竞赛,参赛数量超过2018年人数,学生管理中心5积分	学生管理中心	分管院领导
(八) 国际化发展					
74	区域交流与合作	项	力争通过桂港中心平台,组织承办一项建筑类技能比赛赛事,正式举办的,学院办公室10积分	办公室	分管院领导
75	国际交流与合作	项	力争通过桂港中心平台,在课程合作与专业合作或为国内企业提供出国培训等方面有突破的,学院办公室3积分	办公室	分管院领导
(九) 服务能力建设					
76	职业培训	项	开展建筑行业农民工培训,培训人数不低于2018年人数,学院办公室3积分	办公室	分管院领导
77	科技服务	项	开展行业培训、脱产挂职等科技服务活动,全院挂职折算天数达到200天以上的,创新发展研究中心3积分	创新发展研究中心	分管院领导
78	脱贫攻坚	项	继续第一书记精准扶贫脱贫工作,完成政府布置的扶贫摘帽工程,规定脱贫户指标及产业扶贫任务,所在党支部3积分	党支部	党委副书记
79	社区服务	项	党支部、专业团队剑入剑社区开展服务活动5项次,50人次以上,学院办公室3积分	办公室	分管院领导
(十) 学生素养工程					
80	综合素质培养计划	项	全面实施七个模块学生素养"第二课堂"学分计划,实现学生自我管理,班主任(辅导员)监管,学院学生自管信息化管理,学生管理中心5积分	学生管理中心	分管院领导
81	学生精准化管理	项	1. 信息化。学生积极参与移动应用和PC应用管理。学生管理中心3~5积分。 2. 自诊改。每学期初进行学生自诊改一次,学生管理中心3~5积分	学生管理中心	分管院领导
(十一) 质量诊改工程					
82	质量诊改实施	项	专业、课程、教师、学生等各层面要素实施常态化改,质量指标的螺旋上升到达标,全院100~150积分	教务中心	分管院领导

续表

序号	项目名称	单位	积分工作量	申请人	审核人
83	质量诊改平台建设	项	1. 完善专业、课程、教师、学生、产教融合、实训基地、协同创新、国际化、社会服务等质量诊改指标，全院100~160积分。2. 专业、课程、教师、学生、产教融合、实训基地、协同创新、国际化、社会服务等指标的数据采集、分析、呈现、预警功能全部正常运行，在迎接教育厅专家组复核工作中有效通过，全院100~150积分	教务中心	分管院领导
84	质量诊改自查与复核	项	1. 诊改自查。按教育部和教育厅有关文件标准在4月上旬完成学校诊改自查，全院100~150积分。2. 诊改复核。5月上旬迎接教育厅专家组来校复核，建筑工程学院部分有效通过，全院150~200积分	教务中心	分管院领导
	（十二）强化内部管理				
85	加强财务管理	项	加强对学院经费的统筹管理，提升经费使用和服务效能效率，学院办公室5~8积分	办公室	分管院领导
86	加强资源配置管理	项	1. 完成建筑工程学院不低于90%的资产核查和登记工作，实训中心5~10分。2. 建立建筑工程学院资产数据管理系统并正常运行，实训中心5~10积分	实训中心	分管院领导
	（十三）基础设施建设				
	（十四）校园文化建设				
87	完善顶层设计	项	力争设计1个具有一定特色的建筑工程学院文化标志项目，设计的团队5~8积分	专业团队	分管院领导
88	企业文化进校园项目	项	试点1个体现劳模精神和工匠精神的企业文化进校园项目，试点团队5~8积分	专业团队	分管院领导
	（十五）智慧校园建设				

续表

序号	项目名称	单位	积分工作量	申请人	审核人
89	大数据平台建设	项	1. 大数据综合分析系统建设。完成部站处办中心关注的专题大数据分析的建模及运行和运行，教务中心实训中心10~30积分。 2. 质量诊改大数据系统建设。完成质量诊改系统的所有要素的大数据分析系统建设和运行，教务中心实训中心10~30积分。	教务中心	分管院领导
	三、负积分				
90	缺席重要会议或活动	次	除国家规定和经批准的公务外出、住院、婚假、产假、计划生育假外： (1) 缺席建筑工程学院全体教职员工会议或重要活动，一次负5积分。 (2) 缺席学院党委相关会议或重要活动，一次负2积分。 (3) 缺席基层党支部"三会一课"等会议或重要活动，一次负2积分。	会议组织部门专员	会议组织部门负责人
91	缺席安稳值班	次	认定缺席学校安稳值班，负10积分。	综合中心主任	分管院领导
92	发生教学事故	次	认定三级、二级教学事故负10积分，认定一级以上教学事故负20积分。	教务中心主任	分管院领导
93	受到通报批评	次	受到学校通报批评负10积分，受到学校通报批评和通报批评负15积分。教学事故按处分重复计扣积分		
94	受到党纪政纪处分	次	受到学校级以上（含）党纪政纪处分和党政纪审核处分不重复计扣积分，多人项目计申请人负20积分。教学事故和党政纪处分不重复计扣积分，多人项目计申请人负3积分。	学院纪委委员	学院党委书记
95	重复申报积分	项	同一内容重复申报经查核确认的，除取消重复积分外，单人项目计申请人负3积分。	学院纪委委员	学院党委书记
96	不申报负积分	项	存在负积分项目但不申报的，每缺报一项，除补计负积分外，另计该项目所在部门负责人负3积分。		
其他说明			1. 积分奖。完成基本工作量后表得的积分，视学院经费情况计发奖励。1积分的奖励额度实行"上设封顶、下不保底"政策，上限100元，不设下限。 2. 引进项目奖。引进经费收入的社会服务项目，计发课酬、考务费等必要支出后，项目管理费等必要支出后，人员经费结余大于1 000元的，按人员经费结余的6%计发引进项目奖。人员经费结余小于1 000元不计发引进项目奖，按1 000元学院留成人员经费，计1积分。 3. 重大项目奖。对学院质量提升和特色品牌建设影响较大的重大项目，计积分后，如学院经费许可，可以另外增设重大项目奖。具体方案按项目另行申报和评议。 4. 二选一奖励原则。同时符合引进项目奖和特色品牌建设影响较大的重大项目奖和重大项目奖的项目，可以二选一，不能同时兼奖		

附件 5

建筑工程学院在职人员积分工作量申请表(2019—2020 年)

积分号(由积分管理员按序编号,必填):　　　　　年建工积分第　　号

申请时间	(必填):　　　　　年　　月　　日
申请部门(申请人)	(必填):
序号	(必填):2019 年修订版积分序号为　　号。
项目名称	(必填):
项目内容简述	(必填):
结果性支撑材料	(必填):
项目参与人及积分分配	(必填):
申请总积分	(必填):该项目合计申请积分共　　分。
积分申请人签名	以上内容全部属实,无重复申报。 签名:　　　　年　　月　　日
积分审核人签名	拟同意该项目合计积分:　　分。 签名:　　　　年　　月　　日
院长审批意见	同意该项目合计积分:　　分。 签名:　　　　年　　月　　日
其他说明	

备注:1. 积分工作量申请表由学院办公室设积分管理员专人建档管理。
　　　2. 积分工作量原则上每年 4 月、10 月、11 月下旬,共组织申报三次。5 月、11 月、12 月发放。
　　　3. 当年 10 月份后取得的成果,因未及时收到证明材料,确实无法于当年 11 月 30 日前申报当年积分的,仅可第二年 4 月份补报。

附件6

建筑工程学院在职人员兼职绩效标准及发放办法(2019—2020年)

序号	项目名称	发放标准	发放办法	备注
1	兼职班主任	每生每月××元	按月发放, 1年发10个月	选择不领取带班奖励的班主任,按带班学生数每生每学期折算1个授课课时
2	专任教师超课时	1. 一年超50课时以内部分: 未定级××/课时。 中级××/课时。 副高级××/课时。 正高级××/课时。 2. 一年超50课时以上部分: 未定级××/课时。 中级××/课时。 副高级××/课时。 正高级××/课时	按年度统计和发放	
3	行政教师兼课	1. 一年50课时以内部分: 未定级××/课时。 中级××/课时。 副高级××/课时。 正高级××/课时。 2. 一年超50课时以上部分: 未定级××/课时。 中级××/课时。 副高级××/课时。 正高级××/课时	按学期统计和发放	
4	安全稳定值班	每天每次×××元	按学期统计和发放	一年约280天
5	课程再修辅导	由教务中心根据学院经费情况报批	按学期统计和发放	
6	基层党支部书记	每人每月×××元	按月发放,1年发10个月	3人
7	基层党支部委员	每人每月×××元	按月发放,1年发10个月	6人
8	学院团委副书记	每人每月×××元	按月发放,1年发10个月	1人
9	社会培训干事	每人每月×××元	按月发放,1年发10个月	1人
10	专本衔接干事	每人每月×××元	按月发放,1年发10个月	1人
11	教学督导干事	每人每月×××元	按月发放,1年发10个月	1人
12	学院工会委员	每人每月×××元	按月发放,1年发10个月	2人
13	扶贫第一书记	每人每月×××元	按月发放,1年发10个月	2人

附件 7

建筑工程学院在职人员岗位应聘申请表(2019—2020 年)

姓名		性别		出生年月		年　　月
政治面貌				加入时间		年　　月
本科学校及专业				毕业时间		年　　月
硕士学校及专业				取得时间		年　　月
最高专业技术职务				取得时间		年　　月
参加工作时间			年　　月			
入职南职院工作时间			年　　月			
近三年年度考核结果	2016 年：		2017 年：		2018 年(按建工学院公示)：	
应聘岗位(一)	部门或团队：			岗位：		
应聘岗位(二)	部门或团队：			岗位：		

应聘陈述	学院领导： 　　对照《建筑工程学院分级管理综合改革实施方案(2019 年修订)》文件，我符合所填岗位的任职条件，现应聘所填岗位，请审批，我将认真履行岗位职责，完成各项任务。如学院聘为其他岗位，本人服从安排，并履行所聘岗位职责，完成各项任务。 　　　　　　　　　　　　　　应聘人签名：　　　　　　年　　月　　日
部门意见	拟聘任该同志为　　　　　　　(部门)　　　　　(岗位)。 　　　　　　　　　　　　　部门负责人签名：　　　　　　年　　月　　日
学院意见	经学院研究决定，聘任该同志为　　　　　　(部门)　　　　　(岗位)，聘期　　　年，自　　年　　月　　日起至　　年　　月　　日止。 　　　　　　　　　　　　　　院长签名：　　　　　　年　月　　日
备注	

说明：本申请表提交一式一份。

附件 8

建筑工程学院外聘人员课酬(劳务费)标准及发放办法(2019—2020 年)

一、外聘教师课酬

(1)专业课外聘教师评教结果为"合格":

中级职称课酬标准:×××~×××元/课时(含税);

副高职称课酬标准:×××~×××元/课时(含税);

正高职称课酬标准:×××~×××元/课时(含税)。

(2)专业课外聘教师评教结果为"良好":

中级职称课酬标准:×××~×××元/课时(含税);

副高职称课酬标准:×××~×××元/课时(含税);

正高职称课酬标准:×××~×××元/课时(含税)。

(3)专业课外聘教师评教结果为"优秀":

中级职称课酬标准:×××~×××元/课时(含税);

副高职称课酬标准:×××~×××元/课时(含税);

正高职称课酬标准:×××~×××元/课时(含税)。

(4)50~54 人的班级,每课时增加 3 元;55 人以上班级(含合班),每课时增加 6 元。

(5)公共课外聘教师,按专业课外聘教师减 10 元的课时标准执行。

(6)第一次在建筑工程学院授课的外聘教师,有考核评价结果前,按良好等次。有考核评价结果的下一月份起,按考核评价等次。

(7)考核评价不合格的外聘教师,自考核评价结果公布的下一月份起解约。解约前已发课酬不予追溯,解约前未发课酬参照合格档次计发。

二、技能工匠薪酬

(一)技能工匠担任实训课程教学

人才培养方案规定的实训课程,由外聘技能工匠任课的,薪酬标准按课时计发,标准如下:

1. 两位工匠共同担任一个班级实训课程教学

中级工:×××~×××元/(课时·人)(含税);

高级工:×××~×××元/(课时·人)(含税);

技师:×××~×××元/(课时·人)(含税);

高级技师:×××~×××元/(课时·人)(含税)。

2. 一位工匠单独担任一个班级实训课程教学

中级工:×××~×××元/课时(含税);

高级工:×××~×××元/课时(含税);

技师:×××~×××元/课时(含税);

高级技师:×××~×××元/课时(含税)。

(二)技能工匠配合课任教师指导实训

部分专业课程的部分实训环节,需要技能工匠配合课任教师指导实训的,由专业团队申请,经协调实训中心确认安排、学院领导同意,可短期聘请技能工匠配合课任教师指导实训,按课酬标准计发课酬或按实际聘请的天数计发劳务费。按劳务费计发的,计发标准如下:

1. 两位技能工匠配合指导一个班级

中级工:×××-×××元/(人·天)(含税);

高级工:×××~×××元/(人·天)(含税);

技师：×××～×××元/(人·天)(含税)；
高级技师：×××～×××元/(人·天)(含税)。
2. 一位技能工匠配合指导一个班级
中级工：×××～×××元/(人·天)(含税)；
高级工：×××～×××元/(人·天)(含税)；
技师：×××～×××元/(人·天)(含税)；
高级技师：×××～×××元/(人·天)(含税)。
若按税后计酬，则薪酬标准在以上基础上酌减15%～20%。

第18章　建筑工程学院年度工作任务书及考核评分标准

南宁职业技术学院建筑工程学院分级管理综合改革试点过程中，遇到对教职员工年度工作目标任务及完成情况界定难、定量难、考核难等问题。为了清晰、明确教职工年度工作目标任务，更好、更准确地考核教职工年度工作目标任务的完成情况，经过调研、分析、思考、决策，自2018年起，按照南宁职业技术学院的顶层部署，建筑工程学院将教职工个人年度工作目标任务和考核方法，以"一页纸任务书"和"考核评分标准"的形成实施。试行三年来，效率提高，评价客观，效果较好。

以下摘选南宁职业技术学院建筑工程学院2018年、2019年、2020年的个人年度任务书，2018年度考核评分标准，以供查阅。

18.1 建筑工程学院 2018 个人年度工作任务书（摘选）

建筑工程学院 2018 个人年度工作任务书（摘选）见表 18-1。

表 18-1 建筑工程学院 2018 个人年度工作任务书（摘选）

建筑工程学院 2018 个人年度工作任务书（摘选 001）（建筑装饰工程技术专业带头人）

序号	工作任务	主要内容	考核标准	考核部门	权重
1	师德建设	师德师风建设	年度考核合格以上	教务中心	100
		党支部建设工作，党员职责义务履行情况（党员）	年度考核合格以上	所在支部	
2	教学工作	完成课程教学（含实训）任务量	完成任务的证明材料	教务中心	300
3	教改工作	负责完成本专业人才培养方案编制工作	人才培养方案印刷本		150
		负责本专业高水平专业建设工作，建设成效良好	年度考核评价材料		100
		参加本专业教学标准和专业核心课程标准编制工作，完成分工任务	完成任务的证明材料		75
		参加本专业质量诊改工作，完成分工任务	完成任务的证明材料		75
		参加校级以上（含）业务竞赛 1 项以上	证书或证明材料	学院领导	50
		主持或参加项目立项、主持或参与结题、教改论文发表、成果评审获奖 1 项以上	证书或证明材料		50
		主编或副主编参编教材（含实训教材）1 本以上	教材印刷本		50
4	科研工作	完成科研工作任务量	完成任务的证明材料	科技中心	100
5	育人管理	学校学院部署的育人管理工作	年度考核合格以上	学生中心	100
6	社会服务	参与社会服务（科技服务、培训服务等）1 项以上	证明材料	综合中心	50
7	个人发展	完成学校和上级规定的在职人员继续教育培训和考核任务	证明材料	教务中心	50
		参加与专业相关的岗位业务培训 1 次以上	证书或证明材料		50
		到行业企业或同类高校锻炼学习 1 个月以上	证书或证明材料		50
		申报（报考）技术职称或同类职业资格证书，从业人员合格证书	证书或证明材料		50
8	分解任务	主持完成建筑工程学院"2018 年党政主要工作目标任务分解表"本团队工作	年度考核合格以上	学院领导	200

续表

建筑工程学院2018个人年度工作任务书(摘选001)(建筑装饰工程技术专业带头人)

序号	工作任务	主要内容	考核标准	考核部门	权重
9	团队工作	主持本团队全面工作，完成年度工作任务	年度评价合格以上		100
		主持"千万项目验收"工作中学院安排的分项工作	验收评价合格以上		100
		指导学生参加省区级技能竞赛1项以上并获奖	获奖证书	学院领导	50
10	其他工作	团队特色专项工作和学院领导安排的其他临时工作	相关材料		75

建筑工程学院2018个人年度工作任务书(摘选002)(建筑装饰工程技术专业教师)

序号	工作任务	主要内容	考核标准	考核部门	权重
1	师德师风建设	师德师风建设工作	年度考核合格以上	教务中心	100
		党支部建设工作，党员履行义务情况(党员)	年度考核合格以上	所在支部	400
2	教学工作	完成课程教学(含实训)任务量	完成任务的证明材料	教务中心	150
		牵头负责本专业教学团队服务拓展、专业教学标准和核心课程标准建设、实训基地建设工作	完成任务的证明材料		75
		参加本专业教学标准和专业核心课程标准编制工作，完成分工任务	完成任务的证明材料		75
		参加本专业课改立项和资源库建设工作，完成分工任务	完成任务的证明材料		75
3	教改工作	参加校级以上(含)业务竞赛1项以上	证书或证明材料	所在团队	50
		主持或参与立项、主持或参与结题、教改论文发表、成果评审获奖1项以上	证书或证明材料		50
		主编或副主编或参编教材(含实训教材)1本以上	教材印刷本		50
		参加本专业人才培养方案修订工作	完成任务的证明材料		50
4	科研工作	完成科研工作任务量	年度考核合格以上	科技中心	100
5	育人管理	辅导员班主任、学校学院部署的育人管理工作	证明材料	学生中心	100
6	社会服务	参与社会服务(科技服务、培训服务等)1项以上	证明材料	综合中心	50
7	个人发展	完成学校和上级规定的在职人员继续教育培训和考核任务	证书或证明材料	教务中心	50
		参加与专业岗位相关的业务培训1次以上	证书或证明材料		50
		到行业企业同类高校锻炼学习1个月以上	证书或证明材料		50
		申报(报考)技术职称或同类从业人员合格证书	证书或证明材料		50

续表

序号	工作任务	主要内容	考核标准	考核部门	权重
		建筑工程学院 2018 个人年度工作任务书（摘选 002）（建筑装饰工程技术专业教师）			
8	分解任务	负责建筑工程学院"2018年党政主要工作目标任务分解表"分解到本人的工作	年度考核合格以上	所在团队	200
		参与学院千万项目验收工作，完成分工任务	验收评价合格以上	所在团队	50
9	团队工作	指导学生参加省级技能竞赛1项以上并获奖	证书或证明材料	所在团队	50
		负责团队分工的行政工作（毕业生回访等）	完成任务的证明材料	所在团队	50
10	其他工作	担任社团指导教师并指导工作	年度考核或评评材料	团学中心	75
		学院领导和团队负责人安排的其他临时工作	完成任务或的证明材料	所在团队	

序号	工作任务	主要内容	考核标准	考核部门	权重
		建筑工程学院 2018 个人年度工作任务书（摘选 003）（建筑装饰工程技术专业教师）			
1	师德建设	师德师风建设	年度考核合格以上	教务中心	100
		党支部建设工作、党员义务履行情况（党员）	年度考核合格以上	所在支部	
2	教学工作	完成课程教学（含实训）任务量	完成任务的证明材料	教务中心	400
		牵头负责本团队对口帮扶、质量自诊改工作	完成任务的证明材料		150
		参加本专业教学标准和专业核心课程标准编制工作	完成任务的证明材料		75
		参加本专业课改立项和资源库建设工作、完成分工任务	完成任务的证明材料		75
		参加本专业自诊改工作，完成分工任务	完成任务的证明材料		75
3	教改工作	参加本校校赛以上（含）业务竞赛立项、主持或参与课题、教改论文发表、成果评审获奖1项以上	证书或证明材料	所在团队	50
		主持或参与立项、主持或参与结题、教改论文发表、成果评审获奖1项以上	证书或证明材料		50
		主编或副主编参编教材（含实训教材）1本以上	教材印刷本		50
		参加本专业人才培养方案修订工作	完成任务的证明材料		50
4	科研工作	完成科研工作任务量	完成任务的证明材料	科技中心	100
5	育人管理	辅导员班主任工作、学校学院部署的育人管理工作	年度考核合格以上	学生中心	100
6	社会服务	参与社会服务（科技服务、培训服务等）1项以上	证明材料	综合中心	50

续表

建筑工程学院2018个人年度工作任务书(摘选003)(建筑装饰工程技术专业教师)

序号	工作任务	主要内容	考核标准	考核部门	权重
7	个人发展	完成学校和上级规定的在职人员继续教育培训和考核考证任务	证明材料		50
		参加与本职岗位相关的业务培训1次以上	证书或证明材料	教务中心	50
		到行业企业或同类高校锻炼学习1个月以上	证书或证明材料		50
		申报(报考)技术职称或职业资格证书、从业人员合格证书	证书或证明材料		50
8	分解任务	负责建筑工程学院"2018年党政主要工作目标任务分解表"分解到本人的工作	年度考核合格以上	所在团队	200
9	团队工作	参与学院干万项目验收工作,完成分工任务	验收评价合格以上	所在团队	50
		指导学生参加省级技能竞赛1项以上并获奖	证书或证明材料	所在团队	50
		负责团队分工的行政工作(培训统计等)	完成任务的证明材料		50
10	其他工作	担任社团指导教师并指导工作	年度考核或评价材料	团学中心	50
		学院领导和团队负责人安排的其他临时工作	完成任务的证明材料	所在团队	75

建筑工程学院2018个人年度工作任务书(摘选004)(建筑装饰工程技术专业教师)

序号	工作任务	主要内容	考核标准	考核部门	权重
1	师德建设	师德师风建设	年度考核合格以上	教务中心	100
		党支部建设工作、党员义务履行情况(党员)	年度考核合格以上	所在支部	
2	教学工作	完成课程教学(含实训)的任务量	完成任务的证明材料	教务中心	400
		牵头负责本团队教学创新工作建设	完成任务的证明材料		150
		参加本专业教学标准和专业核心课程标准编制工作	完成任务的证明材料		75
		参加课程立项和资源库建设工作,完成分工任务	完成任务的证明材料	所在团队	75
		参加本专业自诊改以上,完成分工任务	完成任务的证明材料		75
3	教改工作	参加本专业参与竞赛1项以上	证书或证明材料		50
		主持或参与立项、主持或参与结题、教改论文发表、成果评审获奖1项以上	证书或证明材料		50
		主编或副主编教材(含实训教材)1本以上	教材印刷本		50
		参加本专业人才培养方案修订工作	完成任务的证明材料		50

续表

建筑工程学院2018个人年度工作任务书（摘选004）（建筑装饰工程技术专业教师）

序号	工作任务	主要内容	考核标准	考核部门	权重
4	科研工作	完成科研工作任务量	完成任务的证明材料	科技中心	100
5	育人管理	辅员班主任工作，学校学院部署的育人管理工作	年度考核合格以上	学生中心	100
6	社会服务	参与社会服务（科技服务、培训服务等）1项以上	证明材料	综合中心	50
7	个人发展	完成学校和上级规定的在职人员继续教育培训和考证任务	证书或证明材料		50
		参加学校规定相关的业务培训1次以上	证书或证明材料	教务中心	50
		到行业企业或同类高校锻炼学习1个月以上	证书或证明材料		50
		申报（报考）技术职称或职业资格证书、从业人员合格证书	证书或证明材料		50
8	分解任务	负责建筑工程学院"2018年党政主要工作目标任务分解表"分解到本人的工作	年度考核合格以上		200
9	团队工作	参与学院干万师干项目验收工作，完成分工任务	验收评价合格以上	所在团队	50
		参与指导学生参加省区级技能竞赛1项以上并获奖	证书或证明材料		50
		负责团队分工的行政工作（团队会议纪要等）	完成任务的证明材料		50
10	其他工作	担任社团指导教师并指导工作	年度考核或评价的证明材料	团学中心	50
		学院领导和团队负责人安排的其他临时工作	完成任务的证明材料	所在团队	75

建筑工程学院2018个人年度工作任务书（摘选005）（建筑装饰工程技术专业教师）

序号	工作任务	主要内容	考核标准	考核部门	权重
1	师德建设	师德师风建设	年度考核合格以上	教务中心	100
		党支部建设工作，党员义务履行情况（党员）	年度考核合格以上	所在支部	
2	教学工作	完成课程教学（含实训）任务量	完成任务的证明材料	教务中心	400
3	教改工作	牵头负责本团队校企合作产教融合、一院一品工作	完成任务的证明材料		150
		参加本专业教学标准和专业核心课程标准编制工作，完成分工任务	完成任务的证明材料	所在团队	75
		参加本专业课改立项和资源库建设工作，完成分工任务	完成任务的证明材料		75
		参加本专业自诊自改工作，完成分工任务	完成任务的证明材料		75

续表

建筑工程学院2018个人年度工作任务书（摘选005）（建筑装饰工程技术专业教师）

序号	工作任务	主要内容	考核标准	考核部门	权重
3	教改工作	参加校级以上（含）业务竞赛1项以上	证书或证明材料	所在团队	50
		主持或参与立项、主持或参与结题、教改论文发表、成果评审获奖1项以上	证书或证明材料	所在团队	50
		主编或副主编教材（含实训教材）1本以上	教材印刷本	所在团队	50
		参加本专业人才培养方案修订工作	完成任务的证明材料	所在团队	50
4	科研工作	完成科研工作任务量	完成任务的证明材料	科技中心	100
5	育人管理	辅导员班主任工作、学校学院部署的育人管理工作	年度考核合格以上	学生中心	100
6	社会服务	参与社会服务（科技服务、培训服务等）1项以上	证书或证明材料	综合中心	50
7	个人发展	完成学校和上级规定的在职人员继续教育培训和考核取证任务	证明材料	综合中心	50
		参加与本职岗位相关的业务培训1次以上	证书或证明材料	教务中心	50
		到行业企业或同类高校锻炼学习1个月以上	证书或证明材料	教务中心	50
		申报（报考）技术职称或相关职业资格证书、从业人员合格证书	证书或证明材料	教务中心	50
8	分解任务	负责建筑工程学院"2018年党政主要改革任务目标分解表"分解到本人的工作	年度考核合格以上	教务中心	200
9	团队工作	参与建筑工程千万项目验收、完成分工任务	验收评价合格以上	所在团队	50
		指导学生参加省级技能竞赛1项以上并获奖	证书或证明材料	所在团队	50
		负责团队分工的行政工作（团队常规材料汇总整理等）	完成任务或考评评价	所在团队	50
10	其他工作	担任社团指导教师并指导工作	年度考核评价合格以上	团学中心	50
		学院领导和团队负责人安排的其他临时工作	完成任务的证明材料	所在团队	75

建筑工程学院2018个人年度工作任务书（摘选006）（教务中心主任）

序号	工作任务	主要内容	考核标准	考核部门	权重
1	德养建设	党支部建设工作、党员职责义务履行情况（党员）	年度考核合格以上	学生中心	150
2	计划工作	负责专业实习实训体系、课程资源库、课程标准建设工作	完成任务的证明材料	所在支部	100
		负责学院师资队伍建设工作	完成任务的证明材料	学院领导	50

续表

建筑工程学院2018个人年度工作任务书(摘选006)(教务中心主任)

序号	工作任务	主要内容	考核标准	考核部门	权重
1	计划工作	负责2018级人才培养方案工作	完成任务的证明材料	学院领导	100
2		负责中高职帮扶工作	完成任务的证明材料	学院领导	100
		负责质量自诊改实施工作	完成任务的证明材料		50
		主持本部门全面工作	年度评价合格以上		100
3	部门工作	负责学院教学质量管理、教学督导、人文体育课程管理等	完成任务的证明材料	学院领导	100
		负责安排完成学院学籍、课酬、顶岗实习管理、新生入学专业教育等工作	完成任务的证明材料		100
		负责安排学院教学档案管理工作	完成任务的证明材料		50
		负责安排完成学院教材发放、结算等工作	完成任务的证明材料		50
		负责安排完成建筑施工企业关键技术岗位考试的考务工作	完成任务的证明材料		100
		负责完成学院单独对口招生工作	完成任务的证明材料		100
4	临时工作	完成学校领导、学院领导临时安排的工作任务	完成任务的证明材料	学院领导	150
5	其他工作	完成学院安排的一定量的兼职授课任务	完成任务的证明材料	教务中心	50
		完成学校和上级规定的在职人员继续教育培训和考核证任务	完成任务的证明材料	综合中心	50
6	个人发展	参加与归属专业相关的业务培训1次以上	培训证书或业务培训材料	教务中心	50
		参加归属专业的部分业务活动并完成适量的工作任务	归属团队证明材料	归属团队	50
		到归属专业的行业企业锻炼学习1个月以上	行业企业的证明材料		50
		完成科研工作任务	完成任务的证明材料	科技中心	50
7	分解任务	主持完成建工学院"2018年党政主要工作目标任务分解表"本部门工作	验收评价合格以上	学院领导	250
8	育人管理	辅导员班主任工作,学校学院部署的育人管理工作	年度考核合格以上	学生中心	150

建筑工程学院2018个人年度工作任务书(摘选007)(教务中心干事)

序号	工作任务	主要内容	考核标准	考核部门	权重
1	德养建设	德养建设	年度考核合格以上	所在部门	150
		党支部建设工作,党员义务履行情况(党员)	年度考核合格以上	所在支部	

· 196 ·

续表

建筑工程学院 2018 个人年度工作任务书(摘选 007)(教务中心干事)

序号	工作任务	主要内容	考核标准	考核部门	权重
		负责按照学校思想政治教育改革工作部署,协助开展学院思政教育改革工作	年度评价合格以上	所在支部	100
		协助部门负责人 2018 级人才培养方案工作	年度评价合格以上		80
2	计划工作	协助部门负责人制定学院自诊改计划(专业建设、课程改革、教师发展、学生发展、资源与支持服务),课堂教学管理工作	年度评价合格以上	所在部门	120
		协助部门负责人示范特色专业建设项目验收工作	完成任务的证明材料		100
		负责学院教学质量监控(兼任学院督导)	完成任务的证明材料		100
		负责学院教师排课、调课、停课、学生人文课补选、改选、退选工作	完成任务的证明材料		100
		负责外聘教师管理	完成任务的证明材料		50
3	部门工作	负责期末试卷收集、整理工作	完成任务的证明材料	所在部门	100
		负责示范数据平台填报	完成任务的证明材料		100
		负责部门学生助学管理工作	完成任务的证明材料		50
		协助部门负责人做好学院单独招生及对口招生工作	完成任务的证明材料		50
		协助学院完成建筑施工企业关键技术岗位考试的相关工作	完成任务的证明材料		50
4	临时工作	完成学院领导、部门领导临时安排的工作	完成任务的证明材料	所在部门	150
5	其他工作	完成学院安排的一定量的兼职授课任务	完成任务的证明材料	教务中心	50
		完成学校和上级规定的在职人员继续教育培训和考核考证任务	完成任务的证明材料	综合中心	50
6	个人发展	参加与归属专业或相关现职业岗位相关的业务培训 1 次以上	培训证书或证明材料	教务中心	50
		参加归属部门分业务活动并完成适量学习 1 个月以上	归属团队	归属团队	50
		到归属专业所属的行业企业锻炼学习 1 个月以上	行业企业的证明材料		50
7	分解任务	完成科研工作任务量	完成任务的证明材料	科技中心	50
		负责建筑工程学院"2018 年党政主要工作目标任务分解表"分解到本人的工作	验收评估合格以上	所在部门	250
8	育人管理	辅导员班主任工作,学校学院党部的育人管理工作	年度考核合格以上	学生中心	150

续表

建筑工程学院2018个人年度工作任务书（摘选008）（教务中心干事）

序号	工作任务	主要内容	考核标准	考核部门	权重
1	德素建设	德素建设	年度考核合格以上	所在部门	150
		党支部建设工作，党员职责义务履行情况（党员）	年度考核合格以上	所在支部	50
2	计划工作	协助部门负责人完成示范特色专业建设项目验收工作	完成任务的证明材料		100
		负责课程改革创新项目工作	完成任务的证明材料	所在部门	100
		协助部门负责人完成资源库建设项目工作	完成任务的证明材料		150
		协助部门负责人完成对口合作及帮扶中高职院校工作	完成任务的证明材料		150
3	部门工作	负责完成学籍管理工作：学籍异动、毕业资格审核、新生数据核查等	完成任务的证明材料		100
		负责完成学院教师课酬统计、报账工作	完成任务的证明材料		50
		负责专升本的数据收集、整理工作	完成任务的证明材料	所在部门	50
		负责2018级新生入学方案的制定工作	完成任务的证明材料		100
		负责学院顶岗实习管理的相关工作	完成任务的证明材料		50
		完成学院工会安排的相关工作	完成任务的证明材料		50
		协助完成建筑施工企业关键技术岗位考试的考务工作	完成任务的证明材料		50
4	临时工作	完成学院领导、部门领导临时安排的工作任务	完成任务的证明材料	所在部门	150
5	其他工作	完成学院安排的一定量的兼职授课任务	完成任务的证明材料	教务中心	50
6	个人发展	完成学校和上级规定的在职人员继续教育培训和考核考证任务	完成任务的证明材料	综合中心	50
		参加与归属专业现职岗位相关的业务培训1次以上	培训证书或证明材料	教务中心	50
		参加归属专业部分业务活动并完成适量的工作任务	归属团队的证明材料	归属团队	50
		到归属专业的行业企业锻炼学习1个月以上	行业企业的证明材料		50
		完成科研工作任务量	完成任务的证明材料	科技中心	50
7	分解任务	负责建筑工程学院"2018年党政主要工作目标任务分解表"分解到本人的工作	验收评价合格以上	所在部门	250
8	育人管理	辅导员班主任工作，学校学院部署的育人管理工作	年度考核合格以上	学生中心	150

18.2 建筑工程学院2019个人年度工作任务书(摘选)

建筑工程学院2019个人年度工作任务书(摘选)见表18-2。

表18-2 建筑工程学院2019个人年度工作任务书(摘选)

建筑工程学院2019个人年度工作任务(摘选001)(建筑装饰工程技术专业专业带头人)

序号	工作任务	主要内容	考核标准	考核部门	权重
1	师德建设	1. 党的建设工作(政治、思想与意识形态、干部队伍、党风廉政、制度建设、三全育人)	年度考核合格以上	党支部	50
		2. 师德师风建设	年度考核合格以上	教务中心	50
		3. 主持本团队全面工作,完成本专业团队年度工作目标任务的总体情况(简洁文字+数据表格)	本团队年度总结	学院领导	50
2	教学工作	4. 完成规定的课堂教学(含实践教学、毕业设计、毕业实习)任务量	教务中心证明材料	教务中心	50
		5. 完成至少1门课"互联网+"教学资源项目	教务中心证明材料	教务中心	50
		6. 本人参加校级以上教学大赛或其他专业类比赛1项以上(排名参赛教师前三)	获奖证明	教务中心	50
		7. 指导学生参加省区级以上竞赛1项以上并获奖(排名指导教师前三)	获奖证明	教务中心	50
3	教改工作	8. 主持本团队专业建设工作,完成"2019年主要工作与目标任务分解表"的相关任务	按任务分解表	学院领导	30
		9. 主持本团队师资队伍建设工作,完成"2019年主要工作与目标任务分解表"的相关任务	按任务分解表	学院领导	30
		10. 主持本团队课程改革工作,完成"2019年主要工作与目标任务分解表"的相关任务	按任务分解表	学院领导	30
		11. 主持本团队产教融合发展工作,完成"2019年主要工作与目标任务分解表"的相关任务	按任务分解表	学院领导	30
		12. 主持本团队实训体系建设工作,完成"2019年主要工作与目标任务分解表"的相关任务	按任务分解表	学院领导	30
		13. 主持本团队创新创业工作,完成"2019年主要工作与目标任务分解表"的相关任务	按任务分解表	学院领导	30
		14. 主持本团队区域(国际)合作工作,完成"2019年主要工作与目标任务分解表"的相关任务	按任务分解表	学院领导	30
		15. 主持本团队服务能力提升工作,完成"2019年主要工作与目标任务分解表"的相关任务	按任务分解表	学院领导	30
		16. 主持本团队学生素养生工作,完成"2019年主要工作与目标任务分解表"的相关任务	按任务分解表	学院领导	30
		17. 主持本团队内部质量诊断与改进工作,完成"2019年主要工作与目标任务分解表"的相关任务	按任务分解表	学院领导	30
		18. 主持本团队校园文化建设工作,完成"2019年主要工作与目标任务分解表"的相关任务	按任务分解表	学院领导	30

续表

建筑工程学院 2019 个人年度工作任务书（摘选 001）(建筑装饰工程技术专业带头人)

序号	工作任务	主要内容	考核标准	考核部门	权重
4	科研工作	19. 完成规定的教学科研/教改科研工作量＋举办一次专题讲座	教务中心证明材料	教务中心	50
		20. 主持申报或参加申报校级以上教学成果奖或科技成果奖 1 项以上（排名前 10）；或有本人署名的结题、教材、著作、论文、专利等已有成果报送参加校级以上各种评奖 1 次以上	相关证明材料	教务中心	50
5	育人管理	21. 做好学校学院部署的育人管理工作	相关支撑材料	学生中心	50
6	社会服务	22. 参加社会服务（培训服务、科技服务、脱贫攻坚等）1 项以上	相关支撑材料	学院办公室	50
7	个人发展	23. 参加教师业务培训 1 次以上	证书或证明材料	教务中心	30
		24. 到企业实践折算 2 个月以上	证书或证明材料	教务中心	30
		25. 申报或参加考专业技术职称或双师型教师证书、职业资格证书，从业人员证书 1 种以上	证书或证明材料	教务中心	30
8	年度总结	26. 完成并提交个人年度总结	个人年度总结	学院办公室	30

建筑工程学院 2019 个人年度工作任务书（摘选 002）(建筑装饰工程技术专业教师)

序号	工作任务	主要内容	考核标准	考核部门	权重
1	师德建设	1. 党的建设工作（政治、思想与意识形态、干部队伍、党风廉政、制度建设、三全育人）	年度考核合格以上	党支部	50
		2. 师德师风建设	年度考核合格以上	教务中心	50
2	教学工作	3. 负责专业带头人安排的年度专项工作（专业建设、毕业设计、师资队伍建设）	相关证明材料	专业带头人	50
		4. 完成规定的课程教学（含实践教学、毕业实习）任务量	教务中心证明材料	教务中心	50
		5. 完成至少 1 门课"互联网＋"教学资源项目	教务中心证明材料	教务中心	50
		6. 本人参加学校级以上教学大赛或其他专业类比赛 1 项以上（排名参赛教师前三）	获奖证明	教务中心	50
		7. 指导学生参加省区级比赛 1 项以上并获奖（排名参赛教师前三）	获奖证明	教务中心	50
3	教改工作	8. 负责或参加团队团队完成"2019 年主要工作与目标任务分解表"的相关任务	按任务分解表	专业带头人	30
		9. 负责或参加团队团队师资队伍建设工作，完成"2019 年主要工作与目标任务分解表"的相关任务	按任务分解表	专业带头人	30
		10. 负责或参加团队团队课程改革工作，完成"2019 年主要工作与目标任务分解表"的相关任务	按任务分解表	专业带头人	30
		11. 负责或参加团队团队产教融合发展工作，完成"2019 年主要工作与目标任务分解表"的相关任务	按任务分解表	专业带头人	30
		12. 负责或参加团队团队实训体系建设工作，完成"2019 年主要工作与目标任务分解表"的相关任务	按任务分解表	专业带头人	30

续表

序号	工作任务	主要内容	考核标准	考核部门	权重
		建筑工程学院2019个人年度工作任务书(摘选002)(建筑装饰工程技术专业教师)			
3	教改工作	13. 负责或参加团队创新创业提升工作	按任务分解表	专业带头人	30
		14. 负责或参加团队区域(国际)合作工作	按任务分解表	专业带头人	30
		15. 负责或参加团队服务能力提升工作	按任务分解表	专业带头人	30
		16. 负责或参加团队学生素养完成"2019年主要工作与目标任务分解表"的相关任务	按任务分解表	专业带头人	30
		17. 负责或参加团队内部质量诊断与改进工作	按任务分解表	专业带头人	30
		18. 负责或参加团队校园文化建设工作	按任务分解表	专业带头人	30
		19. 完成规定的教学科研/教改科研工作量+举办一次专题讲座	教务中心证明材料	教务中心	50
4	科研工作	20. 主持申报或参加申报校级以上教改成果或科技成果奖1项以上(排名前10);或有本人署名的结题、论文、著作、教材、专利等已有成果报送参加校级评奖1次以上	证明材料	教务中心	50
5	育人管理	21. 做好学校学院部署的育人管理工作	相关证明材料	学生中心	50
6	社会服务	22. 参加社会服务(培训服务、科技服务、脱贫攻坚等)1次以上	相关支撑材料	教务中心	30
7	个人发展	23. 参加教师业务培训1次以上	证书或证明材料	教务中心	30
		24. 到企业实践折算2个月以上	证书或证明材料	教务中心	30
		25. 申报或报考专业技术职称或双师型教师证书、职业资格证书、从业人员证书1种以上	证书或证明材料	学院办公室	30
8	年度总结	26. 完成并提交个人年度总结	个人年度总结	学院办公室	30

序号	工作任务	主要内容	考核标准	考核部门	权重
		建筑工程学院2019个人年度工作任务书(摘选003)(教务中心主任)			
1	德养建设	1. 党的建设工作政治、思想与意识形态、干部队伍、党风廉政、制度建设、三全育人	年度考核合格以上	党支部	50
		2. 管理育人、服务育人工作	年度考核合格以上	部门负责人	50
2	计划工作	3. 按建筑工程学院"2019年主要工作与目标任务分解表"分工,完成专业建设重点工作任务	按任务分解表	学院领导	30
		4. 按建筑工程学院"2019年主要工作与目标任务分解表"分工,完成师资队伍建设重点工作任务	按任务分解表	学院领导	30
		5. 按建筑工程学院"2019年主要工作与目标任务分解表"分工,完成课程改革建设重点工作任务	按任务分解表	学院领导	30
		6. 按建筑工程学院"2019年主要工作与目标任务分解表"分工,完成产教融合发展重点工作任务	按任务分解表	学院领导	30

续表

序号	工作任务	主要内容	考核标准	考核部门	权重
2	计划工作	建筑工程学院 2019 个人年度工作任务书（摘选 003）（教务中心主任）			
		7. 按建筑工程学院"2019 年主要工作与目标任务分解表"分工，完成实训体系建设重点工作任务	按任务分解表	学院领导	30
		8. 按建筑工程学院"2019 年主要工作与目标任务分解表"分工，完成创新创业提升重点工作任务	按任务分解表	学院领导	30
		9. 按建筑工程学院"2019 年主要工作与目标任务分解表"分工，完成创新区域（国际）合作重点工作任务	按任务分解表	学院领导	30
		10. 按建筑工程学院"2019 年主要工作与目标任务分解表"分工，完成服务学生能力提升重点工作任务	按任务分解表	学院领导	30
		11. 按建筑工程学院"2019 年主要工作与目标任务分解表"分工，完成学生素养重点工作任务	按任务分解表	学院领导	30
		12. 按建筑工程学院"2019 年主要工作与目标任务分解表"分工，完成内部质量诊断与改进重点任务	按任务分解表	学院领导	30
3	部门工作	13. 按建筑工程学院领导统筹推进 2019 年教学科研各项任务	年度考核合格以上	学院领导	50
		14. 协助学院领导统筹推进 2019 年教学科研各项任务	年度考核合格以上	学院领导	80
		15. 主持教务中心全面工作	年度考核合格以上	学院领导	60
		16. 负责学院专业、课程、师资队伍建设工作	年度考核合格以上	学院领导	50
		17. 负责完成学院 2019 年单独对口招生工作	年度考核合格以上	学院领导	40
		18. 负责完成学院内部质量诊断与改进工作	年度考核合格以上	学院领导	80
		19. 完成建筑工程学院"2019 年主要工作与目标任务分解表"分工中教务中心重点工作任务			
4	临时工作	20. 完成学院和部门领导交办的临时工作	相关说明或材料	学院领导	50
5	其他工作	21. 参加社会服务（培训服务、科技服务、脱贫攻坚等）1 项次以上	证明材料	学院办公室	50
		22. 完成在职人员继续教育培训和考核合格任务 20 积分，取得新职称或任一职业相关证书 10 积分	证明材料	学院办公室	30
6	个人发展	23. 完成建筑工程学院规定的教改/科研年度工作任务量	证明材料	教务中心	30
		24. 参加与归属专业或现职岗位相关的业务培训 1 次以上	证明材料	教务中心	30
		25. 到建筑工程学院以外的单位部门专兼职锻炼学习（企业实践学习）1 个月以上（企业实践折算 1 个月以上）	证明材料	教务中心	30
7	年度总结	26. 完成并提交个人年度总结	年度总结上传材料	学院领导	30

续表

建筑工程学院2019个人年度工作任务书(摘选004)(教务中心干事)

序号	工作任务	主要内容	考核标准	考核部门	权重
1	德养建设	1. 党的建设工作政治、思想与意识形态、干部队伍、党风廉政、制度建设、三全育人	年度考核合格以上	党支部	50
		2. 管理育人、服务育人工作	年度考核合格以上	部门负责人	50
2	计划工作	3. 按建筑工程学院"2019年主要工作与目标任务分解表"分工，完成专业建设重点工作任务	按任务分解表	部门负责人	30
		4. 按建筑工程学院"2019年主要工作与目标任务分解表"分工，完成师资队伍建设重点工作任务	按任务分解表	部门负责人	30
		5. 按建筑工程学院"2019年主要工作与目标任务分解表"分工，完成课程改革重点工作任务	按任务分解表	部门负责人	30
		6. 按建筑工程学院"2019年主要工作与目标任务分解表"分工，完成产教融合发展重点工作任务	按任务分解表	部门负责人	30
		7. 按建筑工程学院"2019年主要工作与目标任务分解表"分工，完成实训体系建设重点工作任务	按任务分解表	部门负责人	30
		8. 按建筑工程学院"2019年主要工作与目标任务分解表"分工，完成创新创业提升合作重点工作任务	按任务分解表	部门负责人	30
		9. 按建筑工程学院"2019年主要工作与目标任务分解表"分工，完成服务区域(国际)合作重点工作任务	按任务分解表	部门负责人	30
		10. 按建筑工程学院"2019年主要工作与目标任务分解表"分工，完成能力提升学生素养重点工作任务	按任务分解表	部门负责人	30
		11. 按建筑工程学院"2019年主要工作与目标任务分解表"分工，完成学生素质重点工作任务	按任务分解表	部门负责人	30
		12. 按建筑工程学院"2019年主要工作与目标任务分解表"分工，完成内部质量诊断与改进重点工作任务	按任务分解表	部门负责人	30
		13. 按建筑工程学院"2019年主要工作与目标任务分解表"分工，完成校园文化建设重点工作任务	按任务分解表	部门负责人	30
3	部门工作	14. 负责学院教学质量监控(兼任教学督导，负责示范数据平台填报)	年度考核合格以上	部门负责人	80
		15. 负责学院教师排课、调课、停课、学生人文课补选、改选、退选工作	年度考核合格以上	部门负责人	80
		16. 负责外聘教师管理	年度考核合格以上	部门负责人	50
		17. 负责期末试卷收集、整理工作	年度考核合格以上	部门负责人	50
		18. 协助部门负责人做好学院单独招生及对口招生工作	年度考核合格以上	部门负责人	60
4	临时工作	19. 完成学院和部门领导交办的临时工作	相关说明或材料	部门负责人	50
5	其他工作	20. 参加社会服务(培训)服务、科技攻关、脱贫攻坚等1项次以上	证明材料	学院办公室	50
		21. 完成在职人员继续教育培训和考核考证任务	证明材料	学院办公室	30
6	个人发展	22. 取得建工字(2019)8号文"积分工作量"前14序号中1项以上成果	证明材料	教务中心	30
		23. 参加本专业现职岗位相关的部门或单位业务培训1次以上	证明材料	教务中心	30
		24. 到建筑工程学院以外的单位或专职锻炼学习(企业实践)折算1个月以上	证明材料	教务中心	30
7	年度总结	25. 完成并提交个人年度总结	年度总结上传材料	学院领导	30

续表

序号	工作任务		主要内容 建筑工程学院2019个人年度工作任务书（摘选005）（教务中心干事）	考核标准	考核部门	权重
1	德养建设		1. 党的建设工作（政治、思想与意识形态、干部队伍、党风廉政、制度建设、三全育人）	年度考核合格以上	党支部	50
			2. 管理育人、服务育人工作	年度考核合格以上	部门负责人	50
2	计划工作		3. 按建筑工程学院"2019年主要工作与目标任务分解表"分工，完成专业建设重点工作任务	按任务分解表	部门负责人	30
			4. 按建筑工程学院"2019年主要工作与目标任务分解表"分工，完成师资队伍建设重点工作任务	按任务分解表	部门负责人	30
			5. 按建筑工程学院"2019年主要工作与目标任务分解表"分工，完成课程改革重点工作任务	按任务分解表	部门负责人	30
			6. 按建筑工程学院"2019年主要工作与目标任务分解表"分工，完成产教融合发展重点工作任务	按任务分解表	部门负责人	30
			7. 按建筑工程学院"2019年主要工作与目标任务分解表"分工，完成实训体系建设重点工作任务	按任务分解表	部门负责人	30
			8. 按建筑工程学院"2019年主要工作与目标任务分解表"分工，完成创新创业能力提升重点工作任务	按任务分解表	部门负责人	30
			9. 按建筑工程学院"2019年主要工作与目标任务分解表"分工，完成区域（国际）合作重点工作任务	按任务分解表	部门负责人	30
			10. 按建筑工程学院"2019年主要工作与目标任务分解表"分工，完成学生素养重点工作任务	按任务分解表	部门负责人	30
			11. 按建筑工程学院"2019年主要工作与目标任务分解表"分工，完成内部质量诊断与改进重点工作任务	按任务分解表	部门负责人	30
			12. 按建筑工程学院"2019年主要工作与目标任务分解表"分工，完成校园文化建设重点工作任务	按任务分解表	部门负责人	30
3	部门工作		13. 负责完成学籍管理工作：学籍异动、毕业资格审核、新生数据核查等	年度考核合格以上	部门负责人	80
			14. 负责完成专升本方案的制定工作	年度考核合格以上	部门负责人	50
			15. 负责完成学院教师课酬核收集、整理工作	年度考核合格以上	部门负责人	50
			16. 负责2019级新生入学管理的相关工作	年度考核合格以上	部门负责人	50
			17. 负责完成学院工会安排的工作任务	年度考核合格以上	部门负责人	30
			18. 完成学院工会负责人做好学院工作2019年单独对口工作	年度考核合格以上	部门负责人	30
			19. 协助部门负责人做好学院2019年单独对口工作	年度考核合格以上	部门负责人	30
4	临时工作		20. 完成学院和部门领导交办的临时工作	相关说明或材料	部门负责人	50
5	其他工作		21. 参加社会服务（培训服务、科技服务、脱贫攻坚等）1项次以上	证明材料	学院办公室	50
6	个人发展		22. 完成在职人员继续教育培训和考核考证任务	证明材料	学院办公室	30
			23. 取得建工字〔2019〕8号文"积分考核工作量"前14序号中1项以上成果	证明材料	教务中心	30

续表

序号	工作任务	主要内容	考核标准	考核部门	权重
6	个人发展	25. 参加与归属专业现职岗位相关的业务培训1次以上	证明材料	教务中心	30
		26. 到建筑工程学院以外的单位或部门专兼职锻炼学习（企业实践）折算1个月以上	证明材料	教务中心	30
7	年度总结	27. 完成并提交个人年度总结	年度总结上传材料	学院领导	30

18.3 建筑工程学院2020个人年度工作任务书（摘选）

建筑工程学院2020个人年度工作任务书（摘选）见表18-3。

表18-3 建筑工程学院2020个人年度工作任务书（摘选001）（建筑装饰工程技术专业带头人）

序号	工作任务	主要内容	考核标准	考核部门	权重
1	师德建设	1. 党的建设工作（政治、思想与意识形态、党风廉政、制度建设、三全育人）	年度考核合格以上	党支部	5
		2. 师德师风建设	年度考核合格以上	教务中心	5
2	教学工作	3. 主持本团队全面工作，完成本专业团队年度工作目标任务的总体情况（简洁文字+数据表格）	本团队年度总结	学院领导	8
		4. 完成规定的课程教学（含实践教学、毕业设计、毕业实习）任务量	教务中心证明材料	教务中心	4
		5. 本人参加本专业大赛或其他专业类比赛1项以上并获奖（排名参赛教师前三）	获奖证明	教务中心	4
		6. 指导学生参加省区校级以上并获奖1项以上（排名指导教师前三）	获奖证明	教务中心	4
3	重点工作	7. 主持完成学院分配的"实施高水平党建设项目"重点工作任务	按任务分解表	学院领导	5
		8. 主持完成学院分配的"实施创新型技术技能人才培养高地建设项目"重点工作任务	按任务分解表	学院领导	5
		9. 主持完成学院分配的"实施技术技能协同创新服务平台建设项目"重点工作任务	按任务分解表	学院领导	5
		10. 主持完成学院分配的"实施高素质高质量高水平高技能双师队伍建设项目"重点工作任务	按任务分解表	学院领导	5
		11. 主持完成学院分配的"实施提升校企合作建设项目"重点工作任务	按任务分解表	学院领导	5
		12. 主持完成学院分配的"实施提升服务发展水平建设项目"重点工作任务	按任务分解表	学院领导	5
		13. 主持完成学院分配的"实施提升学校治理水平建设项目"重点工作任务	按任务分解表	学院领导	5
		14. 主持完成学院分配的"实施提升信息化水平建设项目"重点工作任务	按任务分解表	学院领导	5

续表

序号	工作任务	主要内容	考核标准	考核部门	权重
建筑工程学院2020个人年度工作任务书（摘选001）（建筑装饰工程技术专业带头人）					
3	重点工作	15. 主持完成学院分配的"实施提升国际化办学水平建设项目"重点工作任务	按任务分解表	学院领导	5
		16. 主持完成学院分配"实施高质量支撑项目"重点工作任务	按任务分解表	学院领导	5
4	科研工作	17. 完成规定的教学科研/教改科研工作量	教务中心证明材料	教务十创新	5
		18. 主持申报或参加申报校级以上教学成果奖或科技成果奖1项以上（排名前10）；或有本人署名的课题、教材、著作、论文、专利等已有成果级以上各种评奖1次以上	相关证明材料	创新中心	1
5	育人管理	19. 做好学校学院部署的育人管理工作	相关支撑材料	学生中心	3
6	社会服务	20. 参加社会服务（培训服务、科技服务、脱贫攻坚等）1次以上	相关支撑材料	培训办+院办	3
7	个人发展	21. 参加教师业务培训1次以上	证书或证明材料	教务中心	3
		22. 申报或考报专业技术职称双师型教师证书、职业资格证书、从业人员证书1种以上	证书或证明材料	院办+教务	3
8	年度总结	23. 完成并提交个人年度总结	个人年度总结	学院办公室	2
9	加分项目	24. 参与学院高水平专业群建设和"全国样板党支部"创建，完成学院分配的相关重点任务	相关支撑材料	学院领导	5

序号	工作任务	主要内容	考核标准	考核部门	权重
建筑工程学院2020个人年度工作任务书（摘选002）（建筑装饰工程技术专业教师）					
1	师德建设	1. 党info建设工作（政治、思想与意识形态、干部队伍、党风廉政、制度建设、三全育人）	年度考核合格以上	党支部	5
		2. 师德师风建设	年度考核合格以上	教务中心	5
2	教学工作	3. 做好专业带头人分配的团队内专项工作	相关证明材料	专业带头人	8
		4. 完成规定的课程教学（含实践教学、毕业设计、毕业实习）任务量	教务中心证明材料	教务中心	4
		5. 本人参加学校级以上其他专业大赛或教学比赛1项以上（排名参赛教师前三）	获奖证明	教务中心	4
		6. 指导学生参加省区级以上专业大赛并获奖（排名指导教师前三）	获奖证明	教务中心	4
3	重点工作	7. 完成学院/团队/部门分配的"实施高水平党建建设项目"重点工作任务	按任务分解表	专业带头人	5
		8. 完成学院/团队/部门分配的"实施创新型技术技能人才培养高地建设项目"重点工作任务	按任务分解表	专业带头人	5
		9. 完成学院/团队/部门分配的"实施技术技能协同创新服务平台建设项目"重点工作任务	按任务分解表	专业带头人	5
		10. 完成学院/团队/部门分配的"实施高素质高水平高技能双师队伍建设项目"重点工作任务	按任务分解表	专业带头人	5

续表

建筑工程学院2020个人年度工作任务书(摘选002)(建筑装饰工程技术专业教师)

序号	工作任务	主要内容	考核标准	考核部门	权重
3	重点工作	11. 完成学院/团队/部门分配的"实施高质量校企合作建设项目"重点工作任务	按任务分解表	专业带头人	5
		12. 完成学院/团队/部门分配的"实施推进高质量发展项目"重点工作任务	按任务分解表	专业带头人	5
		13. 完成学院/团队/部门分配的"实施推进治理水平建设项目"重点工作任务	按任务分解表	专业带头人	5
		14. 完成学院/团队/部门分配的"实施推进信息化水平建设项目"重点工作任务	按任务分解表	专业带头人	5
		15. 完成学院/团队/部门分配的"实施推进国际化办学水平建设项目"重点工作任务	按任务分解表	专业带头人	5
		16. 完成学院/团队/部门分配的"实施高质量支撑与保障项目"重点工作任务	按任务分解表	专业带头人	5
		17. 完成规定的教学科研/教改科研工作量	教务中心证明材料	教务+创新	5
4	科研工作	18. 主持申报或参加申报奖成果教学成果科技成果奖1项以上(排名前10);或有本人署名的结题、著作、论文、教材、专利等已有成果报送参加校级以上各种评奖1次以上	证明材料	创新中心	1
5	育人管理	19. 做好学校学院部署的育人管理工作	相关证明材料	学生中心	3
6	社会服务	20. 参加社会服务(培训服务、科技服务、脱贫攻坚等)1次以上	相关支撑材料	培训+院办	3
7	个人发展	21. 参加教师业务培训1次以上	证书证明材料	教务中心	3
		22. 申报或报考专业技术职称双师型教师证书、职业资格证书、从业人员证书1种以上	证书证明材料	院办+教务	3
8	年度总结	23. 完成并提交个人年度总结	个人年度总结	院办公室	2
9	加分项目	24. 参与学院高水平专业群建设和"全国样板党支部"创建、完成学院分配的相关重点任务	相关支撑材料	学院领导	5

建筑工程学院2020个人年度工作任务书(摘选003)(教务中心主任)

序号	工作任务	主要内容	考核标准	考核部门	权重
1	德素建设	1. 党的建设工作(政治、思想与意识形态、干部队伍、党风廉政、制度建设、三全育人)	年度考核合格以上	党支部	5
		2. 管理育人、服务育人工作	年度考核合格以上	学院领导	5
2	计划工作	3. 主持完成的"实施高水平党建建设项目"重点工作任务	按任务分解表	学院领导	5
		4. 主持完成的"实施创新型技术技能人才培养高地建设项目"重点工作任务	按任务分解表	学院领导	5
		5. 主持完成的"实施技术技能协同创新服务平台建设项目"重点工作任务	按任务分解表	学院领导	5
		6. 主持完成学院分配的"实施高素质高水平高技能双师队伍建设项目"重点工作任务	按任务分解表	学院领导	5

续表

建筑工程学院 2020 个人年度工作任务书(摘选 003)(教务中心主任)

序号	工作任务		主要内容	考核标准	考核部门	权重
2	计划工作	7. 主持完成学院分配的"实施高质量校企合作建设项目"重点工作任务		按任务分解表	学院领导	5
		8. 主持完成学院分配的"实施提升服务发展水平建设项目"重点工作任务		按任务分解表	学院领导	5
		9. 主持完成学院分配的"实施提升学校治理水平建设项目"重点工作任务		按任务分解表	学院领导	5
		10. 主持完成学院分配的"实施提升信息化办学水平建设项目"重点工作任务		按任务分解表	学院领导	5
		11. 主持完成学院分配的"实施提升国际化办学水平建设项目"重点工作任务		按任务分解表	学院领导	5
		12. 主持完成学院分配的"实施高质量支撑与保障项目"重点工作任务		按任务分解表	学院领导	5
3	部门工作	13. 负责学院人才培养方案工作		年度评价合格以上	学院领导	25
		14. 负责学院专业建设、课程建设、师资队伍建设工作		年度评价合格以上	学院领导	
		15. 负责学院国际化办学工作		年度评价合格以上	学院领导	
		16. 负责学院校企合作工作		年度评价合格以上	学院领导	
		17. 负责学院质量诊改、技能竞赛工作		年度评价合格以上	学院领导	
		18. 负责做好学院 1+X 职业技能等级考试工作		年度评价合格以上	学院领导	
4	临时工作	19. 完成学院和部门领导交办的临时工作		相关说明或材料	学院领导	3
5	其他工作	20. 参加社会服务(培训服务、科技服务、脱贫攻坚等)1 项次以上		证明材料	培训+院办	3
6	个人发展	21. 完成在职人员继续教育培训和考核考证任务 2 积分,取得新职称或任一职业相关证书 1 积分		证明材料	院办+教务	3
		22. 完成建筑工程学院规定的教改/科研年度工作任务量		证明材料	教务中心	2
		23. 参加与归属专业现职职位相关的业务培训 1 次以上		证明材料	教务中心	2
7	年度总结	24. 完成并提交个人年度总结		个人总结	学院办公室	2
8	加分项目	25. 参与学院高水平专业群建设和"全国样板支部"创建、完成学院分配的相关重点任务		相关支撑材料	学院领导	5

208

续表

建筑工程学院2020个人年度工作任务书(摘选004)(教务中心干事)

序号	工作任务	主要内容	考核标准	考核部门	权重
1	德养建设	1. 党的建设工作(政治、思想与意识形态、干部队伍、党风廉政、制度建设、三全育人)	年度考核合格以上	党支部	5
		2. 管理育人、服务育人工作	年度考核合格以上	部门负责人	5
2	计划工作	3. 完成学院(团队/部门)分配的"实施高水平党建设项目"重点工作任务	按任务分解表	部门负责人	5
		4. 完成学院(团队/部门)分配的"实施创新型技术技能人才培养高地建设项目"重点工作任务	按任务分解表	部门负责人	5
		5. 完成学院(团队/部门)分配的"实施技术技能协同创新服务平台建设项目"重点工作任务	按任务分解表	部门负责人	5
		6. 完成学院(团队/部门)分配的"实施高水平高技能双师队伍建设项目"重点工作任务	按任务分解表	部门负责人	5
		7. 完成学院(团队/部门)分配的"实施高质量校企合作建设项目"重点工作任务	按任务分解表	部门负责人	5
		8. 完成学院(团队/部门)分配的"实施提升服务发展水平建设项目"重点工作任务	按任务分解表	部门负责人	5
		9. 完成学院(团队/部门)分配的"实施提升学校治理水平建设项目"重点工作任务	按任务分解表	部门负责人	5
		10. 完成学院(团队/部门)分配的"实施提升办学国际化水平建设项目"重点工作任务	按任务分解表	部门负责人	5
		11. 完成学院(团队/部门)分配的"实施提升信息化水平建设项目"重点工作任务	按任务分解表	部门负责人	5
		12. 完成学院(团队/部门)分配的"实施高质量保障与支撑项目"重点工作任务	按任务分解表	部门负责人	5
3	部门工作	13. 负责学院教学质量监控(兼任教学督导、负责示范数据平台填报)	年度考核合格以上	部门负责人	5
		14. 负责学院教师外聘教师管理工作	年度考核合格以上	部门负责人	5
		15. 负责学院教师排课、调课、停课、学生人文课补选、退选工作	年度考核合格以上	部门负责人	5
		16. 负责学院期末试卷收集、整理工作;2020级人才培养方案的修订、排版工作	年度考核合格以上	部门负责人	5
		17. 协助部门负责人做好学院1+X职业技能等级考试工作	年度考核合格以上	部门负责人	3
		18. 做好建筑工程学院第三党委员工作	年度考核合格以上	部门负责人	2
4	临时工作	19. 完成学院领导交办的临时工作	相关说明或材料	部门负责人	3
5	其他工作	20. 参加社会服务(培训服务、科技服务、脱贫攻坚等)1项次以上	证明材料	培训办+院办	3
6	个人发展	21. 完成在职人员继续教育培训和考核考证任务	证明材料	院办+教务	3
		22. 取得建工字[2020]8号文"积分工作量"前14序号中1项以上成果	证明材料	教务中心	2
		23. 参加与归属专业或现职岗位相关的业务培训1次以上	证明材料	教务中心	2
7	年度总结	24. 完成并提交个人年度总结	证明材料	学院办公室	2
8	加分项目	25. 参与学院高水平专业群建设和"全国样板支部"创建,完成学院分配的相关重点任务	相关支撑材料	学院领导	5

续表

建筑工程学院 2020 个人年度工作任务书（摘选 005）（教务中心干事）

序号	工作任务	主要内容	考核标准	考核部门	权重
1	德养建设	1. 党的建设工作（政治、思想与意识形态、干部队伍、党风廉政、制度建设、三全育人）	年度考核合格以上	党支部	5
		2. 管理育人、服务育人工作	年度考核合格以上	部门负责人	5
2	计划工作	3. 完成学院/团队/部门分配的"实施高水平党建建设项目"重点工作任务	按任务分解表	部门负责人	5
		4. 完成学院/团队/部门分配的"实施创新型技术技能人才培养高地建设项目"重点工作任务	按任务分解表	部门负责人	5
		5. 完成学院/团队/部门分配的"实施技术技能协同创新服务平台建设项目"重点工作任务	按任务分解表	部门负责人	5
		6. 完成学院/团队/部门分配的"实施高素质高水平高技能双师队伍建设项目"重点工作任务	按任务分解表	部门负责人	5
		7. 完成学院/团队/部门分配的"实施高质量校企合作建设项目"重点工作任务	按任务分解表	部门负责人	5
		8. 完成学院/团队/部门分配的"实施提升服务发展治理水平建设项目"重点工作任务	按任务分解表	部门负责人	5
		9. 完成学院/团队/部门分配的"实施提升学校治理水平建设项目"重点工作任务	按任务分解表	部门负责人	5
		10. 完成学院/团队/部门分配的"实施提升信息化国际化办学水平建设项目"重点工作任务	按任务分解表	部门负责人	5
		11. 完成学院/团队/部门分配的"实施提升国际化办学水平建设项目"重点工作任务	按任务分解表	部门负责人	5
		12. 完成学院/团队/部门分配的"实施高质量支撑与保障项目"重点工作任务	按任务分解表	部门负责人	5
3	部门工作	13. 负责完成学籍管理工作：学籍异动、毕业资格审核、新生数据核查等	年度考核合格以上	部门负责人	5
		14. 负责完成学院教师课酬统计、报账工作	年度考核合格以上	部门负责人	5
		15. 负责专升本、顶岗实习管理工作	年度考核合格以上	部门负责人	5
		16. 负责教师资队伍建设工作	年度考核合格以上	部门负责人	5
		17. 负责完成工会安排的工作任务	年度考核合格以上	部门负责人	3
4	临时工作	18. 协助部门负责人做好学院 1+X 职业技能等级考试工作	年度考核合格以上	部门负责人	2
5	其他工作	19. 完成学院和部门领导交办的临时工作	相关说明或材料	部门负责人	3
		20. 参加社会服务（培训服务、科技服务、脱贫攻坚等）1 次以上	证明材料	培训办+院办	3
6	个人发展	21. 完成在职人员继续教育培训和考核验证任务	证明材料	院办+教务	3
		22. 取得建工字〔2018〕2018 号文"积分"工作量前 14 序号中 1 项以上成果	证明材料	教务中心	2
		23. 参加建工字202018 号文"积分"工作量前 14 序号中 1 项以上成果	证明材料	教务中心	2
7	年度总结	24. 完成并提交个人年度总结	证明材料	学院办公室	2
8	加分项目	25. 参与学院高水平专业群建设和"全国样板支部"创建，完成学院分配的相关重点任务	相关支撑材料	学院领导	5

18.4 建筑工程学院个人年度工作考核评分标准

建筑工程学院个人年度工作考核评分标准见表18-4。

表18-4 建筑工程学院个人年度工作考核评分标准

建筑工程学院个人年度工作考核评分标准(2018年)(01建筑装饰专业带头人评分标准，其他专业参照执行)

序号	工作任务	主要内容	考核标准	考核部门	权重	评分标准
1	师德建设	师德师风建设	年度考核合格以上	教务中心	100	一、共产党员按两部分考核计分 (一)师德师风建设方面 1. 师德师风年度考核评议合格，年内受到院级以上通报批评40分。 2. 师德师风年度考核评议合格，年内受到院级以上党政处分30分。 3. 师德师风年度考核评议不合格0分。 4. 年内未开展师德师风专项考核评议活动，则未受到师德师风通报批评或处分50分；受到通报批评30分；受处分20分。 5. 如年内无任何院级以上通报批评，且年内无受到院级以上党政处分及党政处分50分。 (二)支部建设和党员职责义务履行方面 年内开展共产党员年度考核评议活动，合格以上50分，不合格0分。 二、非共产党员按师德师风年度考核计分 1. 师德师风年度考核评议合格，年内受到院级以上通报批评70分。 2. 师德师风年度考核评议合格，年内受到院级以上党政处分30分。 3. 师德师风年度考核评议不合格0分。 4. 年内未开展师德师风专项考核评议活动，则未受到师德师风通报批评或处分100分；受到通报批评60分；受处分30分。 5. 如年内无任何院级以上通报批评，且年内无受到院级以上党政处分及党政处分100分。
		党支部建设工作、党员职责义务履行情况(党员)	年度考核合格以上	所在支部		
2	教学工作	完成课程教学(含实训)任务量	完成任务的证明材料	教务中心	300	按规定教学任务量(含毕业设计、毕业答辩、顶岗实习) 1. 一年(春季两学期)合计缺20课时以内300分，缺21～50课时250分，缺51～100课时200分，缺101～150课时100分，缺150课时以上0分。 2. 一年(春秋两学期)合计超1～50课时300分，超51～100课时200分，超101～150课时100分，超150课时以上0分。

续表

序号	工作任务	主要内容	考核标准	考核部门	权重	评分标准
3	教改工作	负责完成本专业的人才培养方案编制工作（××××专业）	人才培养方案印刷本		150	按学校对人才培养方案的背景等次赋分（学校未评价的，建筑工程学院进行评价）：优秀或 90 分以上 150 分，良好或 75 分以上 120 分，合格或 60 分以上 90 分
		负责本专业高水平专业建设工作，建设成效良好	年度考核或评价材料		100	分管院领导对本专业整体初评后，与院长合议，赋分
		参加本专业教学标准和专业核心课程标准编制工作，完成分工任务	完成任务的证明材料		75	分管院领导评分，不能高于本团队牵头此项工作专任教师分数的一半
		参加本专业课程改革立项和资源库建设工作，完成分工任务	完成任务的证明材料	学院领导	75	分管院领导评分，不能高于本团队牵头此项工作专任教师分数的一半
		参加本专业质量自诊改工作，完成分工任务	完成任务的证明材料		75	分管院领导评分，不能高于本团队牵头此项工作专任教师分数的一半
		参加校级以上（含）业务竞赛 1 项以上	证书或证明材料		50	参赛并获等级奖 50 分，获优秀奖 30 分，未获奖 20 分；未参赛 0 分
		主持或参与立项、主持或参与结题、教改论文发表、成果评审获奖 1 项以上	证书或证明材料		50	有任一项项目排名前三 50 分，排名第三之后 30 分；无任何项目 0 分
		主编或副主编或参编教材（含实训教材）1 本以上	教材印刷本		50	主编 50 分，副主编 40 分，参编 30 分，编委会主任 50 分，编委会副主任、委员、顾问等其他成员 30 分
4	科研工作	完成科研工作任务量	完成任务的证明材料	科技中心	100	完成建工字〔2016〕82 号文规定的科研工作量 100 分，不完成 0 分
5	育人管理	学校学院部署的育人管理工作	年度考核合格以上	学生中心	100	学生中心组织全院人管理性考核，考核评价分为优秀、良好、合格、不合格四个等次。优秀 100 分，良好 85 分，合格 70 分，不合格 0 分

续表

序号	工作任务	主要内容	考核标准	考核部门	权重	评分标准
6	社会服务	参与社会服务(科技服务、培训服务等)1项以上	证明材料	综合中心	50	参与社会服务1项以上50分,不参与或未提供证明材料0分
7	个人发展	完成学校和上级规定的在职人员继续教育培训和考核考证任务	证明材料	教务中心	50	完成50分,未完成0分
		参加与专业或岗位相关的业务培训1次以上	证书或证明材料		50	完成50分,未完成或未提供证明材料0分
		到行业企业或同类高校锻炼学习1个月以上	证书或证明材料		50	完成50分,未完成或未提供证明材料0分
		申报(报考)技术职称或相关职业资格证书,从业人员合格证书	证书或证明材料		50	申报(报考)并通过50分,申报(报考)但未通过30分,未申报(报考)0分
8	分解任务	主持完成"建筑工程学院2018年党政主要工作与目标任务分解表"本团队工作	年度考核合格以上	学院领导	200	此任务的评分标准另行细化和确实,详看"分解任务"考核评分办法
9	团队工作	主持本团队全面工作,完成年度工作任务	年度评价合格以上	学院领导	100	分管院领导初评后,与院长合议、赋分
		主持"千万项目验收"工作中学院安排的分项工作	验收评价合格以上	学院领导	100	分管院领导初评后,与院长合议、赋分
		指导学生参加省区级技能竞赛1项以上并获奖	获奖证书		50	指导学生竞赛并获奖,前二指导教师50分,第三之后的指导教师30分
10	其他工作	团队特色专项工作和学院领导安排的其他临时工作	相关材料	学院领导	75	分管院领导初评后,与院长合议、赋分

续表

建筑工程学院个人年度工作考核评分标准（2018年）（02建筑装饰专业教师评分标准，其他专业参照执行）

序号	工作任务	主要内容	考核标准	考核部门	权重	评分标准
1	师德建设	师德师风建设	年度考核合格以上	教务中心	100	一、共产党员按两部分考核计分 （一）师德师风建设方面 1. 师德师风年度考核评议合格以上，且年内无任何院级以上通报批评及党政处分50分。 2. 师德师风年度考核评议合格，年内受到院级以上通报批评40分。 3. 师德师风年度考核评议合格，年内受到院级以上党政处分30分。 4. 师德师风年度考核评议不合格0分。 5. 如年内未开展师德师风专项考评议活动，则未受到师德师风通报以上的批评或处分50分；受通报批评30分，受党政处分20分。 （二）支部建设和党员职责义务履行方面 年内开展共产党员年度考核评议活动，合格以上50分，不合格0分。 二、非共产党员按师德师风考核计分 党政处分100分。 1. 师德师风年度考核评议合格以上，年内无任何院级以上通报批评及党政处分30分。 2. 师德师风年度考核评议合格，年内受到院级以上通报批评70分。 3. 师德师风年度考核评议合格，年内受到院级以上党政处分30分。 4. 师德师风年度考核评议不合格0分； 5. 如年内未开展师德师风专项考评议活动，则未受到师德师风通报以上的批评或处分100分；受通报批评60分，受党政处分30分。
		党支部建设工作、党员职责义务履行情况（党员）	年度考核合格以上	所在支部		
2	教学工作	完成课程教学（含实训）任务量	完成任务的证明材料	教务中心	400	按规定教学任务量（含毕业设计、毕业答辩、顶岗实习） 1. 一年（春秋两学期）合计缺20课时以内400分，缺21~50课时300分，缺51~100课时200分，缺101~200课时100分，缺200课时以上0分。 2. 一年（春秋两学期）合计超1~50课时400分，超51~100课时300分，超101~200课时200分，超200课时以上0分。

续表

序号	工作任务	主要内容	考核标准	考核部门	权重	评分标准
3		牵头负责本团队重点工作中的"××××"工作	完成任务的证明材料		150	团队负责人初评后，与分管院领导会合并赋分
		参加本专业教学标准和专业核心课程标准编制工作，完成部分任务	完成任务的证明材料		75	团队负责人评分，不能高于本团队牵头此项工作专任教师分数的一半
		参加本专业资源库建设工作，完成部分任务	完成任务的证明材料		75	团队负责人评分，不能高于本团队牵头此项工作专任教师分数的一半
		参加本专业质量自改工作，完成部分任务	完成任务的证明材料		75	团队负责人评分，不能高于本团队牵头此项工作专任教师分数的一半
	教改工作	参加校级以上（含）业务竞赛1项以上	证书或证明材料	所在团队	50	参赛并获等级奖50分，获优秀奖30分，未获奖20分；未参赛0分
		主持或参与立项，主持或参与结题，教改论文发表，成果审获奖1项以上	证书或证明材料		50	有任一项目排名前三50分，排名第三之后30分，无任何一项0分
		主编或副主编或参编教材（含实训教材）1本以上	教材印刷本		50	主编50分，副主编40分，参编30分；无参编0分。编委会主任50分，编委会副主任、委员、顾问等其他成员30分
		参加本专业人才培养方案修订工作	完成任务的证明材料		50	不能高于本团队人才培养方案编写责任人所获分数的三分之一
4	科研工作	完成科研工作任务量	完成任务的证明材料	科技中心	100	完成建工字[2016]82号文规定的科研工作量100分，不完成0分
5	育人管理	辅导员班主任工作、学校部署的育人管理班主任其他工作	年度考核合格以上	学生中心	100	1. 学生中心组织人管理全院性考核，考核评价分为优秀、良好、合格、不合格四个等次。优秀100分，良好85分，合格70分，不合格0分。2. 专任教师兼任班主任工作的，在育人管理考核评价分数的基础上加20分，合计分最高100分
6	社会服务	参与社会服务（科技服务、培训服务等）1项以上	证明材料	综合中心	50	综合中心考核，参与1项以上50分，不参与或未提供证明材料0分

续表

序号	工作任务	主要内容	考核标准	考核部门	权重	评分标准
7	个人发展	完成学校和上级规定的在职人员继续教育培训和考核考证任务	证明材料		50	完成50分，未完成0分
		参加与专业或岗位相关的业务培训1次以上	证书或证明材料	教务中心	50	完成50分，未完成或未提供证明材料0分
		到行业企业或同类高校锻炼练习1个月以上	证书或证明材料		50	完成50分，未完成或未提供证明材料0分
		申报（报考）未职称或取得职业资格证书，从业人员合格证书	证书或证明材料		50	申报（报考）并通过50分，申报（报考）但未通过30分，未申报（报考）0分
8	分解任务	负责与学院"建工学院2018年党政主要工作与目标任务分解表"中分解到本人的工作	年度考核合格以上	所在团队	200	此任务的评分标准另行细化和确定，详看"分解任务"考核评分办法
9	团队工作	参与学院千万项目验收工作，完成分工任务	验收评价合格以上		50	团队负责人对本团队全体教师初评后，与院长会合议并赋分
		指导学生参加区级技能竞赛1项以上并获奖	证书或证明材料	所在团队	50	指导学生竞赛活动获奖，前二指导教师50分，第三之后的指导教师30分
		负责团队分工的行政工作	完成任务的证明材料		50	由团队负责人评议评分
10	其他工作	担任社团指导教师并指导工作	年度考核或评价材料	团学中心	50	1. 一人任社团指导教师，实质开展包括社团活动、组织指导业务竞赛等活动，40~50分，未实质开展工作20~30分。 2. 两人共同担任一个社团指导教师，实质开展包括社团活动、组织指导业务竞赛等活动，每人30~40分；未实质开展指导工作每人10~20分。 3. 未担任社团指导教师，视是否参与社团指导工作及参与程度，0~30分
		学院领导和团队负责人安排的其他临时工作	完成任务的证明材料	所在团队	75	团队负责人初评后，与分管院领导合议并赋分

续表

建筑工程学院个人年度工作考核评分标准（2018年）（03 教务中心主任评分标准，其他部门参照执行）

序号	工作任务	主要内容	考核标准	考核部门	权重	评分标准
1	德养建设	德养建设	年度考核合格以上	学生中心	150	一、共产党员按两部分考核计分 （一）德养建设方面 1. 德养建设年度考核评议合格以上，年内受到院级以上通报批评 80 分。 2. 德养建设年度考核评议合格，年内受到院级以上党政处分 60 分。 3. 德养建设年度考核评议不合格 0 分。 4. 年内无任何院级以上通报批评及党政处分 100 分。 5. 如年内未开展德养建设专项考核评议活动，则未受到德养建设通报以上的批评 100 分；受到批评 60 分，受到处分 40 分。
		党支部建设工作、党员职责履行情况（党员）	年度考核合格以上	所在支部		（二）支部建设和党员职责义务考核履行方面 年内开展共产党员年度考核评议活动，合格以上 50 分，不合格 0 分。 二、非共产党员按德养建设年度考核计分 1. 德养建设年度考核评议合格以上，年内受到院级以上通报批评 105 分。 2. 德养建设年度考核评议合格，年内受到院级以上党政处分 45 分。 3. 德养建设年度考核评议不合格 0 分。 4. 年内无任何院级以上通报批评及党政处分 150 分。 5. 如年内未开展德养建设专项考核评议活动，则未受到德养建设通报以上批评 150 分；受到通报批评 90 分，受到处分 45 分。
2	计划工作	负责专业实习实训体系、课程资源库、课程标准建设工作	完成任务的证明材料	学院领导	100	分管院领导完成初评后，与院长合议，赋分
		负责学院师资队伍建设工作	完成任务的证明材料		50	分管院领导完成初评后，与院长合议，赋分
		负责 2018 级人才培养方案工作	完成任务的证明材料		100	分管院领导完成初评后，与院长合议，赋分
		负责中高职帮扶工作	完成任务的证明材料		50	分管院领导完成初评后，与院长合议，赋分

续表

序号	工作任务	主要内容	考核标准	考核部门	权重	评分标准
2	计划工作	负责质量自诊改实施工作	完成任务的证明材料	学院领导	100	分管院领导完成初评后，与院长合议、赋分
		主持本部门全面工作	年度评价合格以上		100	分管院领导完成初评后，与院长合议、赋分
		负责学院教学质量管理、教学督导、人文体育课程管理等工作	完成任务的证明材料		100	分管院领导完成初评后，与院长合议、赋分
		负责安排完成学院学籍、课酬、顶岗实习管理、新生入学专业教育等工作	完成任务的证明材料		100	分管院领导完成初评后，与院长合议、赋分
3	部门工作	负责安排完成学院教学档案管理工作	完成任务的证明材料	学院领导	50	分管院领导完成初评后，与院长合议、赋分
		负责安排完成学院教材发放、结算等工作	完成任务的证明材料		50	分管院领导完成初评后，与院长合议、赋分
		负责完成建筑施工企业关键技术岗位考试的考务工作	完成任务的证明材料		100	分管院领导完成初评后，与院长合议、赋分
		负责完成学院单独对口招生工作	完成任务的证明材料		100	分管院领导完成初评后，与院长合议、赋分
4	临时工作	完成学校领导、学院领导临时安排的工作任务	完成任务的证明材料	学院领导	150	分管院领导完成初评后，与院长合议、赋分
5	其他工作	完成学院安排的一定量的兼职授课任务	完成任务的证明材料	教务中心	50	1. 年任务课时小于100课时；实授课时与任务课时相比，误差低于10课时50分，大于10课时0分。 2. 年任务课时大于100课时：0分。
6	个人发展	完成学校和上级规定的在职人员继续教育培训和考核考证任务	完成任务的证明材料	综合中心	50	完成50分，未完成0分

续表

序号	工作任务	主要内容	考核标准	考核部门	权重	评分标准
		参加与归属专业或现职岗位相关的业务培训1次以上	培训证书或证明材料	教务中心	50	完成50分，未完成0分
		参加归属专业的部分业务活动并完成适量的工作任务	归属团队的证明材料	归属团队	50	1. 部门负责人在专业上划归某一专业团队的，由专业团队进行评议，视参加活动和工作情况赋分30～50分。2. 部门负责人在专业上未划归某一专业团队的，赋分30分
6	个人发展	到归属专业的行业企业锻炼学习1个月以上	行业企业的证明材料	归属团队	50	1. 部门负责人在专业上划归某一专业团队的，到归属专业的行业企业锻炼学习1个月以上50分，10天以上30分，0～10天0分。2. 部门负责人在专业上未划归某一专业团队的，到归属专业的行业企业锻炼学习15天以上50分，10天以上30分，0～10天0分
		完成科研工作任务量	完成任务的证明材料	科技中心	50	1. 有科研工作任务的部门负责人，完成50分，不完成0分。2. 无科研工作任务的部门负责人，年内取得任一科研成果50分，无科研成果赋分30分
7	分解任务	主持完成"建筑工程学院2018年党政主要工作与目标任务分解表"本部门工作	验收评价合格以上	学院领导	250	此任务的评分标准另行细化和确实，详看"分解任务"考评评分办法
8	育人管理	辅导员班主任工作、学校学院部署的育人管理工作	年度考核合格以上	学生中心	150	1. 学生中心组织育人管理全院性考核，考核评价分为优秀、良好、合格、不合格四个等次。优秀150分，良好135分，合格120分，不合格0分。2. 兼任辅导员班主任工作的，在育人管理评价基础上加30分，合计最高150分

续表

建筑工程学院个人年度工作考核评分标准(2018年)(04教务中心干事评分标准，其他部门参照执行)

序号	工作任务	主要内容	考核标准	考核部门	权重	评分标准
1	德养建设	德养建设	年度考核合格以上	所在部门		一、党员按两部分考核计分 (一)德养建设方面 1. 德养建设年度考核评议合格以上，且年内无任何院级以上通报批评及党政处分100分。 2. 德养建设年度考核评议合格，年内受到院级以上通报批评70分。 3. 德养建设年度考核评议合格，年内受到院级以上党政处分60分。 4. 德养建设年度考核评议不合格0分。 5. 如年内未开展德养建设专项考核评议活动，则未受到德养建设通报批评的批评扣分100分；受通报批评70分，受党政处分60分。
		党支部建设工作、党员职责义务履行情况(党员)	年度考核合格以上	所支部	150	(二)支部建设和党员义务考核履行方面 年内开展党员年度考核评议活动，合格以上50分，不合格0分。 二、非党员按德养建设考核计分 1. 德养建设年度考核评议合格以上，且年内无任何院级以上通报批评及党政处分150分。 2. 德养建设年度考核评议合格，年内受到院级以上通报批评110分。 3. 德养建设年度考核评议合格，年内受到院级以上党政处分90分。 4. 德养建设年度考核评议不合格0分。 5. 如年内未开展德养建设专项考核评议活动，则未受到德养建设通报批评150分；受通报批评110分，受党政处分90分。
2	计划工作	负责按照学校思想政治教育改革工作部署，协助开展学院思政教育改革工作	年度评价合格以上	所在部门	100	所在部门负责人初评后，与分管院领导合议、赋分
		协助部门负责人2018级人才培养方案制订	年度评价合格以上	所在部门	80	所在部门负责人初评后，与分管院领导合议、赋分
		协助部门负责人制订学院自诊改计划(专业建设、课程改革、教师发展、学生发展、资源与支持服务)、课堂教学管理工作	年度评价合格以上	所在部门	120	所在部门负责人初评后，与分管院领导合议、赋分

续表

序号	工作任务	主要内容	考核标准	考核部门	权重	评分标准
2	计划工作	协助部门负责人示范特色专业建设项目验收工作	完成任务的证明材料	所在部门	100	所在部门负责人初评后，与分管院领导合议、赋分
		负责学院教学质量监控（兼任学院教学督导）	完成任务的证明材料		100	所在部门负责人初评后，与分管院领导合议、赋分
		负责学院教师排课、调课、停课、学生人文课补选、改选、退选工作	完成任务的证明材料		100	所在部门负责人初评后，与分管院领导合议、赋分
		负责外聘教师管理	完成任务的证明材料		50	所在部门负责人初评后，与分管院领导合议、赋分
3	部门工作	负责期末试卷收集、整理工作	完成任务的证明材料	所在部门	100	所在部门负责人初评后，与分管院领导合议、赋分
		负责示范数据平台填报	完成任务的证明材料		100	所在部门负责人初评后，与分管院领导合议、赋分
		负责部门学生助理的管理工作	完成任务的证明材料		50	所在部门负责人初评后，与分管院领导合议、赋分
		协助部门负责人做好学院单独招生及对口招生考试的相关工作	完成任务的证明材料		50	所在部门负责人初评后，与分管院领导合议、赋分
		协助完成建筑施工企业关键技术岗位考试的相关工作	完成任务的证明材料		50	所在部门负责人初评后，与分管院领导合议、赋分
4	临时工作	完成学院领导、部门领导临时安排的工作	完成任务的证明材料	所在部门	150	所在部门负责人初评后，与分管院领导、院长合议并赋分
5	其他工作	完成学院安排的一定量的兼职授课任务	完成任务的证明材料	教务中心	50	1. 年任务课时小于100课时：实授课时与任务课时相比，误差低于10课时50分、大于10课时0分。 2. 年任务课时大于100课时：0分

续表

序号	工作任务	主要内容	考核标准	考核部门	权重	评分标准
6	个人发展	完成学校和上级规定的在职人员继续教育培训和考核考证任务	完成任务的证明材料	综合中心	50	完成50分，未完成0分
		参加与归属专业或现职岗位相关的业务培训1次以上	培训证书或证明材料	教务中心	50	完成50分，未完成0分
		参加归属专业的部分业务活动并完成适量的工作任务	归属团队的证明材料	归属团队	50	1. 部门负责人任专业上划归某一专业团队的，由专业负责人进行评议，视参加活动和工作情况赋分30~50分。2. 部门负责人任专业上未划归某一专业团队的，赋分30分
		到归属专业的行业企业锻炼学习1个月以上	行业企业的证明材料	归属团队	50	1. 部门负责人任专业上划归某一专业团队的，到归属专业团队的，锻炼学习1个月以上50分，10天以上30分，0~10天0分。2. 部门负责人任专业上未划归某一专业团队的，到任向企业锻炼学习15天以上50分，10天以上30分，0~10天0分
		完成科研工作任务量	完成任务的证明材料	科技中心	50	1. 有科研工作任务的部门负责人，完成50分，不完成0分。2. 无科研工作任务的部门负责人，年内取得任一科研成果赋分50分，无科研成果赋分30
7	分解任务	负责"建筑工程学院2018年党政主要工作与目标任务分解表"中分解到本人的工作	验收评价合格以上	所在部门	250	此任务的评分标准另行细化和确实，详见"分解任务"考核评分办法
8	育人管理	辅导员班主任工作、学校学院部署的育人管理工作	年度考核合格以上	学生中心	150	1. 学生中心组织育人管理全院综合性考核，考核评分为优秀、良好、合格、不合格四个等次。优秀150分，良好135分，合格120分，不合格0分。2. 兼任辅导员班主任工作的，在育人管理评价基础上加30分，合计最高150分

第 3 部分　参考文献

[1] 国务院. 国务院关于加快发展现代职业教育的决定(国发〔2014〕19号), 2014—05—02.
[2] 广西. 广西壮族自治区人民政府关于贯彻《国务院关于加快发展现代职业教育的决定》的实施意见桂政发〔2014〕43号;, 2014—07—02.
[3] 教育部. 教育部关于印发《职业院校管理水平提升行动计划的通知(2015—2018)》(教职成〔2015〕7号), 2015—08—28.
[4] 国务院. 国务院关于印发国家职业教育改革实施方案的通知(国发〔2019〕4号), 2019—01—24.
[5] 陈建新. 高等职业教育改革与探索[M]. 南宁:广西师范大学出版社, 2005.
[6] 袁洪志. 高等职业院校内部质量保证体系建立与运行实务[M]. 南京:南京大学出版社, 2017.
[7] 胡艳玲, 林中翔, 李国利, 等. 高职院校二级管理体制的价值探索及思考[J]. 现代医药卫生, 2016, 32(24):3883-3885+3907.
[8] 伍玉凤. 现代大学制度视域下高职院校教学分级管理模式创新研究[J]. 传播力研究, 2018(26):211.
[9] 阎丽萍, 常莹. 实行校院分级管理制度下学院绩效考评探析[J]. 价值工程, 2013(10):234-235.
[10] 梁柱, 于霄立. 高职院校分级管理薪酬改革实践探索——以南宁职业技术学院建筑工程学院为例[J]. 广西教育, 2018(2):120-122.
[11] 梁柱, 高冬梅, 赖婧婷. "双高"建设背景下高职院校教师激励路径探索——基于目标管理视角[J]. 市场论坛, 2019(10):88-92.
[12] 施月莲. 推进高职院校分级财务管理体制改革的探析[J]. 中国乡镇企业会计, 2015(10):102-103.
[13] 肖梦宇. 我国高校二级院系内部治理探究[J]. 西部素质教育, 2019, 5(10):135.
[14] 康溪顺. 公办高职院校内部治理改革的实践与探索——以漳州职业技术学院为例[J]. 漳州职业技术学院学报, 2019, 21(01):19-24.
[15] 颜军. 公办高职院校院系二级管理实施的问题及改革路径——兼论内部治理结构的改革[J]. 济南职业学院学报, 2018(06):24-26.

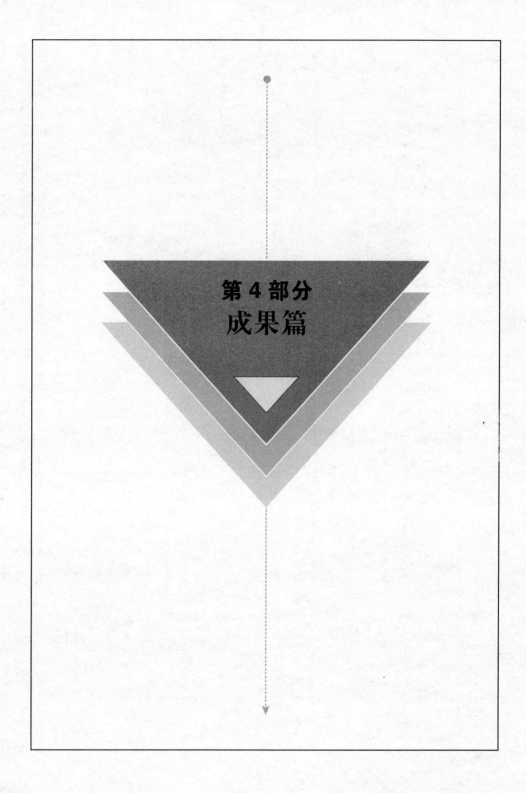

第4部分
成果篇

第 19 章 南宁职业技术学院建筑工程学院分级管理综合改革成果

南宁职业技术学院建筑工程学院 2015 年开始试行分级管理综合改革，至 2020 年共实施了六年。六年来经历了很多变化，但在中国高等职业教育改革发展的大背景下和师生员工的共同努力下，分级管理综合改革取得阶段性成果，学院专业、课程、教师、学生等多个关键要素与改革前比较获得大幅提升，建筑工程学院在南宁职业技术学院六年的年度考核中四次获得"优秀"。

本篇按 2015—2020 年六年来建筑工程学院"年度考核结果、教师论文、专利及软件著作权、教师参赛获奖、学生参赛获奖"五项指标进行分类统计，同时将改革前六年 2009—2014 年的成果一并统计汇总，以供查阅和比较分析，分别见 2015—2020 年建筑工程学院年度考核结果（见表 19-1）、2009—2020 年南宁职业技术学院建筑工程学院成果统计表（论文）（见表 19-2）、2009—2020 年南宁职业技术学院建筑工程学院成果统计表（专利及软件著作权）（见表 19-3）、2009—2020 年南宁职业技术学院建筑工程学院成果统计表（教师参赛获奖）（见表 19-4）、2009—2020 年南宁职业技术学院建筑工程学院成果统计表（学生竞赛获奖）（见表 19-5）。

表 19-1　2015—2020 年建筑工程学院年度考核结果

年份	二级学院名称	年度考核结果	考核单位
2015	建筑工程学院	优秀	南宁职业技术学院
2016	建筑工程学院	优秀	南宁职业技术学院
2017	建筑工程学院	优秀	南宁职业技术学院
2018	建筑工程学院	优秀	南宁职业技术学院
2019	建筑工程学院	合格	南宁职业技术学院
2020	建筑工程学院	合格	南宁职业技术学院

表19-2 2009—2020年南宁职业技术学院建筑工程学院成果统计表（论文）

序号	时间	论文标题	作者	杂志名称
001	2009年	可拆换甘蔗轧辊曲面的开发应用	夏子敏 梁柱	铸造技术
002	2009年	离心铸造仿古小铜鼓模具的设计与应用	甘宁红 梁柱	铸造技术
003	2009年	运用收益还原法评估土地价格探讨	李丰红	现代商贸工业
004	2009年	分析变截面梁受弯变形的样条有限点法	朱正国 刘凯	企业科技与发展
005	2009年	软装饰在空间营造中的作用	钟继敏	企业科技与发展
006	2009年	邓小平对毛泽东思想政治工作理论的丰富与发展	张文婷	今日南国
007	2009年	我国高职院校单独招生改革试点的现状和趋势研究	梁非 廖非	教育与职业
008	2009年	在建工程估价方法分析	李丰欣	管理与财富
009	2010年	国家示范高职院校单独招生改革试点透视	梁柱	中国职业技术教育
010	2010年	波普艺术对室内设计的影响	杨佳佳	中国校外教育
011	2010年	消能减震技术及地震反应分析	练祥宇	中国科技信息
012	2010年	高职院校思想政治教育探析	伍建军 刘希敏	世纪桥
013	2010年	广西壮民族元素在软装饰中的应用研究	钟继敏	企业科技与发展
014	2010年	谈施工图会审技巧与改善对策	刘雄心 李丰欣	企业科技与发展
015	2010年	浅谈以岗位需求为目标的《建筑材料与检测》课程教学改革	李玉珍 陈民 邓勇华	南宁职业技术学院学报
016	2010年	浅议企业如何加强工程造价管理	黄臣臣	科技信息
017	2010年	浅谈新型节能环保材料在建筑工程中的应用	李爱珠	科技传播
018	2010年	服务型追踪式教学督导工作体系的构建与实施	朱芳 梁柱	教育与职业
019	2010年	中等职业学校开展创业教育的研究与实践	朱芳 梁柱	教育与职业

续表

序号	时间	论文标题	作者	杂志名称
020	2010年	大型企业节约用电问题的探讨	全红	机械管理开发
021	2010年	建筑工程施工合同管理中存在的问题及应对措施	陆丽娟	硅谷
022	2010年	新时期高职建筑实训基地建设的思考	凌卫宁 朱正国	广西教育
023	2010年	基于二分法的斜拉桥施工控制过程参数识别	郭木华	公路工程
024	2010年	确定斜拉桥索力调整的实用计算方法	郭木华	公路工程
025	2010年	短肢剪力墙异形柱结构抗震设计分析	熊艺媛	大众科技
026	2010年	某体育馆结构设计浅析	苏彬	大众科技
027	2010年	浅析施工组织设计与工程造价的关系	陆丽娟	城市建设
028	2011年	潜孔锤跟进管钻进法管棚施工技术	刘勇 梁政	中外企业家
029	2011年	建筑工程给排水施工设备管理策略探讨	韦联新	企业技术开发
030	2011年	优化工程造价控制的策略探析	莫荣锋	企业技术开发
031	2011年	图案元素在现代女服装设计中的运用	张劲	南宁职业技术学院学报
032	2011年	遗传算法在智能考试系统中的应用	韦宁 郑勇杰	南宁职业技术学院学报
033	2011年	高职建筑类专业学生顶岗实习管理探析	娄开伦	南宁职业技术学院学报
034	2011年	角色扮演法提高学生教学参与性分析——以《建筑装饰工程项目管理》和《建筑装饰》教学为例	钟继敏 蓝鲁平	南宁职业技术学院学报
035	2011年	在教改中构建校企合作责任班教学模式	黄春峰 杨佳佳	美术大观
036	2011年	楼宇智能化工程技术专业建设的探讨	全红 刘勇	机械管理开发
037	2011年	高校图书馆员外聘建设问题刍议	刘希敏 黄红	成都航空职业技术学院学报
038	2012年	高职院校外聘教师队伍建设问题探析	刘勇 黄伟 全红	中外企业家

续表

序号	时间	论文标题	作者	杂志名称
039	2012年	转型时期地方高师院校办学定位的思考	宁婵	许昌学院学报
040	2012年	高职院校专业带头人研究综述	唐锡海 李娜	现代教育
041	2012年	附加集中质量双正交向异性双向连续板结构振动分析	黄天寰 曾根莲 华钎	四川建筑科学研究
042	2012年	房屋建筑施工工程项目常见工程质量问题及改进措施探讨	归晓慧	时代金融
043	2012年	关于高职院校物业管理专业建设的思考——以南宁职业技术学院为例	莫肖华 梁敏	经工科技
044	2012年	建筑CAD工程图的图样比例与尺寸标注设置	娄开伦	南宁职业技术学院学报
045	2012年	试论高职音乐课的审美教育功能	隆林宁	南宁职业技术学院学报
046	2012年	壮民族元素在建筑外观设计中的应用研究	钟继敏	南宁职业技术学院学报
047	2012年	广西邕宁棒级工程岩石库岸稳定分析	杨智慧 邢耀文	南宁职业技术学院学报
048	2012年	试论高职音乐课的审美教育功能	隆林宁	南宁职业技术学院学报
049	2012年	框架结构施工可能出现的问题分析与防治措施探讨	郭木华	旅游纵览（行业版）
050	2012年	工程结构设计与建造的质量控制理论探讨	归晓慧	旅游纵览（行业版）
051	2012年	支持向量机在矿渣—粉煤灰混凝土强度预测中的应用	刘萍 方崇	科学技术与工程
052	2012年	项目教学法在《建筑工程测量》的实践与探索	郭相武	科技信息
053	2012年	企业审计部门如何有效开展工程结算审计工作	黄臣臣	科技信息
054	2012年	如何搞好建筑施工成本管理的探讨	覃小香	科技创新导报
055	2012年	思想道德修养与法律基础课的实践特性及教学改革探析	伍建军	经济与社会发展
056	2012年	高职院校单独招生试题质量分析	梁柱 谢声和	经济与社会发展
057	2012年	浅析混凝土施工教学实践环节产生的混凝土垃圾处理方法	陈民 李玉珍 杨智慧	今日财富金融发展与监管

续表

序号	时间	论文标题	作者	杂志名称
058	2012年	房屋建筑中渗漏的成因及控制研究	董军科	建筑与文化
059	2012年	浅谈建筑节能技术与施工管理	黄臣臣	建材与装饰
060	2012年	板式换热器整体清洗的试验	全红	机械管理开发
061	2012年	成层浇筑的大体积碾压混凝土坝一维温度场理论计算和差分计算对比分析	杨智慧	城市建设理论研究
062	2012年	某房建基坑设计与施工	覃小香	城市建设理论研究
063	2012年	工程项目技术与隐蔽工程验收的关键性技术研究	归晓慧	城市建设理论研究
064	2013年	探讨节能施工技术在建筑工程中的运用	董军科	中华民居（下旬刊）
065	2013年	高职建工专业仿真模拟综合实训项目的开发与实践	朱正国	中国职业技术教育
066	2013年	建筑设备安装教学改革的探索与研究	全红	中国校外教育
067	2013年	云计算与房地产企业信息化之路	覃志华 吴洋滨 严佰俊	中国高新技术企业
068	2013年	思维导图引入高校运动解剖学教学的研究	郭旭霞 张义斌	体育科技
069	2013年	人防工程给排水施工过程监控要素与保障措施	韦耿新 莫荣锋	企业技术开发
070	2013年	浅谈对建筑装修施工中质量管理问题的认识	黎冠明	门窗
071	2013年	高职室内设计技术专业核心课程开发与建设研究	黄春峰 杨佳佳	美术大观
072	2013年	建筑企业物资管理效率对工程造价的影响机理分析	莫荣锋	柳州师专学报
073	2013年	职业技能大赛在工程造价专业建设发展中应用的探索	黄臣臣 归晓慧	科技信息
074	2013年	城市基础设施建设融资的影响因素实证分析	邓勇华	经济与社会发展研究
075	2013年	浅谈AutoCAD在绘制建筑施工图中的应用技巧	刘勇 全红	建筑界
076	2013年	新阶段路桥工程项目造价控制的几点思考	覃小香	建筑工程技术与设计

续表

序号	时间	论文标题	作者	杂志名称
077	2013年	建筑结构设计中钢结构设计的重要性与策略探讨	曾根莲	建筑工程技术与设计
078	2013年	浅析悬空混凝土结构横板支撑方式选型	陈民 李玉珍	建材与装饰
079	2013年	高职院校专业与区域经济产业对接必然性初探——以建筑装饰专业与工厂化装修对接为例	黎冠明	城市建筑
080	2013年	基于弹性模量缩减法的极限分析方法及其应用	郭杨 梁政 刘萍 熊之嫒	城市建筑
081	2013年	高职院校建筑CAD课程教学改革和探索	郭杨	城市建设理论研究
082	2013年	框架结构楼梯间的抗震设计初步研究	郭木华	城市建设理论研究
083	2013年	建筑工程造价预算有效控制措施分析探究	归晓慧	城市建设理论研究
084	2014年	校企共赢机制下的顶岗实习管理模式探索——以南宁职业技术学院的实践为例	钟继敏 娄开伦	职教论坛
085	2014年	民族双语教学的研究——以壮汉双语为例	宁婵	许昌学院学报
086	2014年	SketchUp在室内设计的应用研究	王宇平	现代装饰（理论）
087	2014年	高职物业管理专业校企"双主体"育人模式探索研究——以南宁职业技术学院为例	张义斌 韦宁	现代物业（中旬刊）
088	2014年	人文素质渗透下资产评估课程教学研究	黄宗蓉	文学教育（中）
089	2014年	基于项目化管理理念的房地产评估分析	莫荣锋	市场论坛
090	2014年	土木工程施工技术及其未来发展探讨	黄臣臣	商品与质量
091	2014年	CAD技术在建筑设计中的应用探析	郭木华	商品与质量
092	2014年	谈建筑工程结构设计中存在的问题及应对措施	归晓慧	商品与质量
093	2014年	论项目费率招标的利与弊	韦素青	企业科技与发展

续表

序号	时间	论文标题	作者	杂志名称
094	2014年	工程造价的计价、控制与结算审核的方法与策略探讨	覃小香	企业技术开发
095	2014年	第三届广西大学生结构设计竞赛获奖作品分析	朱正国	南宁职业技术学院学报
096	2014年	装饰制图课程的施工图教学探析	娄开伦	南宁职业技术学院学报
097	2014年	龙滩碾压混凝土坝成层浇筑一维温度场计算分析	杨智慧 邢耀文 陈民 李玉珍 陈金智	南宁职业技术学院学报
098	2014年	高空大悬挑混凝土构件模板承重架施工技术	董军科	门窗
099	2014年	房屋建筑施工中屋面施工技术分析	莫荣锋	课程教育研究
100	2014年	教学内容设计、学生满意度与高职院校土建类专业教学改革研究	李开欣 郭杨	科技致富向导 2期
101	2014年	从地价与房价的关系分析地方政府对房地产业的影响——以武鸣地区为例	莫荣锋	科技通报
102	2014年	论深层搅拌桩在高填土地区的应用	严恒俊	经营者
103	2014年	新时期工商管理的职能初探	李娜	结构工程师
104	2014年	溶洞薄顶板施工的溶洞薄顶板极限承载力计算模拟分析	李娜	建筑知识
105	2014年	基于正交分析的溶洞薄顶板极限极板承载力影响因素研究	李开欣 刘雄心	建筑与发展
106	2014年	房地产开发项目全面风险管理微探	严恒俊	环球人文地理
107	2014年	浅析水利工程的项目管理	全红	防护工程
108	2014年	高层建筑给排水工程施工及管道安装技术讨论	陈曦	当代教育实践与教学研究
109	2014年	对《基础工业工程》课程改革的思考	董军科	城市建设理论研究
110	2014年	浅析钢筋工程的质量控制措施	王宇平	城市地理
111	2014年	Lumion和Vary渲染器进行建筑效果表现的对比分析	周凡 娄开伦	中国住宅设施
112	2015年	室内墙体木饰面装配技术的应用		

续表

序号	时间	论文标题	作者	杂志名称
113	2015年	房屋建筑室内装饰修制图标准的若干问题	娄开伦	中国标准化
114	2015年	浅析高职院校"双师型"教师在职培训机制	郑思	职业教育研究
115	2015年	高职院校"双师型"教师职前培训机制探析	郑思	职教论坛
116	2015年	新时期高等职业院校辅导员应该如何发挥好职能作用	兰秋	亚太教
117	2015年	职业伦理视域下高校教师思想政治教育微探	伍建军	学周刊
118	2015年	建筑装饰施工图设计的现状及常见问题剖析	娄开伦	现代装饰（理论）
119	2015年	基于碎片管理下的物业项目人力成本管控模型	陈爽	现代物业（上旬刊）
120	2015年	略论思想政治教育对政治文明构建的作用	伍建军 杨帆	世纪桥
121	2015年	邕宁梯级工程库区堤岸稳定影响因素探讨	邢耀文 杨智慧	人民珠江
122	2015年	质量控制活动在汽车零部件生产中的应用	陈曦	轻工科技
123	2015年	中美高校教师招聘比较研究	郑思	黔南民族师范学院学报
124	2015年	工程造价控制评价、控制与结算审核的方法与策略探讨	覃小香	企业技术与开发
125	2015年	建筑制图教学中的现代教育技术应用	娄开伦	南宁职业技术学院学报
126	2015年	广西北部湾经济区酒文化态探究	梁敏	南宁职业技术学院学报
127	2015年	基于真实项目的高校创新工作室建设研究——以南宁职业技术学院"建筑设计与建筑动漫创新工作室"为例	钟继敏	南宁职业技术学院学报
128	2015年	建筑法规在建筑工程中的作用	兰秋	科技展望
129	2015年	质量管理方法在乳粉来料中的应用	陈曦 肖吉军	科技视界
130	2015年	《质量管理学》课程的教学改革	陈曦	教育前言
131	2015年	基于劳动分工理论视角探析我国"双师型"教师	郑思	江西理工大学学报

续表

序号	时间	论文标题	作者	杂志名称
132	2015年	微课在高职课堂教学模式改革与实践——以建筑设计软件教学为例	王宇平	江西建材
133	2015年	BT模式投资建设合同风险及对策分析	韦素青	建筑工程技术与设计
134	2015年	浅谈高层建筑施工管理	陈民	建筑工程技术与设计
135	2015年	关于水利工程项目管理的几点思考	严恒俊	建材发展导向
136	2015年	高层建筑冲孔灌注桩基础设计及施工的探讨	王健 郭杨	建材发展导向
137	2015年	中德高职院校"双师型"教师资格准入体制比较	郑思	集美大学学报(教育科学版)
138	2015年	在建泵站厂房结构加固处理方案设计	刘滢 郭杨	红水河
139	2015年	基于SWOT模型的高职院校"双师型"教师培训探析	郑思	广州职业教育论坛
140	2015年	建筑节能面临的挑战和对策	董军科	工程技术
141	2015年	建筑工程中模板施工技术应用分析	庾迎峰	房地产导刊
142	2015年	入部教学法在高职BIM软件课程应用探索	黄臣臣	城市建设理论研究
143	2015年	高层转换层施工技术	郭木华	城市建设理论研究
144	2015年	关于房地产经济泡沫同题的几点思考	李卉欣 刘雄心	城市地理
145	2015年	基于平衡计分卡的建筑施工企业业务收入风险评价	莫荣锋	财会通讯
146	2015年	建筑材料物流费用影响因素分析	莫荣锋	财会通讯
147	2016年	从城市雨洪资源角度看"海绵城市"的建设	全红	资源节约与环保
148	2016年	地铁育构机施工成本分析	黄彬 曾根连	中国科技博览
149	2016年	工厂化装修技术标准研究	娄开伦	中国标准化
150	2016年	从管治到善治——高校学生管理的现代转向	伍建军	学周刊

续表

序号	时间	论文标题	作者	杂志名称
151	2016年	基于社区治理视角下社区居委会和物业服务企业联动的思考与建议	张义斌 全红	现代物业（中旬刊）
152	2016年	物业行业"黄金十年"发展背景下问题的思考与建议	张义斌 常婷	现代物业（中旬刊）
153	2016年	浅谈基于移动互联网技术的物业管理商业模式	陈聚 梁敏	现代物业（中旬刊）
154	2016年	团结河大桥合龙段施工关键技术研究	高云河 顾金水 黄冬梅 朱正国	施工技术
155	2016年	建筑装饰理念及装饰施工技术研究	董军科	商品与质量
156	2016年	预变形对底强铝合金低温性能的影响	梁柱	热加工工艺
157	2016年	"供给侧"结构性改革与广西高校财政资金合理化政策研究	黄宗蓉 蒋麟华	企业科技与发展
158	2016年	房地产项目价值效应的影响因素实证分析	吴洋滨	企业技术开发
159	2016年	建筑CAD布局空间的操作应用	娄开伦	南宁职业技术学院学报
160	2016年	建筑装饰工程技术专业实体展示实训室建设探索	杨佳佳	南宁职业技术学院学报
161	2016年	"校企双主体"模式下工程造价创新工作室创建探索	黄臣臣	南宁职业技术学院学报
162	2016年	BIM技术在建筑装饰设计中的应用探索	杨佳佳	美术大观
163	2016年	法治视野下党员干部思想政治教育思辨	伍建军	理论信息与研究
164	2016年	房地产销售与经济增长的关系研究	吴洋滨	科技导刊
165	2016年	工程建筑材料的质量检测和控制方法分析	李玉珍 陈民	江西建材
166	2016年	基于混合蛙跳投影寻踪模型的水利水电规划方案优选	邓勇华	建筑工程技术与设计
167	2016年	基于精益六西格玛的点胶胶质量改进研究	陈曦 戴欧阳	机械管理开发
168	2016年	中德高职院校"双师型"教师在职培训机制比较研究	郑思	湖北职业技术学院学报
169	2016年	浅析工程造价的动态管理与控制	归晓慧	工程技术研究

续表

序号	时间	论文标题	作者	杂志名称
170	2016年	高层建筑梁式转换层施工技术要点的分析	郭木华	工程技术(月刊)
171	2016年	浅析水利水电规划中频率计算设计标准	邓勇华	工程技术(建筑)
172	2016年	当前建筑工程招投标市场存在问题及管理对策探讨	韦素青	工程技术
173	2016年	高层建筑砌体及装饰工程施工进度管理策略探讨	董军科	工程技术
174	2016年	浅谈新形势下房地产营销策略	隆林宁	当代青年
175	2017年	钢筋弯端弯头调直器的研究和应用	朱正国 梁柱	装备制造技术
176	2017年	工业4.0背景下广西机械工业装备的优化改造途径	梁柱	装备制造技术
177	2017年	旅游地产营销策划研究	严恒俊 覃志华	住宅与房地产
178	2017年	广西地区地理气候与历史环境对壮族民居发展的影响与演变	王唯佳	住宅与房地产
179	2017年	装配式建筑在我国的发展应用	郭扬 王健 李开欣	中国厨卫
180	2017年	浅谈南宁市物业服务企业信用信息管理	梁敏 黄娟	现代物业(中旬刊)
181	2017年	物业管理招标风险分析与控制	陈娄 李杰	现代物业(中旬刊)
182	2017年	互联网创新思维模式下高职院校物业管理专业人才培养模式摸探	常婷	现代物业(中旬刊)
183	2017年	建筑装饰构造的形体表达方法浅析	王宇平	世界家苑
184	2017年	房地产数据信息的应用价值研究	吴洋滨	社会科学
185	2017年	SketchUp在建筑装饰制图与识图课程的教学实践	王宇平	求知导刊
186	2017年	虚拟仿真技术在建筑施工中的应用分析	韦素青	企业科技与发展
187	2017年	农村合作金融机构流动性风险管理研究	黄宗婆	企业科技与发展
188	2017年	强化地方人大监督权的创新对策探索	伍建军	农村科学实验

续表

序号	时间	论文标题	作者	杂志名称
189	2017年	3D打印技术在高职建筑专业教学科研中的应用	朱正国	南宁职业技术学院学报
190	2017年	装配式建筑中干硬性混凝土构件的应用分析	陈民	纳税
191	2017年	城市雨水利用现状分析及海绵城市发展建设	全红	科技展望
192	2017年	高层建筑给排水工程设计常见的问题及解决对策	韦耿新 莫荣锋	科技风
193	2017年	广西壮侗传统民居结构在室内公共空间装饰设计中的运用与研究	王唯佳	居舍
194	2017年	房地产销售模式研究	严恒俊 覃志华	居舍
195	2017年	房地产估价理论与基本估价方法比较分析	李开欣	经济
196	2017年	面向职业岗位群顶岗实习运行机制构建	杨佳佳 黄春峰	教育与职业
197	2017年	浅析让大学生放下手机回归课堂的有效举措	王静 郝敬师	教育科学
198	2017年	高职院校建筑工程项目管理课程教学改革浅析	庾迎辉	建筑学研究前沿
199	2017年	土木工程建筑结构设计问题和对策	熊艺媛	建筑学研究前沿
200	2017年	建筑结构伸设计环节中钢结构涉及到的问题分析	苏彬	建筑学研究前沿
201	2017年	建筑结构检测与加固方法分析	郭木华	建筑学研究前沿
202	2017年	建筑结构中后浇带的施工技术探讨	归晓慧	建筑建材装饰
203	2017年	意象空间设计表达	谢芮	建筑建材装饰
204	2017年	关于建筑地基基础施工和加固技术探究	李娜	建筑建材装饰
205	2017年	钢筋混凝土结构房屋建筑混凝土施工及后浇带技术	董军科	建筑建材装饰
206	2017年	高层建筑型钢悬挑脚手架设计及施工技术探讨	梁敏	建材与装饰
207	2017年	建筑结构设计中BIM技术的应用	刘勇	基层建设

续表

序号	时间	论文标题	作者	杂志名称
208	2017年	建筑工程质量精细化管理及控制策略	郭木华	基层建设
209	2017年	建筑工程施工过程中桩基础技术的应用解析	归晓慧	基层建设
210	2017年	基于层次分析法理论的广西高校财政支出绩效评估体系构建研究	黄宗婆 蒋麟华	广西教育
211	2017年	建筑装饰装修工程预算定额编制研究	陆丽娟	工程技术
212	2017年	透水混凝土经济性评价	练祥宁	工程技术
213	2017年	房地产中介企业商业模式创新探析	李并欣	工程技术
214	2017年	如何提升建筑农民工培训的新探讨	董军科	工程技术
215	2017年	浅谈房屋建筑结构设计应注意的问题	曾根连	防护工程
216	2017年	建筑工程施工技术质量控制方法探究	杨智慧	防护工程
217	2017年	PKPM在结构设计中的应用	刘勇	大众科技
218	2017年	高职土建类专业学生顶岗实习管理问题及对策研究	韦素青 刘萍	当代教育实践与教学研究
219	2017年	基于茶文化视觉元素在茶情形象设计应用探索	张劲	大众科技
220	2017年	新媒体环境下高职院校学生思想政治工作研究	苏金强 关山	大众科技
221	2017年	高职院校专业人才培养计划方案研究——以某校房地产经营管理专业为例	隆林宁	大众科技
222	2017年	高职院校建筑工程项目管理课程教学改革浅析	顾迎辉	大众科技
223	2017年	弹性时程分析方法结合型分解谱法在某高层建筑中的应用分析	杨智慧 陈海燕	大众科技
224	2017年	高职院校建筑类专业学生就业问题与对策	蒙燕才	大众科技
225	2017年	高职专业人才培养计划方案研究	隆林宁	大众科技
226	2017年	基于工程实践创新项目的BIM课程改革研究——以《工程自动算量软件应用》课程为例	黄臣臣	大众科技

续表

序号	时间	论文标题	作者	杂志名称
227	2018年	建筑给排水工程施工中节能减排的措施研究	全红	中小企业管理与科技（上旬刊）
228	2018年	浅析大数据时代数字图书馆面临的机遇和挑战	赵令东 黎冠明	中国管理信息化
229	2018年	BIM技术在建筑工程专业教学中的运用剖析	兰秋	中国房地产业
230	2018年	风载对高层建筑外保温的破坏分析及加固改进	胡博 高艳伟 梁柱	新型建筑材料
231	2018年	城市规划与房地产开发的关系	李卉欣，刘雄心	新商务周刊
232	2018年	"构件法识图"在培养高职土建类学生平法钢筋识图能力中的应用研究	刘萍 黄雷 吴美琼	四川水泥
233	2018年	高职建设工程管理专业《建筑力学与结构基础》课程实训教学法初探	黄雷 刘萍	四川水泥
234	2018年	粗骨料对建筑混凝土形貌及性能的影响	陈民	四川水泥
235	2018年	高职校企合作模式研究	严佰俊 覃志华	数码设计
236	2018年	高职房产产业人才培养模式研究	严佰俊 覃志华	数码设计
237	2018年	关于高职院校制图与CAD制图教学改革的讨论	王静 马丛鑫	世界家苑
238	2018年	房地产广中公关营销模式的创新	隆林宁	世界家苑
239	2018年	基坑开挖降水对周边建筑物影响的风险评估	胡博 赵敏	施工技术
240	2018年	BIM信息化技术背景下工程造价专业课程体系改革与实践	覃小香	求知导刊
241	2018年	民用建筑外围护结构节能施工技术研究	李卉欣 刘雄心	企业科技与发展
242	2018年	RC框架结构的震害分析	练祥宁	门窗
243	2018年	浅谈建立新型工程量清单计价体系的必要性	陆丽娟	居舍
244	2018年	微探建筑施工管理中危机管理意识的运用	郭木华	建筑学研究前沿
245	2018年	项目全过程控制在建筑工程造价审核中的应用	归晓慧	建筑学研究前沿

续表

序号	时间	论文标题	作者	杂志名称
246	2018年	BIM技术在施工管理与施工成本控制的应用	顾迎辉	建筑细部
247	2018年	新农村建设背景下的村庄色彩规划编制	钟继敏	建设技术
248	2018年	安装工程造价定额预算方面常见问题及解决方案	马丛鑫 王静	建筑工程技术与设计
249	2018年	建筑工程施工管理中BIM技术的应用	李立宁	建筑工程技术与设计
250	2018年	环保节能技术在建筑装饰装修中的应用	董军科	建筑工程技术与设计
251	2018年	探析建筑工程质量安全管理的常见问题与应对措施运用	梁敏	建材与装饰
252	2018年	居住建筑装配式装修特点分析与发展研究	王宁平	建材发展导向
253	2018年	基于BIM信息化技术工程识图能力常析课程教学实践研究	莫荣锋 覃耿新 归晓慧	基础建设
254	2018年	影响建筑工程管理的主要因素及对策分析	顾迎辉	基层建设
255	2018年	土木工程结构设计与施工技术的关系	熊艺媛	基层建设
256	2018年	BIM技术在复杂装配式钢结构中的应用	苏彬	基层建设
257	2018年	关于建筑结构设计中提高建筑的安全性的策略	刘勇	基层建设
258	2018年	现代学徒制在我国高职院校教学中的应用与研究	郭杨 王健	基层建设
259	2018年	对基于BIM技术的绿色建筑设计应用的几点探讨	郭木华	基层建设
260	2018年	基于BIM的工程造价管理研究	归晓慧	基层建设
261	2018年	高职院校分级管理薪酬改革实践探索——以南宁职业技术学院建筑工程学院为例	梁柱 于霄立	广西教育
262	2018年	基于工作过程的建筑工程施工测量课程教改实践探究	李娜	工程技术研究
263	2018年	建筑结构设计中怎样实现模型自动转化	刘勇	防护工程
264	2018年	高职建筑工程技术专业毕业设计方案改革探究	韦素青	当代教育实践与教学研究

续表

序号	时间	论文标题	作者	杂志名称
265	2018年	论建筑摄影对高职建筑设计专业的重要性	张劲	大众科技
266	2018年	提高混凝土小型空心砌块墙体拉结筋合格率方法探究	杨智慧	大众科技
267	2018年	"以赛促学+创新项目实践"的工程造价专业人才培养模式研究与实践——以南宁职业技术学院为例	黄臣臣	大众科技
268	2018年	"互联网+"背景下的课堂趣味性教学的应用与研究	王唯佳	才智
269	2019年	物业公司在住宅小区停车场车辆丢失事件中的法律责任探析	陈秦	住宅与房地产
270	2019年	试论建筑工程中高支模施工工艺及施工技术	邓勇华	中国应急管理科学
271	2019年	新时期下装饰工程装配化施工模式探讨	董军科	中国房地产业
272	2019年	大学生创新创业教育存在的问题与解决	严佰俊 覃志华	营销界
273	2019年	左江流域花山岩画艺术图案群体性与单体性的研究	王唯佳	艺术科技
274	2019年	BIM下的高职建筑工程管理专业教改分析	郭木华 归晓慧	现代物业（中旬刊）
275	2019年	"双高"建设背景下高职院校教师激励路径探索——基于目标管理视角	梁柱 高冬梅 赖婧婷	市场论坛
276	2019年	营业税改增值税对企业财务的影响及应对策略	黄雅嫩 黄宗荽	企业科技与发展
277	2019年	高职院校《房地产开发与经营》课程的教学改革分析	吴洋滨	南国博览
278	2019年	SPOC Blended Teaching Mode Reform based on Chaoxin xuexitong—a case study of course of Real Estate Property Management	赖婧婷	课程教育研究
279	2019年	高职院校分级管理改革背景下专业群构建及其资源要素结构	杨佳佳 梁柱	科学大众（科学教育）
280	2019年	浅析新时代背景下大学生思想政治教育内容创新	郑思	科技资讯
281	2019年	"项目导师制"大学生创业能力提升的研究	尤宝庆 全红	教育现代化
282	2019年	"互联网+"时代高校微课在高校课堂教学中的应用探索	苏彬	教育科学

续表

序号	时间	论文标题	作者	杂志名称
283	2019年	高职院校建筑工程技术专业诊断与改进实践研究	李立宁	教育科学
284	2019年	高校辅导员职业能力提升研究	伍建军	教育教学论坛
285	2019年	BIM技术在高职土建类施工组织课程教学改革中的应用	韦綦青	教育
286	2019年	探析桩基础技术在建筑项目土建施工中的应用与管理	曾根莲	建筑细部
287	2019年	桂北干栏式民居的演变研究	钟继敏	建筑技术
288	2019年	关于建筑工程技术专业平法课程教学改革的探索	王静	建筑工程技术与设计
289	2019年	BIM+时代对水电安装工程手工算量的影响	马丛鑫	建筑工程技术与设计
280	2019年	新型建筑材料在建筑结构设计中的应用分析	刘勇	建筑工程技术与设计
291	2019年	建筑工程施工资料管理的重要性及优化策略探微	兰秋	建筑工程技术与设计
292	2019年	风险管理对建设工程施工安全监督管理的影响	董军科	建筑工程技术与设计
293	2019年	建筑工程施工技术质量控制方法研究	梁敏	建材与装饰
294	2019年	CSI住宅体系下的装配式装修部品装配结构件研究	王宇平	建材发展导向
295	2019年	基础深基坑支护工程施工技术研究	黄秋瑜	基层建设
296	2019年	虹吸式屋面雨水自动排水系统优化设计	全红	机械设计与制造工程
297	2019年	矿物添加剂对混凝土力学性能的影响	陈民 韦雪琼	混凝土
298	2019年	企业课程教学设计研究与实践	全红	广西教育
299	2019年	BIM在建筑结构设计中的应用论文	郭杨 王健	工程管理前沿
300	2019年	绿色节能建筑施工技术应用研究	虞迎辉	防护工程
301	2019年	《建筑构造》课程教学改革研究	虞迎辉	地产

续表

序号	时间	论文标题	作者	杂志名称
302	2019年	骆越文化建图腾纹样审美特征	杨佳佳 谢药	大众科技
303	2019年	高职房地产估价课程实践教学改革研究	李开欣	大东方
304	2019年	房地产经济对中国国民经济增长的作用分析	李开欣 刘雄心	大东方
305	2019年	基于超星学习通的SPOC混合式教学模式改革——以《房地产产权产籍管理》课程为例	赖婧婷	创新创业理论研究与实践
306	2020年	装配式装修与传统装修的比较	王宇平	砖瓦世界
307	2020年	从气质类型看物业管理服务沟通技巧	常婷	住宅与房地产杂志
308	2020年	基于物业服务视角的广西城市住宅小区车位共享研究	陈爽	住宅与房地产杂志
309	2020年	物业服务标准化与多元化探讨	陈曦	中国房地产业
310	2020年	新时期下装饰工程装配化施工模式探讨	董军科	砖瓦
311	2020年	关于社会支持视角下高职院校贫困生心理脱贫路径研究	钟海文	中国多媒体与网络教学学报
312	2020年	产教融合型企业建设的困境与突破研究	莫荣峰 吴洋谈 张义斌 刘萍 杨智慧	信息周刊
313	2020年	高职院校专业教学团队建设转型对策研究	宁婵 方绪军	现代职业教育
314	2020年	现象学教育视野中的教学职业成长路径探析	常婷	现代职业教育
315	2020年	疫情背景下物业管理从业心理调适与行动力研究	常婷 张义斌	现代物业
316	2020年	从疫情防控透视物业管理在社区治理中的价值	陈爽	现代物业
317	2020年	信息技术视阈下高校网络思想政治教育的本质与发展	郝亚楠	人文之友
318	2020年	区域治理——大型百货商场会员购买力及价值识别	井红霞	区域治理
319	2020年	根据高职特点及发展实际对"房地产经纪"课程教学改革的探索	李开欣 刘雄心	青年生活
320	2020年	电子招投标系统再建筑工程招投标中的应用	李开欣 刘雄心	青年生活

续表

序号	时间	论文标题	作者	杂志名称
321	2020年	基于校企合作的高职院校产教融合型企业平台建设路径	莫荣峰 吴洋滨 张义斌 刘萍 杨智慧	名城绘
322	2020年	高职院校物业管理专业校企一体化育人全过程管理研究	陈麦	林产工业
323	2020年	俄勒冈硬木在家具制造中的应用分析	杨佳佳	林产工业
324	2020年	SPOC Blended Teaching Mode Reform based on Chaoxing xuexitong Patl-form—a Case Study of Course of Real Estate Property Management	赖婧婷	课程教育研究
325	2020年	新时代背景下大学生思想政治教育路径探析	郑思	科学资讯
326	2020年	"薄利多销"对销售额的影响分析	井红霞	科学与财富
327	2020年	"互联网+"背景下的精品在线开放课程混合式教学设计与实现探讨	王宁平	科学大众（科学教育）
328	2020年	创新性设计理念在现代室内设计中的运用	杨佳佳	科学大众
329	2020年	高校建筑装饰专业现代学徒制人才培养模式的探讨	王唯佳	科学大众
330	2020年	探索装配式住宅室内个性化设计的创新策略	杨佳佳	科教导刊
331	2020年	物业管理专业基于混合式学习的微课设计	常婷	科教导刊
332	2020年	校企算合主体联合育人的物业管理专业现代学徒制研究	常婷 张义斌	科教导刊
333	2020年	高职院校学生工作分级管理改革理论与实践研究——以南宁职业技术学院为例	钟海文	科技风
334	2020年	双高建设背景下建筑室内设计专业群新技能课程开发	张龙	居业
335	2020年	内墙装饰涂料对建筑室内环境的改造与节能作用分析	王唯佳	居业
336	2020年	高职教学中的校企合作模式面临的挑战与分析	杨智慧 莫荣峰	教育现代化
337	2020年	基于IFC标准的BIM技术应用领域及其前景分析	覃小香	教育前言
338	2020年	"互联网+"时代的微课在高校课堂教学中的应用探索	苏彬	教育科学论坛
339	2020年	建筑装饰工程技术专业产教融合与现代学徒制的研究	杨佳佳	教育教学论坛
340	2020年	高校辅导员职业能力提升路径研究	伍建军	教学教育论坛
341	2020年	土建预算审核方法及有效控制建筑工程结算	曾根莲	建筑细部

续表

序号	时间	论文标题	作者	杂志名称
342	2020年	BIM+时代对水电安装工程手工算量的影响	马丛鑫	建筑工程技术与设计
343	2020年	高职建筑工程施工技术专业提升学生就业竞争力探索	梁敏	建筑工程技术与设计
344	2020年	双高建设背景下建筑室内设计专业群课程体系构建研究	翁素肇	家具与室内装饰
345	2020年	城市区域输配电工程建设施工管理的分析	李立宁	基层建设
346	2020年	矿物添加剂对混凝土力学性能的影响	陈民	混凝土
347	2020年	CIS理论视角下高职院校物业管理专业职业能力提升研究	常婷	湖北开放职业学院学报
348	2020年	分级管理重高职院校二级院系"双高"建设中的应用	梁柱 钟继敏	广西教育
349	2020年	VR在高职实训教学中的应用研究	钟继敏	广西教育
350	2020年	基于校企共赢机制的高职建筑类专业创新人才培养模式	钟继敏	广西教育
351	2020年	广西北部湾港发展SWOT分析	熊艺媛	港口科技
352	2020年	互联网时代下隐性思想政治教育的变化与发展	郝亚楠	锋绘
353	2020年	探究输配电及应用电工程线路安全技术	李立宁	房地产·世界
354	2020年	虚拟建造BIM技术在高职学生识图能力培养中的应用研究	刘萍 黄雷 李立宁	当代教育实践与教学研究
355	2020年	建筑工程技术专业实践教学改革的思考	杨智慧	大学
356	2020年	基于超星学习通的SPOC混合式教学模式改革研究	赖婧婷	创新创业理论研究与实践
357	2020年	高校图书馆服务新型智库建设的探讨	赵令东	产业与科技论坛
358	2020年	Research on the Incentive Countermeasures of Teachers in Higher Colleges—Based on the perspective of target management	赖婧婷 梁柱 高冬梅	Education and Management
359	2020年	Ecological building design based on the optimization thermal performance of stilt houses in Guangxi Province	钟继敏	Earth and Environmental Science
360	2020年	Influences of Construction of Balcony Structural Column on Internal Force of Frame Structure	杨智慧	EAME2020
361	2020年	Experimental and numeriacal investigation of debonding process of the FRP plate—concrete interface	杨智慧	Construction and Building Materials
备注				

表19-3 2009—2020年南宁职业技术学院建筑工程学院成果统计表（专利及软件著作权）

序号	获得时间	名称	类型	发明人
001	2009年	—	—	—
002	2010年	—	—	—
003	2011年	—	—	—
004	2012年	—	—	—
005	2013年	小型高效快装生物质锅炉	实用新型	刘萍 张海燕 李云金
006	2015年	一种低速走丝线切割机的运丝机构	实用新型	梁庆 莫莉 钟海雄
007	2015年	一种中火花精密加工放大调整仪	实用新型	梁庆 诸小丽 莫莉
008	2015年	一种精密切割装置	实用新型	梁庆 诸小丽
009	2015年	一种新型的低速金刚石切割机旋转轴动部件	发明公开	梁庆 诸小丽 梁庆
010	2015年	一种木饰面挂板墙体	实用新型	娄开伦 曾涛
011	2015年	一种木饰面挂板墙体	发明公开	娄开伦 曾涛
012	2015年	一种可调直钢筋弯头的简易液压装置	实用新型	朱正国 高云河 莫荣锋 黎冠明 娄开伦 刘萍 陈民
013	2015年	一种可调直钢筋弯头的简易液压装置	发明公开	朱正国 高云河 蒲瑞新 李娜 郭杨 杨智慧 练鞠宇
014	2016年	一种建筑用脚手架	实用新型	董军科
015	2016年	木饰面卡式装配件	实用新型	娄开伦 周凡 王宇平 杨佳佳
016	2017年	一种多功能智能窗帘	实用新型	梁柱 朱正国 周凡 董军科
017	2017年	一种建筑施工用脚手架	实用新型	刘萍 梁柱 郭杨 韦素青 黄雷 邓勇华
018	2017年	一种新绿城市屋面雨水延时分流回收系统	实用新型	全红 陈红 蒋雪莲 陈雪圆 尤宝庆 何际跃
019	2017年	建筑物（现代干栏式）	实用新型	钟继敏 曾根连 熊艺婕 陈耀和 唐车
020	2017年	采用干法装配结构的现代干栏式居住建筑	实用新型	钟继敏 梁柱 蓝鲁平 黄荣川 苏彬 叶子明
021	2017年	采用干法装配结构的现代干栏式居住建筑	发明公开	钟继敏 梁柱 蓝鲁平 黄荣川 苏彬 易环基
022	2017年	一种装配式混凝土建筑构件榫卯式设计与施工方法	发明公开	朱正国 梁迎辉 高云河 黎冠明 郭禾华 黄雷 练祥宇

续表

序号	获得时间	名称	类型	发明人
023	2018年	一种装修用便捷型玻璃吸盘	实用新型	董军科
024	2018年	一套新型可拆卸的装配式建筑构件体系	实用新型	高云河 黄冬梅 朱正国 梁柱
025	2018年	一种建筑施工安全管理围栏	实用新型	朱正国 梁敏 陈民 朱珊花 兰秋 胡博
026	2018年	一种建筑裂缝修复装置	实用新型	刘萍 黄雷 欧荣峰 蒲瑞新 李立宁 李娜 王静
027	2018年	木饰面一式装配构件及安装方法	发明授权	娄开伦 梁柱 莫荣峰 朱正国 周凡 韦才师 杨佳佳
028	2018年	一种给排水使用的多功能止回阀	实用新型	全红 尤宝庆 朱正国 蒋雪莲 陈智圆 宁婵
029	2018年	可砌筑成锯齿状砌面砌块、砌块建筑墙体及砌块制备方法	发明公开	朱正国 梁柱 高云河 蒲瑞新 练祥宁 李雷 徐运广
030	2018年	一种砌砌筑成锯齿状墙面砌块、砌块建筑墙体	实用新型	朱正国 梁柱 高云河 蒲瑞新 练祥宁 李娜 黄雷 徐运广
031	2019年	一套新型可拆卸的装配式建筑构件体系及其拼装方法	发明授权	高云河 黄冬梅 朱正国 梁柱
032	2019年	建筑（锁轴铰节专结构轻装配式）	外观专利	钟继敏 熊艺媛
033	2019年	一种测量结构内力的简易教学实验装置及其测量方法	发明公开	高云河 吴代生 蒲瑞新 杨智慧
034	2019年	一种免破碎分离的混凝土灌注桩桩头	发明公开	朱正国 梁柱 高云河 吴代生 梁敏 蒲瑞新 黄雷云
035	2019年	一种免破碎分离的混凝土灌注桩桩头	实用新型	朱正国 梁柱 高云河 吴代生 梁敏 蒲瑞新 黄雷云
036	2019年	一种可调节钢筋弯曲头的易液压装置	发明授权	莫荣锋 朱正国 梁柱 高云河 黎冠明 娄冠伦 刘萍 庾迎辉 陈民 黄雷
037	2020年	室内甲醛含量自动监测系统V1.0	软件著作权	
038	2020年	一种新型人力资源管理平台	软件著作权	赖婧婷 李卉欣 吴洋滨 高冬梅
039	2020年	一种新型房地产信息展示装置	实用新型	李卉欣
040	2020年	一种房地产建筑规划模型沙盘	实用新型	李卉欣
041	2020年	一种可调节式房地产销售用讲解板	实用新型	李卉欣
042	2020年	一种房地产经济教学用沙盘支撑装置	实用新型	李卉欣
043	2020年	一种房地产经济经营智能展示台	实用新型	李卉欣 赖婧婷 吴洋滨
044	2020年	一种用于房地产的宣传台	实用新型	赖婧婷 钟继敏 隆林宁 高云河 陈溦
045	2020年	一种建筑工程用隔音装置	实用新型	李娜 黄雷

续表

序号	获得时间	名称	类型	发明人		
046	2020年	一种便于固定的打桩装置	实用新型	李娜	王静	朱正国
047	2020年	一种建筑工程用钻孔装置	实用新型	李娜	朱正国	
048	2020年	一种管道防水结构	实用新型	马丛鑫	曾根莲	刘勇
049	2020年	一种钢筋涂油设备	实用新型	马丛鑫	曾根莲	刘勇
050	2020年	一种管线预理件	实用新型	马丛鑫	曾根莲	刘勇
051	2020年	一种具有过滤吸附功能的水龙头	实用新型	全红	杨智慧	尤宝庆
052	2020年	一种预留钢筋的防锈装置	实用新型	王静		
053	2020年	一种建筑装饰幕墙	实用新型	王唯佳		
054	2020年	一种拼接式建筑装饰板	实用新型	王唯佳		
055	2020年	一种吊顶装饰面板安装连接件	实用新型	王唯佳		
056	2020年	一种便于使用的装饰吊顶用装配式窗帘盒	实用新型	王宇平		
057	2020年	一种用于装配式装修的柔性室内给水管	实用新型	王宇平		
058	2020年	一种室内设计组合式落地内灯具	实用新型	王宇平		
059	2020年	一种装修地面保护垫	实用新型	王宇平		
060	2020年	一种龙骨架及装配式墙板装修结构	实用新型	王宇平	郭威	
061	2020年	新型塑木装配式隔断墙体	实用新型	杨佳佳		
062	2020年	一种建筑装饰玻璃的边角防护装置	实用新型	杨佳佳		
063	2020年	一种装配式建筑装饰艺术结构	实用新型	杨佳佳		
064	2020年	一种建筑装饰板用夹持搬运装置	实用新型	杨佳佳		
065	2020年	一种预制装配式的幕墙装饰结构	实用新型	杨佳佳		
066	2020年	一种装配式幕墙装饰柱结构	实用新型	杨佳佳		
067	2020年	一种装配式天花板装饰结构	实用新型	黄春峰	王唯佳	
068	2020年	一种装配式装饰挂板	实用新型	黄春峰	王唯佳	钟继敏	张龙	谢肉
069	2020年	用于拼装成装饰面的装配式装饰模块	实用新型		王唯佳	钟继敏	张龙	谢肉

续表

序号	获得时间	名称	类型	发明人
070	2020年	装配式装饰框	实用新型	杨佳佳 黄春峰 王唯佳 钟继敏 张龙 谢芮
071	2020年	装配式装饰墙体以及装配式建筑结构	实用新型	杨佳佳 黄春峰 王唯佳 钟继敏 张龙 谢芮
072	2020年	一种用于小型砌块填充墙的定型化拉结筋结构	实用新型	杨智慧 朱正国 邢耀文
073	2020年	新型销铰接装建筑结构	实用新型	钟继敏 庞振友 庞培铭 陈炎泉 黄亲娜 朱正国 熊艺媛
074	2020年	软件著作权基于VR虚拟仿真技术的房屋建筑构造认知与实训系统1.C1	软件著作权		熊艺媛 梁桂 苏彬 莫振安 唐雁飞
075	2020年	穿插连接的建筑结构	实用新型	钟继敏 宋俊蓉 梁秋月 黄相允 苏彬 韦汉强
076	2020年	建筑物（轻钢装配式结构农贸市场）	外观设计	钟继敏 宋俊蓉 梁秋月 黄相允 苏彬 韦汉强
077	2020年	新型张弦建筑结构	实用新型	钟继敏 梁蒋维 王进先 罗胜宇 杨春明 钟海文
078	2020年	农贸市场建筑（张弦结构轻钢装配式）	外观设计	钟继敏 梁蒋维 王进先 罗胜宇 杨春明 钟海文
079	2020年	儿童玩乐屋		吴代生 谭婧 陈耀和 庞顺吉 吴健 邓行良 吴小飞 刘思莹
080	2020年	一种测量结构内力的简易教学实验装置	实用新型	朱正国 高云河 蒲瑞新 杨智慧
081	2020年	装配式建筑框架梁柱结构构件及其施工方法	发明公开	朱正国 吴代生 高云河 李娜 杨智慧 熊艺媛 苏彬

表19-4 2009—2020年南宁职业技术学院建筑工程学院成果统计表（教师参赛获奖）

序号	时间	名称	授予部门	等级	获奖教师
001	2009年	广西教育技术教学应用大赛	广西壮族自治区教育厅	一等奖	韦宁 陈民 杨红 黄伟
002	2010年	广西高校第七届教育教学软件大赛	广西高等教育学会高校教育技术专业委员会	优秀奖	黄伟 梁政 韦宁 陈民 杨红
003	2010年	广西高等教育教学软件大赛	广西壮族自治区教育厅	一等奖	黎冠明 杨佳佳 娄开伦 董军科
004	2010年	南宁职业技术学院第一届教育教学软件大赛	南宁职业技术学院	三等奖		董军科
005	2010年	南宁职业技术学院高等教育教学说课大赛	南宁职业技术学院	三等奖		杨佳佳
006	2010年	全国建筑类专业青年教师"金讲席"奖说课大赛	全国高职高专教育土建类专业教学指导委员会	一等奖		杨佳佳

续表

序号	时间	名称	授予部门	等级	获奖教师	
007	2011年	全国建筑类多媒体课件大赛	中国建设教育协会	三等奖		李玉珍 陈民 归晓慧 李爱珠 高云河 邓勇华
008	2012年	广西高校教育软件应用大赛	广西壮族自治区教育厅	二等奖	韦宁	黄伟 梁政 朱正国
009	2013年	广西教育教学优秀论文	广西教育科学研究所	三等奖	黄春峰	杨佳佳
010	2013年	广西高校教育软件应用大赛	广西壮族自治区教育厅	一等奖	娄开伦	钟继敏 王宇平
011	2015年	广西高校信息化教学比赛	广西壮族自治区教育厅	一等奖	朱正国	高云河 李娜
012	2015年	广西高校教育软件应用大赛	广西壮族自治区教育厅	二等奖		黄臣臣
013	2015年	南宁职业技术学院科技创新与创意大赛	南宁职业技术学院	二等奖	娄开伦	杨佳佳 王宇平
014	2015年	南宁职业技术学院第二届辅导员班主任素质能力大赛	南宁职业技术学院	三等奖		杨智慧
015	2016年	广西职业院校信息化教学大赛	广西壮族自治区教育厅	二等奖		黄臣臣
016	2016年	南宁职业技术学院教师信息化教学大赛	南宁职业技术学院	一等奖		黄臣臣
017	2016年	南宁职业技术学院教师信息化教学大赛	南宁职业技术学院	二等奖		黄臣臣
018	2016年	南宁职业技术学院"新信息技术在课堂"竞赛课教学比赛	南宁职业技术学院	三等奖		钟继敏
019	2016年	全国高校美术·设计大奖赛	中国艺术教育促进会	一等奖		杨佳佳
020	2017年	广西职业院校技能大赛教学能力比赛	广西壮族自治区教育厅	一等奖	王唯佳	杨佳佳 谢肉
021	2017年	广西高校教育教学信息化大赛	广西壮族自治区教育厅	二等奖	陈爽	张义斌 梁敏
022	2017年	广西高校教师教育信息化教学大赛	广西壮族自治区教育厅	二等奖	张义斌	常婷 韦宁
023	2017年	南宁职业技术学院第四届辅导员班主任素质能力大赛	南宁职业技术学院	二等奖		黄臣臣
024	2017年	南宁职业技术学院教师信息化教学大赛	南宁职业技术学院	二等奖	陈爽	黄臣臣
025	2017年	南宁职业技术学院教学能力大赛	南宁职业技术学院	三等奖	陈爽	张义斌 常婷
026	2017年	信息化教学大赛(课堂教学)	南宁职业技术学院	三等奖		刘勇

续表

序号	时间	名称	授予部门	等级	获奖教师
027	2018年	职业院校教师素质提高计划培训项目"优秀青年教师跟岗访学"说课比赛	电子科技大学全国重点建设职业教育师资培训基地	二等奖	陈爽
028	2018年	广西职业院校技能大赛教学设计比赛	广西壮族自治区教育厅	一等奖	李娜 徐运广 李立宁
029	2018年	广西职业院校技能大赛教学能力比赛课堂教学赛项	广西壮族自治区教育厅	一等奖	王宇平 杨佳佳 王唯佳
030	2018年	广西职业院校技能大赛微课教学比赛	广西壮族自治区教育厅	二等奖	杨智慧 兰秋 黄彬
031	2018年	广西职业院校信息化大赛	广西壮族自治区教育厅	三等奖	陈爽 常婷 陈曦
032	2018年	广西高校教育科学软件应用大赛	广西壮族自治区教育厅	三等奖	黄臣臣
033	2018年	广西职业院校技能大赛微课教学比赛	广西壮族自治区教育厅	三等奖	练祥宇 陆丽娟 邓勇华
034	2018年	广西职业院校信息化教学大赛高职信息化教学设计比赛	广西壮族自治区教育厅	三等奖	刘洋 韦素青 黄雷
035	2018年	广西职业院校技能大赛微课教学比赛	广西壮族自治区教育厅	三等奖	熊艺媛 钟继敏 苏彬
036	2018年	南宁职业技术学院第五届辅导员班主任素质能力大赛	南宁职业技术学院	一等奖	常婷
037	2018年	南宁职业技术学院教师信息化教学大赛	南宁职业技术学院	一等奖	黄臣臣
038	2018年	南宁职业技术学院教师技能大赛	南宁职业技术学院	一等奖	李娜 徐运广 李立宁
039	2018年	南宁职业技术学院教学能力大赛	南宁职业技术学院	二等奖	陈爽 张义斌 全红
040	2018年	南宁职业技术学院教师技能微课教学大赛	南宁职业技术学院	二等奖	练祥宇 陆丽娟 邓勇华
041	2018年	南宁职业技术学院教学能力大赛	南宁职业技术学院	三等奖	陈曦 张义斌 常婷
042	2018年	南宁职业技术学院公开课竞赛	南宁职业技术学院	三等奖	李娜
043	2018年	南宁职业技术学院技能微课教学大赛	南宁职业技术学院	三等奖	熊艺媛 钟继敏 苏彬
044	2018年	南宁职业技术学院技能微课教学大赛	南宁职业技术学院	三等奖	杨智慧 兰秋 黄彬
045	2019年	第八届广西高校辅导员素质能力大赛	广西壮族自治区教育厅	一等奖	常婷
046	2019年	广西职业院校技能大赛教学能力比赛	广西壮族自治区教育厅	一等奖	钟继敏 王宇平 王唯佳

续表

序号	时间	名称	授予部门	等级	获奖教师		
047	2019年	广西高校教育教学信息化大赛（多媒体教学软件单机版）	广西壮族自治区教育厅	一等奖	钟继敏	熊艺媛	苏彬
048	2019年	广西职业学校教师教学能力大赛	广西壮族自治区教育厅	二等奖	黄臣臣		
049	2019年	广西职业院校技能大赛教学能力大赛（微课）	广西壮族自治区教育厅	二等奖	赖婧婷	李井欣	刘勇
050	2019年	广西高校教育教学信息化大赛（微课）	广西壮族自治区教育厅	二等奖	全红	陈爽	常婷
051	2019年	广西职业院校技能大赛教学能力比赛	广西壮族自治区教育厅	三等奖	常婷	陈爽	全红
052	2019年	广西职业院校技能大赛教学能力比赛课堂教学赛项	广西壮族自治区教育厅	三等奖	韦素青	杨智慧	陈民
053	2019年	广西职业院校技能大赛教学能力大赛	广西壮族自治区教育厅	三等奖	熊艺媛	苏彬	朱正国
054	2019年	南宁职业技术学院第六届辅导员班主任素质能力大赛	南宁职业技术学院	一等奖		常婷	
055	2019年	广西高校教育教学信息化大赛（微课）	南宁职业技术学院	一等奖	全红	陈爽	常婷
056	2019年	南宁职业技术学院教学能力大赛	南宁职业技术学院	一等奖	钟继敏	王宇平	王唯佳
057	2019年	南宁职业技术学院教学能力大赛	南宁职业技术学院	二等奖	常婷	陈爽	全红
058	2019年	南宁职业技术学院教学能力大赛	南宁职业技术学院	二等奖	熊艺媛	苏彬	朱正国
059	2019年	南宁职业技术学院教学能力大赛	南宁职业技术学院	二等奖	赖婧婷	李井欣	刘勇
060	2019年	南宁职业技术学院教学能力大赛	南宁职业技术学院	三等奖	韦素青	杨智慧	陈民
061	2019年	南宁职业技术学院教学能力大赛	南宁职业技术学院	三等奖	钟继敏	熊艺媛	苏彬
062	2019年	南宁职业技术学院辅导员班主任素质能力大赛	南宁职业技术学院	优秀奖		郝亚楠	
063	2020年	广西高等教育学会高校教育技术专业委员会	广西高等教育学会高校教育技术专业委员会	一等奖	钟继敏	杨佳佳	谢芮 王唯佳
064	2020年	广西高校教育教学信息化大赛	广西壮族自治区教育厅	二等奖	钟继敏	杨佳佳	谢芮 王唯佳
065	2020年	广西高校教育教学信息化大赛	广西壮族自治区教育厅	一等奖	王唯佳	王宇平	谢芮 钟继敏
066	2020年	广西高校教育教学信息化大赛	广西壮族自治区教育厅	一等奖	钟继敏	杨佳佳	谢芮 王唯佳
067	2020年	广西高校教育教学信息化大赛	广西壮族自治区教育厅	二等奖	黄臣臣	覃小香	陆军

续表

序号	时间	名称	授予部门	等级	获奖教师
068	2020年	广西高校教育教学信息化大赛	广西壮族自治区教育厅	二等奖	全红 陈爽 常婷
069	2020年	广西高校辅导员素质能力大赛	广西壮族自治区教育厅	二等奖	郑思
070	2020年	广西职业院校教能大赛教学艺术设计作品大赛	广西壮族自治区教育厅	三等奖	钟继敏 杨佳佳 谢芮 王唯佳
071	2020年	国青杯全国高校艺术设计大赛	国青杯第四届艺术设计竞赛委员会	一等奖	张龙 蒙良柱 翁素馨 黄晓明
072	2020年	南宁市优秀论文比赛	南宁市人民政府办公室	二等奖	钟继敏
073	2020年	南宁职业技术学院教学能力比赛	南宁职业技术学院	一等奖	王唯佳 王宇平 钟继敏
074	2020年	南宁职业技术学院辅导员专业素质能力大赛	南宁职业技术学院	一等奖	郑思
075	2020年	南宁职业技术学院教学能力比赛	南宁职业技术学院	一等奖	钟继敏 杨佳佳
076	2020年	南宁职业技术学院教学能力比赛	南宁职业技术学院	一等奖	杨佳佳 谢芮 王唯佳
077	2020年	南宁职业技术学院教学能力比赛	南宁职业技术学院	三等奖	谢芮 杨佳佳 王唯佳
078	2020年	南宁职业技术学院教学能力比赛	南宁职业技术学院	三等奖	高云河 梁敏 陈民
079	2020年	南宁职业技术学院教学能力比赛	南宁职业技术学院	三等奖	黄臣臣 覃小香 陆军
080	2020年	南宁职业技术学院辅导员专业素质能力大赛	南宁职业技术学院	三等奖	黄燕
081	2020年	南宁职业技术学院教学能力比赛	南宁职业技术学院	三等奖	黄宗蓉 常婷 卢华娟
082	2020年	南宁职业技术学院教学能力比赛	南宁职业技术学院	三等奖	李珊花 陈民 韦素青
083	2020年	南宁职业技术学院教学能力比赛	南宁职业技术学院	三等奖	卢华娟 吴洋筱 黄宗蓉
084	2020年	南宁职业技术学院教学能力比赛	南宁职业技术学院	三等奖	韦素青 李珊花 杨智慧
085	2020年	南宁职业技术学院教学能力比赛	南宁职业技术学院	三等奖	朱正国 熊艺嫚 韦素青
086	2020年	南宁职业技术学院"党课开讲啦"微党课比赛	中共南宁职业技术学院委员会	二等奖	关山
087	2020年	中国国际空间设计大赛	中国建筑装饰协会	金奖	蒙良柱

说明

表 19-5 2009—2020 年南宁职业技术学院建筑工程学院成果统计表（学生竞赛获奖）

序号	时间	名称	授奖单位	等级	参赛学生	指导教师	级别
001	2009年	第十二届全国大学生设计大师奖	教育部高等学校高职高专艺术设计类专业指导委员会	评委特别奖	陈文燕 韦满红 黄秋滢 廖雪蒙 黄丽蓉	张劲	全国
002	2010年	全国高校第三届广联达算量大赛	中国建设教育协会	一等奖两项	严振 雷婷婷	归晓慧	全国
003	2010年	全国三维数字化创新设计大赛全国总决赛	国家制造业信息化培训中心	一等奖	叶林华 韦潇帆 刘正姗 周柳君	杨佳佳	全国
004	2010年	全国三维数字化创新设计大赛全国总决赛	国家制造业信息化培训中心	二等奖	韦乔峰 李天柱 韦海吉	杨佳佳	全国
005	2010年	全国三维数字化创新设计大赛全国总决赛	国家制造业信息化培训中心	三等奖	王太阳 郑翰章 谭丰沁 张德潇	杨佳佳	全国
006	2011年	第二届全国信息技术应用大赛	中国建设教育协会	一等奖	何晨江	韦耿新	全国
007	2011年	第四届广联达杯全国高职院校工程算量大赛全国总决赛	中国建设教育协会	一等奖五项	梁寿富 林莉玲	归晓慧	全国
008	2011年	第九届中国大学生广告艺术节学院奖	中国广告协会	银奖	李达宗 黄莉坚	莫荣锋	全国
009	2011年	首届全国高校美术·设计大奖赛	中国艺术教育促进会	二等奖	冯新燕 陈明深	张劲 胡桩 刘嫒嫒	全国
010	2011年	第六届全国高等院校广联达杯软件算量大赛总决赛	国家制造业信息化培训中心	一等奖	冯新燕 陆国维 陈明深 莫树林	杨佳佳	全国
011	2012年	第六届全国高等院校广联达杯软件算量大赛总决赛	中国建设教育协会	一等奖	麻志京 蔡世艳 覃映红	归晓慧 莫荣锋	全国
012	2012年	第六届全国高等院校广联达杯软件算量大赛总决赛	中国建设教育协会	二等奖两项	麻志京 蔡世艳 覃映红	归晓慧 莫荣锋	全国

续表

序号	时间	名称	授奖单位	等级	参赛学生	指导教师	级别
013	2012年	第三届全国高等院校斯维尔BIM软件建模大赛	中国建设教育协会	一等奖	梁青富 韦柳菲 陈素芬 林美华 韦正银	归晓慧 莫荣锋 黄臣臣	全国
014	2012年	第三届全国高等院校斯维尔BIM软件建模大赛	中国建设教育协会	一等奖	梁青富 韦正银 林美华	黄臣臣 归晓慧 莫荣锋	全国
015	2012年	第五届广联达杯全国高等院校工程算量大赛总决赛	中国建设教育协会	一等奖	周子杰 陶豹 张晓露	归晓慧 莫荣锋	全国
016	2012年	第五届广联达杯全国高等院校工程算量大赛总决赛	中国建设教育协会	二等奖	李怀乡 黄敏 林桦培	归晓慧 黄臣臣 莫荣锋 韦耿新	全国
017	2012年	第五届广联达杯全国高等院校工程算量大赛总决赛	中国建设教育协会	二等奖两项	李怀乡 黄敏 林桦培	归晓慧 莫荣锋	全国
018	2012年	第五届广联达杯全国高等院校工程算量大赛总决赛	中国建设教育协会	二等奖两项	周子杰 陶豹 张晓露	归晓慧 莫荣锋	全国
019	2013年	第六届全国高等院校广联达杯软件算量大赛总决赛	中国建设教育协会	二等奖	麻志京 蔡世艳 覃映红	归晓慧 黄臣臣 莫荣锋	全国
020	2013年	第四届全国高等院校斯维尔BIM软件建模大赛	中国建设教育协会	二等奖	韦正银 林美华 周子杰	黄臣臣 归晓慧 莫荣锋	全国
021	2013年	全国首届高职院校工程造价技能大赛	中国建设教育协会	一等奖	黄涛 罗雪蕾 韦正银	莫荣锋 覃小香 归晓慧	全国
022	2013年	全国首届高职院校工程造价技能大赛	中国建设教育协会	一等奖	黄涛 罗雪蕾 韦正银	覃小香 归晓慧 莫荣锋	全国
023	2013年	全国首届高职院校工程造价技能大赛	中国建设教育协会	一等奖三项	黄涛 罗雪蕾 韦正银	归晓慧 莫荣锋 覃小香	全国
024	2014年	第二届全国类专业学生鲁班杯建筑土建识图技能竞赛	全国住房和城乡建设职业教育教学指导委员会	二等奖	阮贤柱 陈清华 唐国健	练祥宇 朱正国 刘革	全国

续表

序号	时间	名称	授奖单位	等级	参赛学生	指导教师	级别
025	2014年	第二届全国高等职业院校土建施工类专业毕业学生鲁班杯建筑工程识图技能竞赛	全国住房和城乡建设职业教育教学指导委员会	个人一等奖	阮贤柱	练祥宇 朱正国 刘萍	全国
026	2014年	第七届全国中高等院校BIM算量大赛	中国建设教育协会	一等奖两项	王建满 林强 罗雪蕾	归晓慧 黄臣臣 莫荣锋 韦耿新 覃小香	全国
027	2014年	第七届全国中高等院校BIM算量大赛	中国建设教育协会	一等奖两项	王建满 罗雪蕾	归晓慧 黄臣臣 覃小香	全国
028	2014年	第五届全国高等院校斯维尔杯BIM软件建模大赛	中国建设教育协会	一等奖	王建满 罗雪蕾	黄臣臣 莫荣锋	全国
029	2014年	第五届全国高等院校斯维尔杯BIM软件建模大赛	中国建设教育协会	二等奖	黄涛 黄恒旺 倪政平 覃米 王建满	董军科	全国
030	2014年	全国三维数字化创新设计大赛全国总决赛	国家制造业信息化培训中心	一等奖	韦华秀 沈丽娟 杨建崇	杨佳 王宇平	全国
031	2015年	全国职业院校学生技术技能创新成果交流赛	全国职业院校技能大赛组委会	二等奖	阮贤柱 罗富合	朱正国	全国
032	2015年	第八届全国中高等院校BIM算量大赛	中国建设教育协会	一等奖四项	刘小江 刘小青 庄凯	归晓慧 黄臣臣 莫荣锋 韦耿新 陆丽娟	全国
033	2015年	第八届全国中高等院校BIM算量大赛	中国建设教育协会	全国总冠军	刘小江 刘小青 庄凯	归晓慧 黄臣臣 莫荣锋 韦耿新 陆丽娟	全国
034	2015年	第六届应用大赛BIM施工管理沙盘及软件应用大赛总决赛工程项目策划单项	中国建设教育协会	冠军	彭永清 韦柳艳 姚金术 邓雅丽	邓勇华 覃小香 韦耿新	全国
035	2015年	第六届BIM施工管理沙盘及软件应用大赛总决赛团体赛	中国建设教育协会	一等奖三项	彭永清 韦柳艳 姚金术 邓雅丽	邓勇华 覃小香 韦耿新	全国

续表

序号	时间	名称	授奖单位	等级	参赛学生	指导教师	级别
036	2015年	第六届全国高等院校维尔柏BIM软件建模大赛	中国建设教育协会	二等奖	刘小江 刘小倩 韦柳艳 罗雪蕾 李培燕	陆丽娟 莫荣锋 归晓慧 梁柱	全国
037	2015年	全国三维数字化创新设计大赛全国总决赛	国家制造业信息化培训中心	一等奖	庞艳柳 张冉 陈耀和	钟继敏	全国
038	2015年	全国三维数字化创新设计大赛全国总决赛	国家制造业信息化培训中心	一等奖	吴智敏 韦孟钻 班宝文	钟继敏	全国
039	2015年	首届全国高等院校工程造价技能及创新思维应用大赛	中国造价协会	一等奖四项	刘小江 刘小倩 庄凯	覃小香 陆丽娟 邓勇华 黄臣臣 莫荣锋 归晓慧	全国
040	2016年	第二届全国高等院校工程造价技能及创新思维应用大赛	中国造价协会	二等奖两项	杨永记 黄丽芬	覃小香 陆丽娟	全国
041	2016年	第九届全国中高等院校BIM算量大赛	中国建设教育协会	三等奖	杨永记 黄丽芬	归晓慧 黄臣臣	全国
042	2016年	第九届全国中高等院校BIM算量大赛	中国建设教育协会	三等奖四项	杨永记 黄丽芬	归晓慧 黄臣臣 韦耿新 莫荣锋	全国
043	2016年	第七届全国中高等院校学生斯维尔建筑信息模型(BIM)应用技能大赛	中国教育协会	二等奖	卢永喆 韦柳艳 邹遥	黄臣臣 韦耿新 陆丽新	全国
044	2016年	第三届鲁班杯建筑工程识图技能竞赛	全国住房和城乡建设职业教育教学指导委员会	一等奖	杨坪 苏兵 梁瑞华	曾根莲 郭杨 杨智慧	全国
045	2016年	第三届鲁班杯建筑工程识图技能竞赛	全国住房和城乡建设职业教育教学指导委员会	个人一等奖	杨坪	郭杨	全国
046	2016年	第三届鲁班杯建筑工程识图技能竞赛	全国住房和城乡建设职业教育教学指导委员会	个人二等奖	梁瑞华	杨智慧	全国

续表

序号	时间	名称	授奖单位	等级	参赛学生	指导教师	级别
047	2016年	第三届鲁班杯建筑工程图识技能竞赛	全国住房和城乡建设职业教育教学指导委员会	个人二等奖	苏兵	曾根莲	全国
048	2016年	第十届全国大学生结构设计竞赛	全国大学生结构设计竞赛委员会	二等奖	霍雪彬 冯秋彬	朱正国 蒲瑞新	全国
049	2016年	全国高职院校土建施工类专业学生第三届鲁班杯建筑工程识图技能竞赛	全国住房和城乡建设职业教育教学指导委员会	一等奖	梁瑞华	杨智慧	全国
050	2016年	全国首届施工技术应用比赛（三好）	中国建设教育协会	三等奖	霍雪彬	朱正国 梁敏	全国
051	2017年	第二届全国建设类院校施工技术应用技能大赛	中国建设教育协会	一等奖	兰启阳 毛锦波	陈民 郭木华	全国
052	2017年	第二届全国建设类院校施工技术应用技能大赛	中国建设教育协会	三等奖	蓝文鹏 杨洋 刘少华	梁敏 郭木华 陈民	全国
053	2017年	第二届全国建设类院校施工技术应用技能大赛	中国建设教育协会	个人一等奖	陈冠林	梁敏 郭木华 陈民	全国
054	2017年	第二届全国建设类院校施工技术应用技能大赛	中国建设教育协会	个人二等奖	毛锦波	梁敏 郭木华 陈民	全国
055	2017年	第二届全国建设类院校施工技术应用技能大赛	中国建设教育协会	个人三等奖	兰启阳	梁敏 郭木华 陈民	全国
056	2017年	第二届全国建设类院校施工技术应用技能大赛	中国建设教育协会	个人三等奖	刘少华	梁敏 郭木华 陈民	全国
057	2017年	第六届全国大学生房地产大赛	全国大学生房地产经营管理大赛组委会	二等奖	卢承娟 周文杰 谢妤妤	李井欣 吴洋滨 隆林宁	全国

续表

序号	时间	名称	授奖单位	等级	参赛学生	指导教师	级别
058	2017年	第八届全国高等院校斯维尔BIM软件建模大赛	中国建设教育协会	一等奖	蔡光明 刘江水	归晓慧 曾根莲	全国
059	2017年	第八届全国高等院校斯维尔BIM软件建模大赛	中国建设教育协会	一等奖	黄桂杰 卢禾喆	归晓慧 曾根莲	全国
060	2017年	第二届全国建筑类院校虚拟建造综合实践大赛	中国建设教育协会	二等奖三项	韦镇 任炫洁 陈海	梁敏 郭木华 黄雷 郭扬 李娜	全国
061	2017年	第二届全国建筑类院校虚拟建造综合实践大赛	中国建设教育协会	二等奖四项	李柏超 项裁明	梁敏 郭木华 黄雷 郭扬 李娜	全国
062	2017年	第二届全国建筑类院校虚拟建造综合实践大赛	中国建设教育协会	三等奖	李柏超 项裁明	梁敏 郭木华 黄雷 郭扬 李娜	全国
063	2017年	第二届全国建筑类院校虚拟建造综合实践大赛	中国建设教育协会	三等奖	李柏超 项裁明	梁敏 郭木华 黄雷 郭扬 李娜	全国
064	2017年	第二届全国建筑类院校虚拟建造综合实践大赛	中国建设教育协会	三等奖两项	韦镇 任炫洁 陈海	梁敏 郭木华 黄雷 郭扬 李娜	全国
065	2017年	第二届全国建筑类院校虚拟建造综合实践大赛	中国建设教育协会	冠军奖	韦镇 任炫洁 陈海	梁敏 郭木华 黄雷 郭扬 李娜	全国
066	2017年	第三届全国高等院校工程造价技能及创新思维应用大赛	中国造价协会	一等奖	刘江水 蔡光明	覃小香 陆丽娟 黄臣臣	全国
067	2017年	第三届全国高等院校工程造价技能及创新思维应用大赛	中国造价协会	二等奖	刘江水 蔡光明	覃小香 陆丽娟 黄臣臣	全国
068	2017年	第五届全国大学生房地产经营管理大赛	全国大学生房地产经营管理大赛组委会	一等奖	沈丽青 梁程程 赖鹏	吴洋溪 李开欣 隆林宁	全国
069	2017年	获第四届全国职业院校建筑装饰综合技能竞赛	全国住房和城乡建设职业教育教学指导委员会	特等奖	黄恒发 骆秋花 陆冰成	王唯佳 黄武亮 杨佳佳	全国

续表

序号	时间	名称	授奖单位	等级	参赛学生	指导教师	级别
070	2017年	全国BIM算量大赛总决赛	中国建设教育协会	一等奖	刘江水 蔡光明 黄桂杰	黄臣臣 归晓慧 莫荣锋	全国
071	2018年	第九届全国高校斯维尔杯BIM应用技能大赛	中国建设教育协会	单项二等奖 综合二等奖	唐车 劳晓盈 赵蔚莹 秦杨冬 王兴庆	苏彬 黄臣臣 韦职新 钟继敏 黄大泽	全国
072	2018年	第三届全国建设类院校施工技术应用技能大赛	中国建设教育协会	二等奖	陈强 李彦荟 谢林宏	梁敏 郭木华 陈民 胡博 黄彬	全国
073	2018年	第三届全国建设类院校施工技术应用技能大赛	中国建设教育协会	二等奖	农海 李柏超 冯一萍	梁敏 郭木华 陈民 胡博 黄彬	全国
074	2018年	第三届全国建设类院校施工技术应用技能大赛	中国建设教育协会	个人一等奖	李柏超	梁敏 郭木华 陈民 胡博 黄彬	全国
075	2018年	第三届全国建设类院校施工技术应用技能大赛	中国建设教育协会	个人一等奖	农海	郭木华 陈民 胡博 黄彬	全国
076	2018年	第三届全国建设类院校施工技术应用技能大赛	中国建设教育协会	个人二等奖	陈强	郭木华 陈民 胡博 黄彬	全国
077	2018年	第三届全国建设类院校施工技术应用技能大赛	中国建设教育协会	个人二等奖	冯一萍	郭木华 陈民 胡博 黄彬	全国
078	2018年	第三届全国建设类院校施工技术应用技能大赛	中国建设教育协会	个人二等奖	李彦荟	郭木华 陈民 胡博 黄彬	全国
079	2018年	第三届全国建设类院校施工技术应用技能大赛	中国建设教育协会	个人二等奖	谢林宏	郭木华 陈民 胡博 黄彬	全国
080	2018年	第十二届全国大学生结构设计竞赛	全国大学生结构设计竞赛委员会	三等奖	黄河清 姚奕安	朱正国 高云河 苏彬	全国
081	2018年	第十三届全国建筑与规划类专业优秀设计作品	全国住房和城乡建设职业教育教学指导委员会	一等奖	石成鸿 黄荣燕	杨佳佳 张劲	全国

续表

序号	时间	名称	授奖单位	等级	参赛学生	指导教师	级别
082	2018年	第十三届全国建筑与规划类专业优秀设计作品	全国住房和城乡建设职业教育教学指导委员会	二等奖	黄文文 朱国格 庞人文 甘崇江	杨佳佳 张劲	全国
083	2018年	第四届全国高等院校工程造价技能及创新思维应用大赛	中国造价协会	一等奖	贺连英 王兴庆 黄红梅	覃小香 陆丽娟 韦耿新	全国
084	2018年	全国高等院校工程造价技能大赛	中国建设教育协会	二等奖	岑涂要 黄庆荣	黄臣臣 邓勇华	全国
085	2018年	全国建筑与规划类专业优秀设计作品大赛	全国住房和城乡建设职业教育教学指导委员会	一等奖	叶子明 王进先	钟继敏 熊艺媛	全国
086	2018年	全国建筑与规划类专业优秀设计作品大赛	全国住房和城乡建设职业教育教学指导委员会	二等奖	易环基 王健	钟继敏 苏彬	全国
087	2018年	挑战杯—彩虹人生大学生创新创业大赛	教育部	三等奖	龙广运 李柏超 梁国培 龙少华 王楠 刘甲新	全红 梁柱 张义斌	全国
088	2019年	第六届全国大学生房地产大赛	全国大学生房地产经营管理大赛组委会	一等奖	梁梦莎 陈怡鑫	隆林宁 吴洋滨	全国
089	2019年	第六届全国大学生房地产大赛	全国大学生房地产经营管理大赛组委会	二等奖	廖俏秀 莫培琪 韦丽莎	李井欣 吴洋滨	全国
090	2019年	第六届全国大学生房地产大赛	全国大学生房地产经营管理大赛组委会	二等奖	杨金花 肖琼 方周周	井红霞 关山 严恒俊	全国
091	2019年	第六届全国大学生房地产大赛	全国大学生房地产经营管理大赛组委会	三等奖	卢秋梅 米斯林 樊钢	井红霞 赖婧婷 刘勇	全国
092	2019年	第六届全国大学生房地产大赛	全国大学生房地产经营管理大赛组委会	三等奖	覃莹 林莹 吴小莲	赖婧婷 关山 张义斌	全国
093	2019年	第四届全国建设类院校施工技术应用技能大赛	中国建设教育协会	三等奖	覃柏 叶大兵 韦联举	梁柱 隆林宁 吴洋滨	全国

续表

序号	时间	名称	授奖单位	等级	参赛学生	指导教师	级别
094	2019年	高教社杯全国大学生数学建模竞赛	全国大学生数学建模竞赛组织委员会	二等奖	姚飞宇 龙晓婷 方德松	梁柱	全国
095	2019年	教育部职业院校艺术设计类专业教学指导委员会全国职业院校艺术类大赛	教育部职业院校艺术设计类专业教学指导委员会	三等奖	温旭 莫益晖	蔡洪霎	全国
096	2019年	全国高等院校BIM应用技能大赛	中国建设教育协会	单项一等奖 二等奖	李庆高 周坤 陈剑	覃小香 马丛鑫 邓勇华	全国
097	2019年	全国高等院校BIM应用技能大赛	中国建设教育协会	单项一等奖 二等奖	梁钊源 龙俞安 罗韦金	陆丽娟 黄臣臣 韦耿新	全国
098	2019年	全国高等院校BIM全过程造价管理赛项	中国建设教育协会	一等奖	陈剑 罗韦金 李庆高 周坤 龙俞安	覃小香 陆丽娟 邓勇华 黄臣臣	全国
099	2019年	全国高等院校BIM全过程造价管理赛项	中国建设教育协会	二等奖	陈剑 罗韦金 李庆高 周坤 龙俞安	覃小香 陆丽娟 邓勇华 黄臣臣	全国
100	2019年	中国技能大赛第二届全国装配式建筑职业技能竞赛全国总决赛	中国技能大赛全国装配式建筑职业技能竞赛组委会	三等奖	黄仁维 覃双燕	朱正国 梁敏	全国
101	2019年	第十届全国高等院校学生斯维尔杯建筑信息模型(BIM)应用技能大赛	中国建设教育协会	二等奖两项 三等奖三项	韦焕品 罗韦金 贺莲英 周坤 龙俞安	黄臣臣 陆丽娟 韦耿新 邓勇华 覃小香	全国
102	2019年	第四届全国建设类院校施工技术应用技能大赛	中国建设教育协会	二等奖	冯春祥 班泽科 黄东华	梁敏 高云河 郭木华	全国
103	2019年	第四届全国建设类院校施工技术应用技能大赛	中国建设教育协会	二等奖	覃柏 叶太兵 韦聪举	李立宁 李珊花	全国
104	2019年	第四届全国建设类院校施工技术应用技能大赛	中国建设教育协会	三等奖	陈威瑞 苏焕彬 李学亮	兰秋 陈民	全国

续表

序号	时间	名称	授奖单位	等级	参赛学生	指导教师	级别
105	2019年	第一届全国大学生结构设计信息技术大赛	中国土木工程学会教育工作委员会	三等奖	冯春苹 蔡宸枢 班泽华	苏彬 梁敏	全国
106	2019年	科力达杯全国高职院校大学生测绘技能大赛二等水准赛项	全国测绘地理信息职业教育教学指导委员会；自然资源部职业技能鉴定指导中心	二等奖	黄建斌 黎异佀 刘坤鑫 邹伟	李娜 杨锦涛	全国
107	2019年	科力达杯全国高职院校大学生测绘技能大赛团体赛项	全国测绘地理信息职业教育教学指导委员会；自然资源部职业技能鉴定指导中心	二等奖两项	黄建斌 黎异佀 刘坤鑫 邹伟	李娜 杨锦涛	全国
108	2019年	全国大学生结构设计大赛	中国土木工程学会教育工作委员会	三等奖	冯春苹 蔡宸枢 班泽华	苏彬	全国
109	2019年	易居杯第十一届全国大学生房地产策划大赛	中国房地产业协会、中国建设教育协会	三等奖	梁梦莎 蓝钰 莫培棋 陈怡鑫 廖锦绣	隆林宁 井红霞	全国
110	2019年	易居杯第十一届全国大学生房地产策划大赛	中国房地产业协会、中国建设教育协会	华南区一等奖	梁梦莎 蓝钰 莫培棋 陈怡鑫 廖锦绣	隆林宁 吴洋诶	全国
111	2020年	第二届全国大学生结构设计信息技术大赛	中国土木工程学会教育工作委员会	三等奖	曹雯 黄仕健 苏小芹	苏彬	全国
112	2020年	第二届全国大学生结构设计信息技术大赛	中国土木工程学会教育工作委员会	三等奖	李映桦 黄广文 韦宁	梁敏	全国
113	2020年	第二届全国大学生结构设计信息技术大赛	中国土木工程学会教育工作委员会	三等奖	韦聪华 赵子馨 林絮钧	郭木华	全国
114	2020年	第二届全国大学生结构设计信息技术大赛	中国土木工程学会教育工作委员会	三等奖	张光贤 邓苹苹 吴顺华	梁敏	全国
115	2020年	第五届全国建设类院校施工技术应用技能大赛	中国建设教育协会	一等奖	李映桦 黄东华 韦聪华	梁敏 高云河	全国

第4部分 成果篇

续表

序号	时间	名称	授奖单位	等级	参赛学生	指导教师	级别
116	2020年	第五届全国建设类院校施工技术应用技能大赛	中国建设教育协会	一等奖	莫广文 黄广丰 邓丰丰 马超东	梁柱 郭木华	全国
117	2020年	第五届全国建设类院校施工技术应用技能大赛	中国建设教育协会	二等奖	黄维静 郑琪 樊文柳	朱正国 吴代生	全国
118	2020年	第五届全国建设类院校施工技术应用技能大赛	中国建设教育协会	二等奖	巫明泽 梁曹鸿 张海宁	兰秋 杨智慧	全国
119	2020年	第五届全国建设类院校施工技术应用技能大赛	中国建设教育协会、中国就业培训技术指导中心（人社部、住建部文件）	二等奖	李映桦 黄东华 韦聪奉	梁敏 高云河	全国
120	2020年	数字建筑创新应用大赛	中国建设教育协会	一等奖	韦淑梓 覃嘉翰 李成	莫荣锋 韦联新	全国
121	2020年	数字建筑创新应用大赛	中国建设教育协会	一等奖	颜海玲 黄倩 农丽合	陆丽娟 曾根连	全国
122	2020年	数字建筑创新应用大赛	中国建设教育协会	二等奖	黄丽雪 孙松清 罗月玲	覃小香 马丛鑫	全国
123	2020年	数字建筑创新应用大赛	中国建设教育协会	二等奖	孔美琪 滕开奎 谭焕权	黄臣臣 归晓慧	全国
124	2020年	数字建筑创新应用大赛	中国建设教育协会	团体一等奖 专项一等奖	梁依璇 韦花 王桂林	黄臣臣 邓勇华	全国
125	2020年	数字建筑创新应用大赛土建施工综合应用赛项（高职组）	中国建设教育协会	一等奖	叶大兵 李柱深 徐浩源	陈民 杨智慧	全国
126	2020年	数字建筑创新应用大赛土建施工综合应用赛项（高职组）	中国建设教育协会	二等奖	蔡明甫 咨伟强 李达熙	苏彬	全国
127	2020年	数字建筑创新应用大赛土建施工综合应用赛项（高职组）	中国建设教育协会	二等奖	李凤祥 陶住强 严紫瑛	陈民 杨智慧	全国
128	2020年	数字建筑创新应用大赛土建施工综合应用赛项（高职组）	中国建设教育协会	二等奖	李樟俊 毛子逸 岑财吉	韦素青 熊艺媛	全国
129	2020年	数字建筑创新应用大赛土建施工综合应用赛项（高职组）	中国建设教育协会	二等奖	罗潇 覃大山 易家奕	韦素青 熊艺媛	全国

续表

序号	时间	名称	授奖单位	等级	参赛学生	指导教师	级别
130	2020年	数字建筑创新应用大赛土建施工综合应用赛项（高职组）	中国建设教育协会	二等奖	莫祖琳 覃海源 邱伟江	韦素青 朱正国	全国
131	2020年	数字建筑创新应用大赛土建施工综合应用赛项（高职组）	中国建设教育协会	二等奖	王贵业 王汉锦 苏俏辉	苏彬 胡博	全国
132	2020年	数字建筑创新应用大赛土建施工综合应用赛项（高职组）	中国建设教育协会	二等奖	韦永锋 王国兵 陈柏澄	陈民 杨智慧	全国
133	2020年	数字建筑创新应用大赛土建施工综合应用赛项（高职组）	中国建设教育协会	二等奖	杨继鹏 吴其鹏 黄美英	陈民 杨智慧	全国
134	2020年	数字建筑创新应用大赛土建施工综合应用赛项（高职组）	中国建设教育协会	三等奖	曹爽 欧健明 李彦达	苏彬	全国
135	2020年	数字建筑创新应用大赛土建施工综合应用赛项（高职组）	中国建设教育协会	三等奖	陈达宁 苏小芹 张龙	陈民 杨智慧	全国
136	2020年	数字建筑创新应用大赛土建施工综合应用赛项（高职组）	中国建设教育协会	三等奖	陈仕言 方良宝 卢瑞钦	韦素青 唐誉兴	全国
137	2020年	数字建筑创新应用大赛土建施工综合应用赛项（高职组）	中国建设教育协会	三等奖	陈贻彪 吴成君 王炫雄	陈民 杨智慧	全国
138	2020年	数字建筑创新应用大赛土建施工综合应用赛项（高职组）	中国建设教育协会	三等奖	黄均康 韦渊 龙仁鹏	苏彬	全国
139	2020年	数字建筑创新应用大赛土建施工综合应用赛项（高职组）	中国建设教育协会	三等奖	黄仕健 邹伟明 黄东华	韦素青	全国
140	2020年	数字建筑创新应用大赛土建施工综合应用赛项（高职组）	中国建设教育协会	三等奖	黄向展 黄宏乐 莫鸿宁	陈民 杨智慧	全国
141	2020年	数字建筑创新应用大赛土建施工综合应用赛项（高职组）	中国建设教育协会	三等奖	黄永飞 黄大廷 梁进光	韦素青 朱正国	全国

续表

序号	时间	名称	授奖单位	等级	参赛学生	指导教师	级别
142	2020年	数字建筑创新应用大赛土建施工综合应用赛项（高职组）	中国建设教育协会	三等奖	蒋志业 陈自强 雷佩金	韦素青 朱正国	全国
143	2020年	数字建筑创新应用大赛土建施工综合应用赛项（高职组）	中国建设教育协会	三等奖	黎映宏 周潮 黄兴民	苏彬	全国
144	2020年	数字建筑创新应用大赛土建施工综合应用赛项（高职组）	中国建设教育协会	三等奖	李龙 甘家豪 凌玉宇	陈民 杨智慧	全国
145	2020年	数字建筑创新应用大赛土建施工综合应用赛项（高职组）	中国建设教育协会	三等奖	廖晓培 黄清宏 何健	苏彬	全国
146	2020年	数字建筑创新应用大赛土建施工综合应用赛项（高职组）	中国建设教育协会	三等奖	陆世章 覃泽锋 杨文振	苏彬	全国
147	2020年	数字建筑创新应用大赛土建施工综合应用赛项（高职组）	中国建设教育协会	三等奖	罗目甲 苏忠德 覃龙	韦素青 朱正国	全国
148	2020年	数字建筑创新应用大赛土建施工综合应用赛项（高职组）	中国建设教育协会	三等奖	罗丰伴 张辉 陆永昆	高云河	全国
149	2020年	数字建筑创新应用大赛土建施工综合应用赛项（高职组）	中国建设教育协会	三等奖	蒙合平 苏文旭 粟祖宣	苏彬	全国
150	2020年	数字建筑创新应用大赛土建施工综合应用赛项（高职组）	中国建设教育协会	三等奖	农金莲 李家骏 陆鑫选	韦素青 朱正国	全国
151	2020年	数字建筑创新应用大赛土建施工综合应用赛项（高职组）	中国建设教育协会	三等奖	覃如科 吴铭 曾瑜成	苏彬	全国
152	2020年	数字建筑创新应用大赛土建施工综合应用赛项（高职组）	中国建设教育协会	三等奖	谭政同 刘廷政 农达艺	韦素青 熊艺嫒	全国
153	2020年	数字建筑创新应用大赛土建施工综合应用赛项（高职组）	中国建设教育协会	三等奖	滕子婷 蒋朝航 张广水	韦素青 朱正国	全国

续表

序号	时间	名称	授奖单位	等级	参赛学生	指导教师	级别
154	2020年	数字建筑创新应用大赛土建施工综合应用赛项（高职组）	中国建设教育协会	三等奖	韦晨阳 黄俊余 卢世忠	高云河	全国
155	2020年	数字建筑创新应用大赛土建施工综合应用赛项（高职组）	中国建设教育协会	三等奖	韦加乐 陆榕春 王涛	苏彬	全国
156	2020年	数字建筑创新应用大赛土建施工综合应用赛项（高职组）	中国建设教育协会	三等奖	韦眷炬 韦富翔 唐基恒	高云河	全国
157	2020年	数字建筑创新应用大赛土建施工综合应用赛项（高职组）	中国建设教育协会	三等奖	韦智文 黄焕栋 陆泓江	陈民 杨智慧	全国
158	2020年	数字建筑创新应用大赛土建施工综合应用赛项（高职组）	中国建设教育协会	三等奖	肖俊男 邓永志 方靖松	韦素青	全国
159	2020年	数字建筑创新应用大赛土建施工综合应用赛项（高职组）	中国建设教育协会	三等奖	许锡民 甘权 谭旭冰	韦素青 熊艺嫒	全国
160	2020年	数字建筑创新应用大赛土建施工综合应用赛项（高职组）	中国建设教育协会	三等奖	张蔚 梁倍榕 陈志峰	陈民 杨智慧	全国
161	2020年	数字建筑创新应用大赛土建施工综合应用赛项（高职组）	中国建设教育协会	三等奖	郑庆能 朱俊锋 黄焕镖	陈民 杨智慧	全国
162	2020年	数字建筑创新应用大赛土建施工综合应用赛项（高职组）	中国建设教育协会	三等奖	周文威 蒋来华 覃明启	陈民	全国
163	2020年	数字建筑创新应用大赛土建施工综合应用赛项（高职组）	中国建设教育协会	专项一等奖	曹豪 欧健明 李彦达	苏彬 王静	全国
164	2020年	数字建筑创新应用大赛土建施工综合应用赛项（高职组）	中国建设教育协会	专项一等奖	甘权 许锡民 谭旭冰	韦素青 熊艺嫒	全国
165	2020年	数字建筑创新应用大赛土建施工综合应用赛项（高职组）	中国建设教育协会	专项一等奖	黄均康 龙仁鹏 韦渊王	王静 胡博	全国

续表

序号	时间	名称	授奖单位	等级	参赛学生	指导教师	级别
166	2020年	数字建筑创新应用大赛土建施工综合应用赛项（高职组）	中国建设教育协会	专项一等奖	黄永飞 黄大延 梁进光	韦素青 朱正国	全国
167	2020年	数字建筑创新应用大赛土建施工综合应用赛项（高职组）	中国建设教育协会	专项一等奖	黎映宏 周潮 黄兴民	胡博 王静	全国
168	2020年	数字建筑创新应用大赛土建施工综合应用赛项（高职组）	中国建设教育协会	专项一等奖	李娥 刘振英 李俊余	陈民 杨智慧	全国
169	2020年	数字建筑创新应用大赛土建施工综合应用赛项（高职组）	中国建设教育协会	专项一等奖	李凤祥 陶住强 严紫瑛	陈民 杨智慧	全国
170	2020年	数字建筑创新应用大赛土建施工综合应用赛项（高职组）	中国建设教育协会	专项一等奖	罗昌甲 覃龙 苏忠德	韦素青 熊艺媛	全国
171	2020年	数字建筑创新应用大赛土建施工综合应用赛项（高职组）	中国建设教育协会	专项一等奖	麻彤毅 吴龙飞 莫卓博	苏彬 王静	全国
172	2020年	数字建筑创新应用大赛土建施工综合应用赛项（高职组）	中国建设教育协会	专项一等奖	马永新 林明沛 钟灿佳	陈民 杨智慧	全国
173	2020年	数字建筑创新应用大赛土建施工综合应用赛项（高职组）	中国建设教育协会	专项一等奖	莫祖琳 覃海源 邱伟江	韦素青 朱正国	全国
174	2020年	数字建筑创新应用大赛土建施工综合应用赛项（高职组）	中国建设教育协会	专项一等奖	农金莲 李家骏 陆鑫选	韦素青 朱正国	全国
175	2020年	数字建筑创新应用大赛土建施工综合应用赛项（高职组）	中国建设教育协会	专项一等奖	覃大山 罗谦 易家奕	韦素青 熊艺媛	全国
176	2020年	数字建筑创新应用大赛土建施工综合应用赛项（高职组）	中国建设教育协会	专项一等奖	覃君 梁坚 欧阳树林	韦素青 熊艺	全国
177	2020年	数字建筑创新应用大赛土建施工综合应用赛项（高职组）	中国建设教育协会	专项一等奖	覃如科 吴铭 曾谕成	王静 胡博	全国

续表

序号	时间	名称	授奖单位	等级	参赛学生	指导教师	级别
178	2020年	数字建筑创新应用大赛土建施工综合应用赛项(高职组)	中国建设教育协会	专项一等奖	谭政同 刘廷政 衣达艺	韦素青 熊艺媛	全国
179	2020年	数字建筑创新应用大赛土建施工综合应用赛项(高职组)	中国建设教育协会	专项一等奖	王贵业 苏锦辉 王汉锦	苏彬 胡博	全国
180	2020年	数字建筑创新应用大赛土建施工综合应用赛项(高职组)	中国建设教育协会	专项一等奖	韦加乐 王涛 陆溶春	苏彬 王静	全国
181	2020年	数字建筑创新应用大赛土建施工综合应用赛项(高职组)	中国建设教育协会	专项一等奖	韦智文 陆泓江 黄焕栋	陈民 杨智慧	全国
182	2020年	数字建筑创新应用大赛土建施工综合应用赛项(高职组)	中国建设教育协会	专项一等奖	严小强 伍华航 利朋洁	苏彬 王静	全国
183	2020年	数字建筑创新应用大赛土建施工综合应用赛项(高职组)	中国建设教育协会	专项一等奖	杨继鹏 吴其鹏 黄美英	陈民 杨智慧	全国
184	2020年	数字建筑创新应用大赛土建施工综合应用赛项(高职组)	中国建设教育协会	专项一等奖	张广靖 卢相豪 吴善森	陈民 杨智慧	全国
185	2020年	数字建筑创新应用大赛土建施工综合应用赛项(高职组)	中国建设教育协会	专项一等奖	朱俊锋 黄焕镖 郑庆能	陈民 杨智慧	全国
186	2020年	数字建筑创新应用大赛土建施工综合应用赛项(高职组)	中国建设教育协会	专项一等奖	邹伟明 黄仕健 黄东华	陈民 杨智慧	全国
187	2020年	数字建筑创新应用大赛土建施工综合应用赛项(高职组)	中国建设教育协会	专项一等奖 两项	岑财吉 李樟俊 毛子逸	韦素青 熊艺媛	全国
188	2020年	数字建筑创新应用大赛土建施工综合应用赛项(高职组)	中国建设教育协会	专项一等奖 两项	叶太兵 李柱深 徐浩源	陈民 杨智慧	全国
189	2020年	第七届全国大学生房地产经营管理大赛	全国大学生房地产经营管理大赛组委会	一等奖	米斯林 黄有丽 路诵威	隆林宁 关山 吴洋滨	全国

续表

序号	时间	名称	授奖单位	等级	参赛学生	指导教师	级别
190	2020年	第七届全国大学生房地产经营管理大赛	全国大学生房地产经营管理大赛组委会	二等奖	洪美莲 韦成顺 吴小莲	井红霞 李开欣 刘勇	全国
191	2020年	第七届全国大学生房地产经营管理大赛	全国大学生房地产经营管理大赛组委会	二等奖	朱火兰 周椿旺 陶梦春	吴洋滨 赖婧婷 卢华娟	全国
192	2020年	第七届全国大学生房地产经营管理大赛	全国大学生房地产经营管理大赛组委会	三等奖	李世好 王丽华 陈冬柳	刘勇 李开欣 卢华娟	全国
193	2020年	第七届全国大学生房地产经营管理大赛	全国大学生房地产经营管理大赛组委会	三等奖	吕威 冼雨欣 陈曦	李开欣 刘勇 隆林宁	全国
194	2020年	第十二届全国大学生房地产策划大赛	中国建设教育协会	二等奖	唐立邦 梁静 凌小洁 戴子妍 罗羽晴	隆林宁 吴洋滨 关山	全国
195	2020年	第十二届全国大学生房地产策划大赛	中国建设教育协会	三等奖	骆羽恒 郭霞 潘蕊凤 薛利云 黄家悦月	井红霞 李开欣 刘勇	全国
196	2020年	第十二届全国大学生房地产策划大赛	中国建设教育协会	三等奖	覃存鸿 黄贲娟 韦骅峰 罗晓晓 胡小梅	宁婵 赖婧婷 卢华娟	全国
197	2020年	第四届国青杯全国高校艺术设计作品大赛（佳山水郡）	国青杯第四届艺术设计竞赛委员会	二等奖	莫名龙 苏振旭 余润芙 张琪	钟吉华 马小晖	全国
198	2020年	第四届国青杯全国高校艺术设计作品大赛（简·逸）	国青杯第四届艺术设计竞赛委员会	三等奖	马伟雯 林树森 莫巧明 黄超燕	钟吉华 马小晖	全国
199	2020年	第四届国青杯全国高校艺术设计作品大赛（江花墨影）	国青杯第四届艺术设计竞赛委员会	三等奖	何梅 苏秋蓓 覃怡菊 黄荣劲	钟吉华 马小晖	全国
200	2020年	第四届国青杯全国高校艺术设计作品大赛（情绪作）	国青杯第四届艺术设计竞赛委员会	三等奖	刘月鹏 黄思雅	翁素馨 蒙良柱 张龙	全国
201	2020年	第四届国青杯全国高校艺术设计作品大赛（三江坡·未之宿）	国青杯第四届艺术设计竞赛委员会	二等奖	欧旭南 陆雪月 陆金艳	翁素馨 蒙良柱 张龙 凌永凝 黄晓明	全国

续表

序号	时间	名称	授奖单位	等级	参赛学生	指导教师	级别
202	2020年	国青杯第四届全国高校艺术设计作品大赛(缘起与木)	国青杯第四届全国高校艺术设计大赛委员会	一等奖	党日宏 陆佳惠 覃珊珊 黎显清	钟吉华 马小晖	全国
203	2020年	国青杯第四届全国高校艺术设计大赛	中国人生科学学会艺术与室内设计分会	三等奖	包晴晴 黄思雅 蒙玉梅	翁蒙馨	全国
204	2020年	首届品茗杯全国高校BIM应用毕业设计大赛	中国建设教育协会	二等奖	周丹 包国誉 阮学龙 李天维	高云河 梁敏	全国
205	2020年	首届中国—东盟礼仪大赛中国总决赛	中国—东盟礼仪大赛组委会	总冠军	刘家宏	陈灿 李林	全国
206	2020年	中国建设杯第三届全国装配式建筑职业技能竞赛	中国建设教育协会、中国就业培训技术指导中心(人社部、住建部文件)	一等奖	卢立洲	高云河 杨智慧	全国
207	2020年	中国建设杯第三届全国装配式建筑职业技能竞赛	中国建设教育协会、中国就业培训技术指导中心(人社部、住建部文件)	二等奖	徐浩源 苏小芹	朱正国 梁敏	全国
208	2010年	广西首届大学生结构设计竞赛	广西建设教育协会	三等奖	周致君 周舟 梁伟	杨智慧	广西
209	2011年	第四届全国大学生广告艺术大赛(广西赛区)	教育部高等学校新闻传播专业教学指导委员会、广西壮族自治区教育厅	一等奖	黄俊宁	张劲	广西
210	2011年	第四届全国大学生广告艺术大赛(广西赛区)	教育部高等学校新闻传播专业教学指导委员会、广西壮族自治区教育厅	二等奖	巫荣圣	张劲	广西
211	2011年	第四届全国大学生广告艺术大赛(广西赛区)	教育部高等学校新闻传播专业教学指导委员会、广西壮族自治区教育厅	二等奖	吴冰洁	张劲	广西

续表

序号	时间	名称	授奖单位	等级	参赛学生	指导教师	级别
212	2011年	第四届全国大学生广告艺术大赛（广西赛区）	教育部高等学校新闻传播专业教学指导委员会、广西壮族自治区教育厅	三等奖	李奇武 陈伟	张劲	广西
213	2011年	第四届全国大学生广告艺术大赛（广西赛区）	教育部高等学校新闻传播专业教学指导委员会、广西壮族自治区教育厅	三等奖	唐金莲 李婷婷 吴雪然	张劲	广西
214	2011年	第四届全国大学生广告艺术大赛（广西赛区）	教育部高等学校新闻传播专业教学指导委员会、广西壮族自治区教育厅	三等奖	张影影 黄慧玲	张劲	广西
215	2011年	广西第二届大学生结构设计竞赛	广西建设教育协会	三等奖	王计凯 林子豪 黄大玄	杨智慧	广西
216	2012年	广西第三届大学生结构设计竞赛	广西建设教育协会	一等奖	黎学辉 温幸昌 陈俊良	杨智慧	广西
217	2012年	广西第三届大学生结构设计竞赛	广西建设教育协会	一等奖两项	温幸昌 黎学辉 陈俊良	朱正国 陈民 杨智慧	广西
218	2013年	第六届全国大学生广告艺术大赛	广西壮族自治区教育厅、全国大学生广告设计大赛广西赛区组委会	三等奖	银翠洁	张劲	广西
219	2013年	广西第四届大学生结构设计竞赛	广西人力资源和社会保障厅	特等奖两项	陈清华 阮贤柱 罗富合等	朱正国 陈民	广西
220	2013年	广西首届农民工竞赛		一等奖 三等奖	南宁市农民工代表	朱正国	广西
221	2014年	第六届全国大学生广告艺术设计大赛	广西壮族自治区教育厅、全国大学生广告设计大赛广西赛区组委会	二等奖	黄惠玲 林雪萍	张劲	广西

续表

序号	时间	名称	授奖单位	等级	参赛学生	指导教师	级别
222	2014年	第六届全国大学生广告艺术设计大赛	广西壮族自治区教育厅、全国大学生广告设计大赛广西赛区组委会	二等奖	刘东林 邹永焕	张劲	广西
223	2014年	第六届全国大学生广告艺术设计大赛	广西壮族自治区教育厅、全国大学生广告设计大赛广西赛区组委会	二等奖两项	刘东林	张劲	广西
224	2014年	第六届全国大学生广告艺术设计大赛	广西壮族自治区教育厅、全国大学生广告设计大赛广西赛区组委会	三等奖	覃红霞 黄惠玲	张劲	广西
225	2014年	广西第五届大学生结构设计竞赛	广西大学生结构设计大赛广西赛区竞委会	特等奖	杨宗甫 莫景裕 黄继武	杨智慧	广西
226	2014年	广西第五届大学生结构设计竞赛	广西建设教育协会	一等奖四项	待补充	朱正国 陈民	广西
227	2014年	全国三维数字化创新设计大赛（广西赛区）	国家制造业信息化培训中心	一等奖	言潇 韦柳花 陈国澄	杨佳佳 王宇平	广西
228	2014年	全国三维数字化创新设计大赛（广西赛区）	国家制造业信息化培训中心	一等奖	杨富 李想 黄丽吹	杨佳佳 王宇平	广西
229	2014年	全国三维数字化创新设计大赛（广西赛区）	国家制造业信息化培训中心	特等奖	韦华秀 沈丽娟 杨建崇	杨佳佳 王宇平	广西
230	2014年	广西职业院校技能大赛测绘赛项	广西壮族自治区教育厅	单项二等奖 三等奖	赵颖鸣 李伟林 黄焕松 邓杰中	李娜 王静	广西
231	2015年	广西第六届大学生结构设计竞赛	广西建设教育协会	特等奖	韦致远 韦荣良 梁洪潮	梁敏	广西
232	2015年	首届广西高校物业管理技能竞赛	广西房地产业协会	一等奖	覃融华 杨小霞	张义斌 梁敏	广西

· 274 ·

续表

序号	时间	名称	授奖单位	等级	参赛学生	指导教师	级别
233	2015年	首届广西高校物业管理技能竞赛	广西房地产业协会	一等奖	卓能凯 岑琪琪	陈爽 常婷	广西
234	2015年	首届广西高校物业管理技能竞赛	广西房地产业协会	特等奖	覃金秋 岑琪琪 卓能凯 覃融华 杨小霞 傅小玉	韦宁 陈爽 张义斌 常婷 梁敏	广西
235	2016年	第八届全国大学生广告艺术设计大赛	广西壮族自治区教育厅、全国大学生广告设计大赛广西赛区组委会	三等奖	谢宁雯	张劲	广西
236	2016年	第一届广西大学生房地产经营管理大赛	广西建筑职业教育教学指导委员会	特等奖	梁宝路 刘涛 陆兰	吴洋溪	广西
237	2016年	挑战杯广西职业学校创新创业大赛	共青团广西壮族自治区委员会	三等奖	韦孟钻 班宝文 吴智敏	钟继敏 黄族安	广西
238	2017年	BIMVR虚拟建造极限任务挑战赛项	广西建设职业教育教学指导委员会	二等奖	区福泉 李伟娜	刘萍	广西
239	2017年	广西职业院校技能大赛《建筑识图》赛项	广西壮族自治区教育厅	三等奖	杨坪 梁瑞华	刘萍 郭杨	广西
240	2017年	广西建筑与规划专业教育成果展	广西教育教学指导委员会	一等奖	陆冰成	杨佳佳 王唯佳	广西
241	2017年	广西建筑与规划专业教育成果展	广西教育教学指导委员会	二等奖	路秋花	杨佳佳 张劲 谢芮	广西
242	2017年	广西建筑与规划专业教育成果展	广西教育教学指导委员会	二等奖	孙玉秀	杨佳佳 王宇平 张龙	广西
243	2017年	广西建筑与规划专业教育成果展	广西教育教学指导委员会	三等奖	黄恒发	杨佳佳 王唯佳 张劲	广西
244	2017年	首届广西物业管理行业技能竞赛	广西房地产业协会	一等奖	蒋水秀 黄战文	陈爽 梁敏	广西

续表

序号	时间	名称	授奖单位	等级	参赛学生	指导教师	级别
245	2017年	首届广西物业管理行业技能竞赛	广西房地产业协会	二等奖	周凤英 田媛	张义斌 常婷	广西
246	2017年	首届广西物业管理行业技能竞赛	广西房地产业协会	三等奖	韦秋珍 梁展豪	韦宁	广西
247	2018年	广西大学生BIM技能应用大赛	广西壮族自治区教育厅	三等奖	贺连英 曾艳 李涂雯 庞彩霞 冯远 李德龙	归晓艳 陆丽娟 莫荣锋 刘宗亮 韦职新	广西
248	2018年	广西大学生BIM应用技能大赛	广西壮族自治区教育厅	二等奖	兰春连 冯远 劳晓盈	苏彬 钟继敏 熊艺媛 黄大泽	广西
249	2018年	广西大学生BIM应用技能大赛	广西壮族自治区教育厅	三等奖	李彦荟 姚又丹 莫佳伟 蒋辉俊 徐文连	韦素青 梁敏 刘萍 兰秋 李姗花	广西
250	2018年	广西大学生房地产经营管理大赛	广西建筑职业教育教学指导委员会	一等奖	梁寒莎 潘智 陈林龄	吴洋滨 李井欣 梁柱	广西
251	2018年	广西职业院校技能大赛	广西壮族自治区教育厅	一等奖	黄恒发 朱国格	张龙 庚迎辉 王唯佳	广西
252	2018年	广西职业院校技能大赛	广西壮族自治区教育厅	二等奖	唐礼权 苏焕彬 李德煜	郭木华 王静 李立宁	广西
253	2018年	广西职业院校技能大赛	广西壮族自治区教育厅	三等奖	林昊 姚又丹	黄雷 刘萍	广西
254	2018年	广西职业院校技能大赛	广西壮族自治区教育厅	三等奖	唐车 兰菁菁	苏彬 黄雷 钟继敏	广西
255	2018年	广西职业院校技能大赛	广西壮族自治区教育厅	三等奖	杨有明 李柏韬 龙光运	郭木华 王静 李立宁	广西
256	2018年	第三届全国建筑类院校虚拟建造综合实践大赛	广西建设教育协会	二等奖两项	项载明 唐礼权	杨智慧	广西
257	2018年	第三届全国建筑类院校虚拟建造综合实践大赛	广西建设教育协会	三等奖两项	项载明 唐礼权	杨智慧	广西
258	2018年	第四届中国互联网+大学生创新创业大赛（广西选拔赛）	广西壮族自治区教育厅	三等奖	龙广运 李柏韬 梁聪 韦樊益 龙少华 梁国培 陈耀冉	全红 梁柱 张义斌	广西

第4部分 成果篇

续表

序号	时间	名称	授奖单位	等级	参赛学生	指导教师	级别
259	2018年	第四届中国互联网+大学生创新创业大赛（广西选拔赛）	广西壮族自治区教育厅	银奖	李柏超	朱正国	广西
260	2018年	广西第八届大学生结构设计竞赛	广西壮族自治区教育厅、广西住房与城乡建设厅	特等奖 一等奖	黄河清 姚奕安	朱正国 蒲瑞新	广西
261	2018年	挑战杯—彩虹人生大学生创新创业大赛	广西壮族自治区教育厅	二等奖	龙广运 李柏超 梁国培 龙少华 王楠 刘甲新	全红 梁柱 张义斌	广西
262	2019年	高教社杯全国大学生数学建模竞赛广西赛区组织委员会	全国大学生数学建模竞赛广西赛区组织委员会	一等奖	姚飞宇 龙晓婷 方德松	梁柱	广西
263	2019年	高教社杯全国大学生数学建模竞赛广西赛区组织委员会	全国大学生数学建模竞赛广西赛区组织委员会	二等奖	梁依璇 梁珍燕 邓叶成	刘馨励	广西
264	2019年	高教社杯全国大学生数学建模竞赛广西赛区赛	全国大学生数学建模竞赛广西赛区组织委员会	三等奖	唐晓旭 韦淑萍 滕开奎	唐美霞	广西
265	2019年	广西第一届三好软件杯建筑施工仿真应用技能大赛	广西建设职业教育教学指导委员会	一等奖	冯春洋 班泽华 黄东华	陈民 高运河	广西
266	2019年	广西第一届三好软件杯建筑施工仿真应用技能大赛	广西建设职业教育教学指导委员会	一等奖	覃柏 叶太兵 韦聪举	梁柱 梁敏	广西
267	2019年	广西第一届三好软件杯建筑施工仿真应用技能大赛	广西建设职业教育教学指导委员会	二等奖	陈威端 苏焕彬 李学亮	郜木华 李姗花	广西
268	2019年	广西第一届三好软件杯建筑施工仿真应用技能大赛	广西建设职业教育教学指导委员会	三等奖	陆磊 温业濛 李映桦	李立宁 兰秋	广西
269	2019年	BIMVR虚拟建造极限任务挑战赛	广西建设职业教育教学指导委员会	一等奖	刘德煜 何家安 温业濛	刘洋	广西
270	2019年	BIMVR虚拟建造极限任务挑战赛	广西建设职业教育教学指导委员会	二等奖	苏焕彬 陈威端 梁恒兵	李立宁	广西

续表

序号	时间	名称	授奖单位	等级	参赛学生	指导教师	级别
271	2019年	广西大学生BIM应用技能大赛	广西壮族自治区教育厅	一等奖	黄相允 梁祖安 莫涤鸿 王进先	苏彬 钟继敏 熊艺媛	广西
272	2019年	广西大学生BIM应用技能大赛	广西壮族自治区教育厅	二等奖	陆丽娟 罗芳金 梁创源 甘伟霞 龙前安	梁柱 练祥宇 马丛鑫 曾根莲 莫荣锋	广西
273	2019年	广西大学生BIM应用技能大赛	广西壮族自治区教育厅	三等奖	黄臣臣 周坤 张美怡 何海花 宁晓云	覃小香 韦联新 邓勇华 苏彬	广西
274	2019年	广西大学生BIM应用技能大赛	广西壮族自治区教育厅	三等奖	李彦岐 孔丽菊 何家安 刘德煜 唐礼权	李立宁 韦素青 黄雷 李娜 归晓慧	广西
275	2019年	广西大学生BIM应用技能大赛	广西壮族自治区教育厅	三等奖	覃柏 冯春萍 唐礼权 李学亮 李映桦	韦素青 梁敏 郭杨 兰秋 韦才师	广西
276	2019年	广西大学生BIM应用技能大赛	广西壮族自治区教育厅	三等奖	覃柏 冯春萍 唐礼权 李学亮 李映桦	韦素青 梁敏 郭杨 兰秋 韦才师	广西
277	2019年	广西大学生BIM应用技能大赛	广西壮族自治区教育厅	三等奖	覃柏 冯春萍 唐礼权 李学亮 李映桦（18工管2班）	韦素青 梁敏 郭杨 兰秋 韦才师	广西
278	2019年	广西第一届三好软件杯建筑工仿真应用技能大赛	广西建筑职业教育教学指导委员会	一等奖	覃柏 叶太兵 韦联举	梁柱 梁敏	广西
279	2019年	广西职业院校技能大赛	广西壮族自治区教育厅	一等奖	黄建斌 黎昇倡 刘坤鑫 邹伟	李娜 杨锦涛	广西
280	2019年	广西职业院校技能大赛	广西壮族自治区教育厅	三等奖	黄永寿 朱国荣 黄文文	张龙 王唯佳 杨佳佳	广西
281	2019年	广西职业院校技能大赛	广西壮族自治区教育厅	三等奖	卜永胜 黄焕栋 邹伟明	郭木华 郭杨 杨智慧	广西
282	2019年	广西职业院校技能大赛	广西壮族自治区教育厅	三等奖	苏焕彬 陈威端	刘萍 黄雷	广西
283	2019年	广西职业院校技能大赛	广西壮族自治区教育厅	三等奖	严小强 伍华航 罗新	郭木华 王静 李立宁	广西
284	2019年	广西装配式建筑职业技能竞赛	广西装配式建筑发展促进会	一等奖	黄仁维 谢应祥	朱正国 梁敏	广西

续表

序号	时间	名称	授奖单位	等级	参赛学生	指导教师	级别
285	2019年	广西装配式建筑职业技能竞赛	广西装配式建筑发展促进会	二等奖	黄焕栎 徐浩源	高云河 陈民	广西
286	2019年	广西装配式建筑职业技能竞赛	广西装配式建筑发展促进会	二等奖	覃双燕 吴其鹏	梁敏 高云河	广西
287	2019年	广西装配式建筑职业技能竞赛	广西装配式建筑发展促进会	三等奖	李彦岐 何家安	朱正国 陈民	广西
288	2019年	第二届广西物业管理行业技能竞赛	广西房地产业协会	一等奖	黎昌鑫 李宁奇	张义斌 全红	广西
289	2019年	第二届广西物业管理行业技能竞赛	广西房地产业协会	一等奖	李代柱 陈耀冉 赖月映 覃鸿运	陈爽 常婷	广西
290	2019年	第二届广西物业管理行业技能竞赛	广西房地产业协会	二等奖	黎昌鑫	张义斌	广西
291	2019年	第二届广西物业管理行业技能竞赛	广西房地产业协会	二等奖	李代柱	常婷	广西
292	2019年	第二届广西物业管理行业技能竞赛	广西房地产业协会	二等奖	李代柱 陈耀冉 赖月映 覃鸿运 黎昌鑫 李宁奇 杨康健 周嘉聪	张义斌 陈爽 常婷 全红	广西
293	2019年	第二届广西物业管理行业技能竞赛	广西房地产业协会	二等奖	覃鸿运	陈爽	广西
294	2019年	第二届广西物业管理行业技能竞赛	广西房地产业协会	三等奖	陈耀冉	陈爽	广西
295	2019年	第二届广西物业管理行业技能竞赛	广西房地产业协会	三等奖	赖月映	常婷	广西
296	2019年	第二届广西物业管理行业技能竞赛	广西房地产业协会	三等奖	李宁奇	全红	广西
297	2019年	第二届广西物业管理行业技能竞赛	广西房地产业协会	三等奖	杨康健	张义斌	广西

续表

序号	时间	名称	授奖单位	等级	参赛学生	指导教师	级别
298	2019年	第九届广西大学生结构设计竞赛	广西壮族自治区教育厅；广西壮族自治区住房和城乡建设厅	三等奖	唐礼权 覃柏 岑高任	蒲滴新 苏彬	广西
299	2019年	第九届挑战杯广西大学生课外学术科技作品竞赛	共青团广西壮族自治区委员会、广西壮族自治区教育厅、广西壮族自治区科技厅、广西壮族自治区科技协会、广西壮族自治区学生联合会	二等奖	李彦岐 温业懑 刘德煜 韦祖成 刘坤鑫 唐礼权 陈达宇 叶太兵	朱正国 蒲滴新	广西
300	2019年	第三届广西无人机大赛（获课眼3D）	广西壮族自治区教育厅	一等奖	黎波 刘坤鑫	李娜 杨锦涛	广西
301	2019年	第三届广西无人机大赛（应用赛）	广西壮族自治区教育厅	三等奖	黎波 刘坤鑫	李娜 杨锦涛	广西
302	2019年	第四届全国学生学宪法、讲宪法演讲比赛、知识竞赛（广西赛区）	广西壮族自治区教育厅	三等奖	覃礼物	郑思	广西
303	2019年	第五届中国互联网+大学生创新创业大赛广西选拔赛	广西壮族自治区教育厅	铜奖	李学亮 覃东华 马永新 冯春萍 吴成君 陈雪冰 卢立洲 容伟强 覃如科 吴其鹏 陆磊 黄振友 张蔚 叶太兵	熊艺媛 唐未平	广西
304	2019年	广西喜迎新中国成立70周年，共话民族团结进步征文比赛	广西壮族自治区教育厅	二等奖	覃礼物	郑思	广西
305	2019年	品茗杯广西高校施工技术BIM技能大赛	广西建设教育协会	二等奖	李坤婷 何家安 黄相允	梁敏 苏彬	广西
306	2019年	品茗杯广西高校施工技术BIM技能大赛	广西建设教育协会	三等奖	李彦岐 孔丽菊 王进先	朱正国 陈民	广西

续表

序号	时间	名称	授奖单位	等级	参赛学生	指导教师	级别
307	2020年	广西第二届建筑施工仿真应用技能大赛	广西建设教育协会	一等奖	邓丰宇 马超东 巫明泽	吴代生	广西
308	2020年	广西第二届建筑施工仿真应用技能大赛	广西建设教育协会	一等奖	黄维静 樊文柳 郑琪	郭木华	广西
309	2020年	广西第二届建筑施工仿真应用技能大赛	广西建设教育协会	二等奖	黄东华 吴其鹏 利刚洁	朱正国	广西
310	2020年	广西第二届建筑施工仿真应用技能大赛	广西建设教育协会	三等奖	梁曹鸿 韦永森 翁和鑫	高云河	广西
311	2020年	广西第二届建筑施工仿真应用技能大赛	广西建设教育协会	总冠军	李映桦 莫广文 韦聪举	梁敏	广西
312	2020年	广西大学生BIM应用技能大赛	广西壮族自治区教育厅、广西大学生BIM应用技能大赛组委会	一等奖	韦方灵 龙晓婷 玉莹 卢娜 李泽康	马丛鑫	广西
313	2020年	广西大学生BIM应用技能大赛	广西壮族自治区教育厅、广西大学生BIM应用技能大赛组委会	一等奖	韦花 梁珍燕 覃嘉榆 李成 韦淑萍	马丛鑫	广西
314	2020年	广西大学生BIM应用技能大赛	广西壮族自治区教育厅、广西大学生BIM应用技能大赛组委会	一等奖	姚飞宇 肖凯妮 陆梅兰 孙松清 李佳宏	陆丽娟	广西
315	2020年	广西职业院校技能大赛	广西壮族自治区教育厅	二等奖	陈玉权 黎多锦 唐天智	郭木华 郭杨 李立宁	广西
316	2020年	广西职业院校技能大赛	广西壮族自治区教育厅	三等奖	罗新 黄华军	刘萍 黄雷	广西
317	2020年	广西职业院校技能大赛	广西壮族自治区教育厅	三等奖	严小强 柳思梦 盘森	王静 朱正国 熊艺嫒	广西
318	2020年	建筑信息模型技术应用(BIM)大赛	广西壮族自治区教育厅	三等奖	梁依璇 李樟俊 王桂林	黄臣臣 苏彬	广西
319	2020年	第九届挑战杯广西大学生创业计划竞赛	广西壮族自治区教育厅	一等奖	陈智 覃鸿运 周嘉聪 岑彩运 何春凤 潘凤群	全红 梁敏 张义斌	广西

续表

序号	时间	名称	授奖单位	等级	参赛学生	指导教师	级别
320	2020年	第九届挑战杯"广西大学生创业计划竞赛	广西壮族自治区教育厅	一等奖	黄春梅 林海燕 陈家乐 陈雅柔 熊艺皓 谢丽锦 覃丽华	杨佳佳 王唯佳 王宇平	广西
321	2020年	第九届挑战杯"广西大学生创业计划竞赛	广西壮族自治区教育厅、广西壮族自治区科学技术协会、广西壮族自治区学生联合会	三等奖	何凤远 唐立邦 覃存鸿 胡小梅 莫佳姿 罗晓 关金豪 陈淶欣 梁碧丹	梁柱 关山 隆林宁	广西
322	2020年	第九届挑战杯"广西大学生创业计划竞赛	广西壮族自治区教育厅、广西壮族自治区科学技术协会、广西壮族自治区学生联合会	三等奖	陆倩倩 黄金运 骆弟恒 苏美新 张宗师 曾杰 韦骅峰 尹强龙 蒙柳娟 陆云丽	隆林宁 关山 吴洋滨	广西
323	2020年	第六届中国国际互联网+大学生创新创业大赛广西赛区选拔赛	广西壮族自治区教育厅	铜奖	陈智 覃鸿运 周嘉聪 岑彩运 何春凤 潘凤群	全红 梁敏	广西
324	2020年	第六届中国国际互联网+大学生创新创业大赛广西赛区选拔赛	广西壮族自治区教育厅	铜奖	程安东 莫三吉 莫达亮 曾泳棠 阙祖河 谭福江 米斯林 侯胜勇 杨添才 曾金峰 韦木荣 王俊旺 周远华 马文洁	赵飞燕 文坡福 隆林宁 张聪	广西
325	2020年	第六届中国国际互联网+大学生创新创业大赛数广西集团杯广西赛区选拔赛	广西壮族自治区教育厅	铜奖	梁健健 喻丹丹 苏小炜 李倩兰 徐龙翔 董文涵 黄贵娟 覃存鸿	关佳丽 覃思源 严恒俊 农宗华 文博 苏金强 农宗灵 欧阳威 罗必果	广西
326	2020年	第十届中国国际空间设计大赛（广西赛区）	中国建筑装饰协会广西分会	银奖	温旭 莫益晖	蔡洪雲	广西

续表

序号	时间	名称	授奖单位	等级	参赛学生	指导教师	级别
327	2020年	广西职业技能大赛高职组测绘竞赛	广西壮族自治区教育厅	二等奖	尹广澳 滕强贵 罗渊升 王梭镁	李娜 杨锦涛	广西
328	2020年	中国建设杯第三届全国装配式建筑职业技能竞赛（广西选拔赛）	广西建设教育协会	一等奖	王贵业 陈柏澄	梁敏 庾迎辉	广西
329	2020年	中国建设杯第三届全国装配式建筑职业技能竞赛（广西选拔赛）	广西建设教育协会	一等奖	徐浩源 苏小芹	朱正国 李娜	广西
330	2020年	中国建设杯第三届全国装配式建筑职业技能竞赛（广西选拔赛）	广西建设教育协会	一等奖	张栩华	朱正国 董蕾薇	广西
331	2020年	中国建设杯第三届全国装配式建筑职业技能竞赛（广西选拔赛）	广西建设教育协会	二等奖	黄仕健	苏彬 熊艺媛	广西
332	2020年	中国建设杯第三届全国装配式建筑职业技能竞赛（广西选拔赛）	广西建设教育协会	二等奖	廖庆琦	唐誉兴 王静	广西
333	2020年	中国建设杯第三届全国装配式建筑职业技能竞赛（广西选拔赛）	广西建设教育协会	二等奖	卢永真 黄宇海	唐誉兴 李珊花	广西
334	2020年	中国建设杯第三届全国装配式建筑职业技能竞赛（广西选拔赛）	广西建设教育协会	二等奖	杨箭程 李昌良	苏彬 莫荣锋	广西
335	2020年	中国建设杯第三届全国装配式建筑职业技能竞赛（广西选拔赛）	广西建设教育协会	特等奖	卢立洲	高云河 杨智慧	广西
336	2020年	首届中国—东盟礼仪大赛广西总决赛	中国—东盟礼仪大赛组委会	总冠军	刘家宏	陈灿 李林	广西

后　　记

　　南宁职业技术学院自 1999 年成立以来,一直致力于高等职业教育的改革与探索。2006 年获"国家示范性高等职业院校建设计划"第一批立项,2009 年通过教育部、财政部示范建设验收,成为全国首批 28 所国家示范性高职院校之一。2015 年,南宁职业技术学院批准建筑工程学院在学校校内率先试点二级院系分级管理综合改革。2015—2020 年,建筑工程学院按照每两年一个周期,试点实施了三期的分级管理综合改革。为了总结经验教训,笔者将南宁职业技术学院建筑工程学院六年分级管理综合改革试点的探索、实践、成果做一个过程记录和思考,按"绪论、探索篇、实践篇、成果篇"四个部分编写成书并出版,与同行相互交流借鉴,同时,真诚希望得到行业专家、同行更多的帮助和指导。

　　本书由梁柱策划、编著,部分老师参与章节编写,具体如下:第 1~4 章由梁柱、井红霞编写;第 5 章由梁柱、于霄立编写;第 6 章由梁柱、高冬梅、赖婧婷编写;第 7 章由梁柱、钟继敏编写;第 8 章由杨佳佳、梁柱编写;第 9 章由钟海文编写;第 10 章由张小春编写;第 11 章由张义斌、梁柱编写;第 12 章由梁柱、吴代生、邓勇华编写;第 13 章由宁婵、方绪军编写;第 14~18 章由梁柱编写;第 19 章由梁柱、梁蓉、亢琳编写。前言及后记由梁柱撰写,全书由梁柱统稿。

　　由于笔者水平有限和时间仓促,书中错误和不足在所难免,热忱欢迎兄弟院校老师、行业专家和各位读者提出宝贵意见。